JN051871

英語で説明する「日本」発信力強化法とトレーニング

植田一三
アクエアリーズ学長

上田敏子
アクエアリーズ副学長

語研

　おかげさまで，2007年の『日本の地理・歴史の知識と英語を身につける』に始まり，日本文化の英語説明・通訳案内士対策本は，現在までに13冊，雑誌『ゼロからスタート English』は17冊と，計30冊執筆するに至りました。それらは，日本の伝統文化の紹介，名所案内，地理・歴史，通訳案内士1次・2次試験対策と多岐にわたっていますが，「日本事象」英語説明力の根本的なスキル UP のためのノウハウを効率よく示したものではなかったので，今回はそれを強化するための基礎力 UP と実践トレーニングを1冊にまとめました。

　本書は，大きく「基礎力 UP 編」と「実践トレーニング編」に分かれています。基礎力 UP 編では，日本事象英語発信力 UP の概論と「英和辞典の危険性」を述べた後，「英語発信力 UP 必須類語の使い分け10グループ」のトレーニングを行い，英単語の意味の広がりをつかんで使いこなす「基本動詞・句動詞」と「多義語」の基礎知識を身につけます。

　次に「英語発信力」を生まれ変わらせる「ハイフン＆接頭・接尾辞表現」をマスターし，その後，「日本事象発信力 UP 語彙クイズ」「必須例文30」「和製英語と英語の発想力」で英語表現力を一気に UP させます。また，日本文化発信力 UP 英文法では，「時制と仮定法」「限定詞」，名詞の「可算性」と「複数名詞」，「文型・構文」「前置詞」などのコンセプトをつかんで，それらをぶれなく使いこなせるように解説＆トレーニングします。

　第2章の「「日本事象」英訳トレーニングにチャレンジ！」では，「修飾のバランス」「日本事象英訳トレーニング（TPO に応じたロングとショートバージョンの作り方）」「和食マナーを説明するための動作表現」を身につけ，さらに「外国人から絶対聞かれる日本に関するQ＆A」「現代用語英語説明トレーニング」では，「日本事象」についての説明を spoken English と written English のどちらでもできるようにスキル UP します。また，温泉・悪天候・食事・宿泊・祭りでのトラブル対応を解説した「観光案内トラブルシューティング」も収録しました。

　以上，約20年の日本文化発信力 UP 研究の集大成として完成された本書の制作にあたり，多大な協力をしてくれたアクエアリーズスタッフの柏本左智氏（第2章：外国人から絶対聞かれる日本に関するQ＆A執筆協力），星野隆子氏（第2章：現代用語の英語説明執筆協力），常田純子氏（第1章：日本事象発信力 UP 語彙クイズと和製英語執筆協力），田中秀樹氏（第1章：前置詞のコンセプト＆必須例文30執筆協力と全体校正），および（株）語研編集部の島袋一郎氏には心から感謝の意を表します。それから何よりも，我々の努力の結晶である著書を愛読して下さる読者の皆さんには，心からお礼を申し上げます。それではみなさん，明日に向かって英悟の道を，

Let's enjoy the process!（陽は必ず昇る！）

植田一三＆上田敏子

2.　日英発想の違いに要注意！

【装丁】神田 昇和（Norikazu KANDA）

「日本事象」
英語発信力
強化法はこれだ！

Photos in this chapter: Licensed under Public Domain via Wikimedia Commons

「日本事象」英語発信力強化法はこれだ！

日本のことを何でも英語で説明するスキルUP法

外国人を案内する場合に，リスニングを除いて必要なスキルは，感謝したり，謝罪したり，誉めたり注意したりする「**基本的な英会話力**」，さまざまな事物や状況を説明できる「**事物・状況描写力**」，トラブルが発生したり，無理なリクエストを受けたときに英語で対応できる「**問題解決力**」の3つです。この中でも，最も重要なのは2つ目の「**事物・状況描写力**」です。

これらの英語のスピーキング力を最も効果的に UP するために，語彙・表現力，英文法力，英語発想力，日本文化知識力の見地から，日本人の英語の発信上のさまざまな問題点とその克服法は次のとおりです。

第1に「**語彙面**」では，最も重要なことは「**類語の使い分け**」です。例えば「お客さん」といっても，a law firm's client, (department) customers, (museum) visitors, (hotel) guests とコロケーション（語と語との結びつき）が変わってきますし，「料金」でも (commodity) prices, (admission) fees, (travel) expenses, (shipping) costs, (table) charges, (room) rates とコロケーションが変わってきます。本書では，英語を話す上で最も重要な「**❸ 英語発信力 UP 必須類語の使い分け 10 グループ**」（☞ 9 ページ）をマスターしていただきましょう。

次に重要なのが，「**基本動詞・句動詞の運用力**」です。give, get, take, make, do, put, run, have, come, go などの基本動詞とその句動詞を使いこなすことが，口語英語を話す上で非常に重要です。本書では，表現力を数段 UP するために，必須基本動詞のさまざまな用法について，練習問題にチャレンジしながらマスターしていただきましょう。

次に重要なのが，「**英和辞典に書かれた英単語の意味につられずに，適確に英語を使いこなすこと**」です。事実，日本人英語学習者のほとんどは，多くの英単語を正しく語彙を使えないか，誤解して使っている場合が多いので，religion, education, treat, proud をはじめとする単語の正しい認識に基づいて，いろいろ

な英単語を適確に使えるように本書で解説していきます。

最後に重要なのが，「**外来語の弊害**」で英単語を誤用しないようにすることです。日本でよく使われている外来語には，英語でないものや英語であっても発音が異なるために通じないものがたくさんあります。本書では注意すべき重要な外来語のトレーニングを，問題練習を通して行います。

第2に「**文法面**」では，ノンネイティブは母語の干渉からくる文法ミス（interlingual transfer error）を非常に犯しやすいので要注意です。特に「**時制**」のミスが非常に多く，「**前置詞**」のシンボルがつかめていないのでよく使い方を間違え，「**助動詞・仮定法**」が使いこなせず，「**冠詞**」や「**名詞の可算・不可算**」をよく間違えているので，それらをできるだけ減らせるように，それぞれのコンセプトをわかりやすく例を挙げて説明し，特に前置詞に関しては，「**⓳「前置詞」はコンセプトをつかみ応用せよ！**」（☞ 140 ページ）でその用法をマスターしていただきましょう。

最後に「**発想・論理性面**」では，多くの日本人英語学習者が，日本語の発想から来る英語を使って通じなかったり，不自然な英語になったり，また論理的に判断して分析する力が欠けているために，わけのわからない英語になったり，頭の中で意見がまとめられないために非常にわかりにくい英語を発信してしまうようです。この発想・論理性面は，日本人にとっては「カルチャーショック」を伴う試練と言えるもので，論理明快で世界中の人々が理解しやすく，差別のない "borderless English" が話せるようになって欲しいものです。本書では，日本文化の知識を身につけながら，「日本事象和文英訳問題」や「英語での日本事象プレゼン問題」を通して，そのスキル UP を行います。

「事物・状況描写力」と
「問題解決力」が重要です！

基礎力 UP 編 2
「日本事象」英語発信力強化法はこれだ！

英和辞典の意味につられず，
正しく英語の語彙を使う！

　英語を発信する上で大きな弊害のひとつは，英単語を，英和辞典や和英辞典，単語集に書かれた英単語の和訳（英訳）で理解することによって，**英単語の意味を誤解したまま使ってしまう**ことです。英和辞典の単語の和訳は，元の英単語に意味的に近い日本語の equivalent を書いているだけで，しかも「数撃ちゃ当たる式」にたくさん載せているので，英英辞典に見られるような説明的な単語の解説と比較すると，ずれがあるものが非常に多くなります。よって英和辞典に頼っていると，英単語を誤解したり，**英単語の意味の広がり**（**semantic field**）がつかめず，語感（a feeling for the English language）が養われず，どんどんと「英語音痴」になっていき，語彙を正しく運用することができません。

　例えば **friendly** は，英和辞典にあるような「友好的な・愛想のよい」のように堅くて弱い意味ではなく，behaving toward someone in a way that shows you like them and are ready to talk to them or help them; behaving in a kind and pleasant way because you like someone or want to help them（相手のことが好きでお話がしたい，助けになりたいので親切に振舞い，非常に感じがいい）で，「**親友のように優しくしてくれる**」に近い語です。同様に **polite** も英和辞典にあるような「丁寧な，礼儀正しい」といった堅くて弱い意味ではなく，behaving or speaking in a way that is correct for the social situation you are in, and showing that you are respectful and considerate to other people's needs and feelings（状況に応じた振舞いができ，相手を立てて，相手の気持ちや願望に対して思いやりがある）で，「**礼儀正しく，丁重に相手をもてなす**」に近い語です。

　また，**interesting** の意味は，一般の英和辞典「興味深い」「興味がある」といった弱い意味ではなく，it seems unusual（まれな，珍しい）or exciting（ものすごくしたい，早くやりたい）or provides information you did not know about（見たことも聞いたこともないので新たな発見がある）なので，「思わず目が行ってしまう，もっと知りたい感覚」です。ですから会話では，口調によっては日本人がよく言う「な

かなかいいじゃない，不思議ですね」といった軽いニュアンスになることもありますが，Oh, it's interesting! のように強調すれば，日本語の「**うそー，これって何なの？**」に近くなります。

　tactful は，英和辞典によく見られる「機転の利く，如才ない（＝抜け目がない・愛想がいい）」のような意味とは程遠く，careful not to say or do anything that will upset or embarrass other people「人を怒らせたり，恥ずかしい目をさせるようなことは言わないし，しないように気配りがある」の意味です。「機転の利く（＝物事に応じて機敏に心が働くこと）」に近い英語には，resourceful [=good at finding ways of dealing with problems] があります。

　同様に **vain** も，英和辞典によく見られる「虚栄心の強い，見栄を張る（＝うわべだけを飾り，自分を必要以上によく見せようとする）：pretentious や affected に近い」という訳とは大分異なり，having or showing an excessively high opinion of *one's* appearances, abilities, or worth という「**自分の容姿や能力を過信している状態**」です。往々にして，見栄っ張りというのは，他者は自分より優れていると思い，自分はまたその基準に見合っていないと思って無理をしてしまう場合が多いので，「自分のことをいいと思い過ぎている」という vain の意味とはずいぶん違います。

　また **proud** は，ほとんどの英和辞典では「誇りに思う・自慢の」となっていますが，ほとんどの英英辞典では，**feel pleased** about something good that you possess or have done, or about something good that a person close to you has done. とあるように，自分が持っているものや自分，あるいは自分に近い者の行動に対して「**とてもうれしい心の状態**」です。よく親が子どもをほめて，I'm so proud of you! と言いますが，それは「よくやってうれしいわ！」に近いのです。

　この他にも，日本語の「**宗教**」は，「宗派の教え」と「神仏への信仰」という意味合いがあるのに対して，英語の "**religion**" は「神の崇拝と信仰（faith）」という意味だけです。よって前者は読んで字のごとく "**teachings**" と信仰の両方を表しているのに対して，後者は "**faith**" のみで，まずは信じることから始まります。日本では，「宗教」と言えば「宗教にはまっている」のように，懐疑的でネガティブなニュアンスで使われることがありますが，religion は「**信条・信じる道**」という意味もあり，必ずいい意味で用いられます。事実，You must have religion in your life. のように，キリスト教社会では，religion のない人は信用されないとい

ったことが多く，これらの語を和訳を通してその意味を覚えたりすると，文化的な誤解が起こったりします。

また，**education** を「教育」ととらえることも誤解を生みます。その一般的な英和辞典の和訳である「**教育**」は「教え育てること，知識を与え個人の能力を伸ばすこと」のように，**教師からの一方的な指導**の意味になっていますが，**education** の英英辞典の定義では **"the process of receiving and giving systematic instruction [the process of teaching and learning], especially at a school or university"** となっていて，「**体系的に教えたり学んだりすること**」で一方的な指導とは限りません。そこで，一方的な指導という意味合いで「**英語教育**」という場合は，**"English teaching"** というのがベターです。

同様に **learn** も，その和訳である「**学ぶ**」は「**教えを受ける，習う，学問をする，経験を通して貴重な知識を得る**」のように，「**学問の教えを受ける**」という意味合**いが強い**のに対して，learn は，**"to gain knowledge of a subject or skill, by experience, by studying it, or by being taught"**，つまり「**独学であってもいいし，経験から学んでもいい，教わってもいいし**」，人から教えを受けるという意味合**いが「学ぶ」より弱く**，「**有益なスキルや知識を身につける**」という成果が重視されています。

また，誤解している用いているケースが多いのが **"treat"** です。この語を，英和辞典の意味を妄信して「治療する」と覚えると，cure と混同してしまい誤用する可能性があります。「治療」という日本語はあいまいで，**cure は「完治させる」**のに対して，**treat は「治療を施す（だけで直ったとは言っていない）」**ので使い方要注意です。さらに，**relative** を「親戚」をとらえている人がたまにいますが，この語は「**親族**」の意味で，**両親は一番濃い親族（relative）**です。これはたまに TOEIC などでこのことを知らない受験者を狙ったひっかけ問題に使われています。

それから和英辞典の弊害でよく起こっているのが，「**鑑賞する**」の英訳です。例えば「音楽鑑賞する」を **"appreciate the music"** と機械的にとらえるのは危険で，**"appreciate"** は **"find good qualities in ..."** という意味なので，じっくりと良さを味わいながら聞く場合は OK ですが，単に楽しみのために聞くぐらいなら，**enjoy** (the) music で十分です。ちなみに appreciate は「感謝する」という意味がありますが，これは何か手伝ってもらったときなどに，「協力が素晴らしくて助かり→感謝する」といった「英単語の意味の広がり」から話者の心理をつかむ必要

があります。

　また"persuade"は，すべての英和辞典では「説得する」とありますが，両者にはずれがあります。説得するというのは，「納得させて何かをacceptさせたり，何かを信じさせる」という意味で，アクションへのパワーに欠ける語ですが，persuadeは，話し合いの中で反対されても「正当な理由」を述べて，It makes sense.（それは言えてる）と相手に思わせたり，**「しつこくお願いする」**ことによって，**何かをさせたり，何かを決断させて実行させたりするという「結果」に重点が置かれた力強い語彙**です。この意味で，「説得する」は，相手を信じさせることに重点が置かれている"convince"に近く，「アクションへの誘導」が一番に来るpersuadeとは意味のずれがあるわけです。同様に，**persuasive**も「説得力がある」というより，「理屈と口の上手さで人に何かをさせたり，信じ込ませる」という意味で，和訳すれば**「人を動かす力がある，口の上手い」**という表現に近くなります。

　sincereも，ある英和辞典にあるような「誠実な，まじめな」でとらえていると，英語ではtrustworthy，reliableとなって誤解します。英英辞典では"honest and says what they really feel or believe"となっていて**「裏表のない，正直な，真心こめた」**という意味を持つ語です。また，これに自分の言動に一貫性・ポリシーの一貫性があり，前に行ったことと違うことを言わないのは，**"integrity**（和訳の「高潔・無欠」はわかりにくい）"となります。

　同様に**modest**と「謙遜した」の間にもニュアンスのずれがあります。**「謙遜」**は基本的に**「卑下して，実際より自分を下目に言う」**という意味なのでhumbleに近くなりますが，**modest**は**"unwilling to talk proudly about your abilities and achievements"**，つまり**「自分のことを自慢げに言わない」**だけで，自分のことを下目に言う（understatement）傾向のある日本文化と，上目か正直に述べる西洋文化との違いが表れています。

　また"experience"と「経験」は，後者が**「実際に見たり，聞いたり，行ったりすることと，それによって得た知識やスキル」**，前者は，"practical contact with and observation of facts and events"（体験・自分の体で自ら経験すること）であり，さらにknowledge or skill that you gain from doing a job or activity, **or the process of doing this"**，**"knowledge that you gain about life and the world by being in different situations and meeting different people, or the process of gaining this"**となっていて，一見よく似ているように見えます

が,「さまざまな状況を経験し,異なる文化の人と交流することで,人生や世の中について得られる知識とそのプロセス」と,experience はより深く,さまざまな経験を通して培われる“**wisdom**”の意味合いを含んでいます。

embarrass も,その日本語訳「当惑させる」がわかりにくくて誤解のもとです。英 英 辞 典 (Longman) で は,“to make someone feel ashamed, nervous, or uncomfortable, especially in front of other people / cause someone to feel awkward, self-conscious, or ashamed”で,「**恥ずかしい思いをさせたり不安がらせたりして困らせる**」の意味です。

このように英和辞典の意味を鵜呑みにしていると,正しく運用することができなくなるので,必ず,よく知っていると思っている基本単語も英英辞典でその意味をチェックするようにしましょう。また,英和辞典と英英辞典のギャップは,意味だけでなく,単語の堅さにも表れてきます。例えば,英語でよく使われる refer to は英和辞典によく記されているような「言及する」といった文語的な語ではありませんし,statement も「陳述」ほど堅くはなく,approve と「是認する」もフォーマル度にずれがあります。これに対して,success と「成功」,progress と「進歩」,assassinate と「暗殺する」,administer と「投与する」,extend と「供与する」,contribute と「貢献する」,supply と「(薬)を供給する」などは堅さの意味では近いと言えます。

また意味の広さにもギャップが現れてきます。例えば,日本語の「**言う**」は意味が非常に少ないのに対して,英語の“**say**”は“The clock says three o'clock.(時計は3時を示している)”というように **show** の意味があり,日本語と英語では1対3ぐらいの意味の多さの比率があります。同様に develop は「発展する」の約5倍,contribute,provide はそれぞれ「貢献する」「提供する」の約4倍ぐらいの意味の多さがあります。

基礎力 UP編 3
「日本事象」英語発信力強化法はこれだ！
文脈に応じて類語を効果的に使い分ける！
英語発信力UP 必須類語の使い分け10グループ

　日本文化を英語で発信する上で「運用語彙力」UP は不可欠です。特に重要なのは，文脈に応じた「類語の使い分け」です。しかし，日本人の語彙力での大きな問題のひとつである，単語の的確な使い分けが，高校卒業までに習う４千語水準ぐらいまでのいわゆる「基本単語・準基本単語」でさえうまくできていません。そこで，このセクションでは，その中で最も重要なグループである「する」「なる」「言う・話す」「与える」「作る」「思う」「含む」「妨げる」「わかる」「変わる・変える」の 10 カテゴリーの使い分けを会得していただきましょう。

Group 1 　「なる」の類語の使い分けをマスター！

「なる」は become 以外に，get, grow, come, go, turn, reach, fall などを使い分ける！

次の空所に適切な語を下から選び，必要なら正しい形に変えて入れてください。

1. Your bill (　　　　　) ¥1,000. (お勘定は合計が 1,000 円になります)

2. The sales have (　　　　　) ¥1 million. (売上は 100 万円になった)

3. My dream has finally (　　　　　) true. (私の夢はついにかなった)

4. The autumn leaves (　　　　　) yellow and red. (紅葉が赤や黄色になった)

5. We are going to (　　　　　) a wonderful couple. (私たちはいい夫婦になります)

6. I cannot help (　　　　　) old. (歳には勝てない)

7. He (　　　　　) victim to the crime. (彼はその犯罪の被害者になった)

8. The company (　　　　　) bankrupt recently. (その会社は最近倒産した)

[come / come to / get / go / make / fall / reach / turn]

1. 正答：**come to**

《come to 名詞》は「（数を足して合計が）〜になる」という意味の他にも、「（検討や議論を経て）結論［合意・決定］に至る）」という意味の come to a(n) decision [conclusion / agreement] や「意識が回復する」という意味の He came to after surgery.（彼は手術後に意識が戻った）などの表現があります。また、come to V は「やがて V するようになる」という表現で、I came to realize the true meaning of life.（人生の真の意味を理解するようになった）のように使えます。get to V は「〜をする機会を得る」という表現で、I got to meet the famous people.（有名人と知り合う機会を得た）、learn to V は「経験や学習を通じて〜するようになる」という表現で、I learnt to speak English.（英語を話せるようになった）となります。

2. 正答：**reached**

reach は「（競争やプロセスの中で）ある数値やレベルに達する」という意味の他にも、「結論や同意に至る」という用法の reach a decision [agreement] や「目標を達成する」という用法の reach the goal [target] などがあります。

3. 正答：**come**

come は「ある状態に到達する」という意味で、例題の他にも come first [second]（1番［2番］になる）、The door came open.（ドアが開いた）、come awake（目覚める）、come easy（簡単になる）、come cheap（安くつく）、Everything will come good [right].（［長い問題の後で］全てはうまくいく［好転する］）などの用法があります。

4. 正答：**turned**

turn は「異なる状態・性質・形・色へと急に変化する、コロっと変わる」という意味があります。turn warm [cold]（暖かく［寒く］なる）、turn professional（プロになる）、The situation turned violent.（事態は暴徒化した）、Sugars from rice turns into alcohol.（米の糖分はアルコールになる）などの用法があります。

5. 正答：**make**

make は「ある仕事に必要な性質を持つ，目的をかなえるような性格を持つ」という意味があり，**He'll make a good tour guide.** なら「立派なツアーガイドになる素質を持っているので，努力すればそうなるだろう」というニュアンスを持ちます。

6. 正答：**getting**

get は「**一時的，表面的に変化する**」という意味を持ち，**get angry**（怒る），**get bored**（退屈する），**get hot [cold]**（暑く［寒く］なる），**get better [worse]**（良く［悪く］なる）などの用法があります。この意味に対照的なのが「**内面的，永続的になり始めていく**」という意味を持つ become で **become a doctor**（医者になる）という表現になります。

7. 正答：**fell**

fall は「**突然～の状態に陥る**」というネガティブなニュアンスを持つ単語で，**fall ill [sick]**（病気になる），**fall silent**（急に黙り込む），**fall asleep**（眠りに落ちる），**fall unconscious**（意識を失う）といった用法を持ちます。

8. 正答：**went**

go は「**より悪く望ましくない状態へ変わる**」ニュアンスを持ち，**go blind**（目が見えなくなる），**go mad**（気が狂う），**go bankrupt**（破産する），**go missing**（行方不明になる）のように使われる一方，**go public**（株式を公開する），**go international**（国際化する）のような「**～化する**」という意味の用法もあります。

Group 2 「する」の類語の使い分けをマスター！

「する」は do 以外に，make, give, have, run, take, play などを使い分ける！

次の空所に適切な語を下から選び，必要なら正しい形に変えて入れてください。

1. I will (　　　　　) it a try. (やってみます！)

2. The government (　　　　　) a plan. (政府は計画を実行した)

3. She (　　　　　) household chores. (彼女は家事をした)

4. We (　　　　　) a welcome party. (歓迎会をした)

5. You (　　　　　) dirty tricks on me! (私をかつごうとしたね！)

6. The company (　　　　　) an ad on TV. (会社はテレビに広告を出した)

7. You (　　　　　) a good choice! (いい選択をしたね！)

[carry out / do / have / give / make / play / run]

「ニヤニヤする」は give a grin,
「キャンペーンをする」は run a campaign,
「鬼ごっこをする」は play tug など，
「する」の代表的なコロケーションの習得は
重要です！

解答&解説

1. 正答：give

give は give ... a try [shot]（試しに〜する）というという表現の他にも,「**助言や指示をする**」という用法の give *someone* **advice [instructions / orders]**（〔人に〕アドバイス［指示／命令］をする），それから「**表情や動作表現で示す**」という用法の **give** (*someone*) **a smile [grin / look / hug]**（スマイル［ニヤニヤ／一べつ／抱擁］する），さらに「**(聴衆に対して) パフォーマンスをする**」という用法の **give a speech [lecture / performance]**（スピーチ［講義／パフォーマンス］をする）という3種類があります。

2. 正答：carried out

carry out は,「**計画された物事を実施する**」という意味の **carry out a plan [research / survey]**（計画［研究／調査］をする《do, conduct で言い換えられる》），それから「**自ら宣言したことや人に頼まれた物事をする**」という意味の **carry out** *one's* **promise [responsibilities] /** *sb's* **instructions**（約束［責任／指示］を実行する《fulfill で言い換えらえる》）の2種類の用法があります。

3. 正答：did

do は,「**目的を持って活動・仕事をする**」という, **do a job [** *one's* **homework]**（仕事［宿題］をする）や **do** *one's* **duty**（義務を果たす）があります。また日常生活の単語と結びついて **do household chores [shopping / the dishes / the laundry / exercise / a movie]**（家事［買い物／皿洗い／洗濯／運動／映画鑑賞］をする）や,「**演じる**」という意味の **do Hamlet**（ハムレットを演じる［する］）という表現, 格闘技やボールを使わないスポーツでは **do karate [gymnastics]**（空手［体操］をする）などの用法があります。

4. 正答：had

have は「**動作的な行為をする**」という用法の, **have a look [walk / talk / sleep / rest]**（見る［歩く／話す／眠る／休む］）や **have lunch [a meal]**（昼食［食事］をする），それから「**計画して会議・催しを開く**」という用法の **have a party [ceremony]**（パーティ［儀式］をする）があります。フォーマルな場合には,

hold a party（パーティを開催する）と言います。

....

5.　正答：**played**

　play は「**スポーツ・競技をする**」という用法の **play sports [baseball]**（スポーツ［野球］をする），それから「**（子どもたちによる）～遊び・ごっこをする**」という用法の **play catch [house / tug / doctor]**（キャッチボール［ままごと／鬼ごっこ／お医者さんごっこ］），さらに「**演劇などの役をする**」用法の **play a role [character]**（役をする）の3種類があります。

....

6.　正答：**run**

　run はコンセプトである「走る，走らせる」から「出す，行う，運営する」の意味になります。「広告（**ad ／ advertisement**)」は **run** という動詞が使われますが，他の動詞を用いた表現として，**The travel company placed an ad in newspapers.**（その旅行会社は新聞に広告を掲載した）や **put an classified ad on the Internet**（インターネットに求人広告を出す）などがあります。また，**run a marathon [race]**（マラソン［レース］をする），**run a side business**（副業をする）や，「取り仕切る」という意味で，**run a panel discussion**（パネルディスカッションをする），**run a campaign**（キャンペーンをする），**run a experiment [test]**（実験［テスト］をする），**run a show**（ショーをする）のように幅広く使えます。

....

7.　正答：**made**

　make は「**アクションする**」というような用法の **make a(n) [trip / call / arrest / appointment / date]**（旅行［電話／逮捕／予約／会う約束］〔を〕する），それから「**意思決定をしたり，判断を働かせる**」という用法の **make a(n) decision [effort / change / suggestion]**（決定［努力／変更／提案］する），さらに「**取組みの進行や結果を出す**」という用法の **make a(n) contribution [progress / mistake / error / start / progress]**（貢献［進歩／間違い／誤り／開始／進歩］〔を〕する）の3種類があります。

....

Group 3　「言う」の類語の使い分けをマスター！

「言う・話す」は say 以外に，talk, speak, tell, give などを使い分ける！

次の空所に適切な語を下から選び，必要なら正しい形に変えて入れてください。

1. Money (　　　　　　). (金がものをいう)

2. (　　　　　) it to me straight. (はっきりいってください！)

3. Could you (　　　　　) more slowly? (もう少しゆっくり話していただけますか)

4. You can (　　　　　) that again! (まったくそのとおりだ！)

5. Didn't (　　　　　) me what to do! (私に指図しないで！)

6. Let's (　　　　　) the issue. (その問題について話し合いましょう)

[discuss / give / say / speak / talk / tell]

「印象を言う」は give an impression,
「訳のわからないことを言う」は talk nonsense などの
「言う」のコロケーションをマスターしよう！

1. 正答：**talks**

talk は，"**I'm talking to you!**" のように「重要な内容のことを言う」場合に使います。また，**talk about weather**（天気を話題にする）や **talk with a friend**（友人と話す）のように，聞き手との距離が近く，「人と会話したり，おしゃべりする」の意味や，**talk to a lawyer [doctor]**（弁護士［医者］に相談する）や **talk business [politics]**（仕事［政治］の話をする）などのように「真剣に内容を共有して話し合う」といった意味もあります。他の用法には，「説得する」という意味で使われる **He talked me into [out of] buying a house.**（彼は説得して私に家を買わせた［買うのをやめさせた］），さらに重要な表現として，**Money talks.**（金がものを言う）や **talk nonsense**（訳のわからないことをしゃべりだす）などがあります。

---

2. 正答：**Give**

give は「与える」というイメージがありますが，**say** よりもさらに幅広く，「言葉を発する・口頭で伝える」というニュアンスを持ち，口語では「言う」という意味の用法では一番よく使われている単語になります。例えば，**Give it to me straight.**（はっきり言ってよ），**Please give me your impression of Japanese towns.**（日本の町の印象を言ってください），**give** *someone* **advice [instructions / orders]**（〔人に〕アドバイス［指示，命令］を言う）や **give him No**（彼に **No** という）や **give a cry for help**（助けを求めて叫び声を上げる）などがあります。

---

3. 正答：**speak**

speak は「口から言葉や音声を出す」が基本的な意味で，**speak loud [softly]**（大声［小声］で話す）や **speak English**（英語を話す）という用法，さらにスピーチのように一方的に話すというニュアンスが強くなり，**speak at the conference**（会議で演説する）や **speak to the audience**（聴衆に話しかける）という用法の **2** 種類があります。また，**talk to the audience** も一方的に話しますが，必ずスピーチの後で話し合いをする前提があります。

---

4. 正答：**say**

say は，**say thank you[good-bye]**（ありがとう［さようなら］と言う）という表現のように「**アイデア・感情・考えなどの内容のあることを言葉で示す**」という意味を持ちます。また，*"Don't be sad,"* she said to herself.（「悲しんではいけない」と彼女は自分に言い聞かせた）のように必ずしも聞き手がいるとは限らない場合にも使われます。さらに，**I said, "He won the game."**（「彼は試合に勝った」と私は言った）のように会話の引用にも使われます。他の用法にも，**The newspaper says that he received an award.**（新聞によると彼は受賞したそうだ）や **The clock says twelve o'clock.**（時計は 12 時を示している）のように「**書いてある，示している**」などがあります。

....

5. 正答：**tell**

tell は「**特定の相手に中身のある情報や話や気持ちを伝える**」という用法の **tell** *someone* **a story [lie]**（話［うそ］を言う）や **tell the fact [secret]**（事実［秘密］を言う）などの用法があります。それから「**〜する［しない］ように言う**」という命令や助言する **The guide told the tour group not to get off the bus.**（ガイドはそのツアーの集団にバスから降りないように言った）という用法があります。他の意味の用法には **Time will tell.**（時が経てばわかる）や **The stress will tells on our health.**（ストレスは体にこたえる）などがあります。

....

6. 正答：**discuss**

discuss は，**talk about** の堅い単語で「**論じる，意見交換や意思決定のために2人からグループ間で話し合う**」という意味の単語で，結びつきやすいのは「問題系」の名詞の **discuss the issue [problem]**（問題について論じる，話し合う《with 〜》），それから「トピック系」の名詞を伴い，**discuss the topic [subject / idea]**（トピック［テーマ／アイデア］について論じる，話し合う《with 〜》）などがあります。

....

最重要 「間違えやすいコロケーション」に要注意！

□ ～に害を与える　　give damage to（×）→ **cause [do] damage to**（○）
□ 困難に合う　　　　meet difficulties（×）→ **have [face] difficulties**（○）
□ ～に影響を与える　give an effect [influence] on ...
　　　　　　　　　　　　→ **have an effect [influence] on ...**（○）
□ 人を説得して～することをやめさせる　discourage ＋人 + to + V（×）
　　　　　　　　　　　　→ **discourage ＋人＋ from ...ing**（○）
□ 成功を得る　　　　get success（×）→ **achieve success**（○）
□ 環境を守る　　　　defend the environment（×）
　　　　　　　　　　　　→ **protect the environment**（○）
□ ～の知識を得る　　get knowledge of ...（×）
　　　　　　　　　　　　→ **acquire [gain] knowledge of ...**（○）

＊影響は **have [make] an impact** <u>on</u> ／ **have consequences [implications]** <u>for</u>
... のように動詞や前置詞が変わるので要注意！　また，**affect**《動詞》と **effect**《名詞》
にも注意！　「コミュニケーションに影響を与える」は，**affect communication** または，
have an effect on communication が正しい表現です。

Group 4　「与える」の類語の使い分けをマスター！

「与える」は give 以外に，have, make, cause [do], supply, provide などを使い分ける！

次の空所に適切な語を下から選び，必要なら正しい形に変えて入れてください。

1. You (　　　　) a good first impression on anyone.

（きみはだれにでも第一印象はいいね）

2. Music (　　　　) a soothing effect on us.

（音楽はわれわれに癒しの効果を与える）

3. The typhoon (　　　　) a serious damage to the area.

（台風は地域に大被害を与えた）

4. The company (　　　　) electricity to the area.

（会社は地域に電力供給している）

5. The researcher was (　　　　) the prize.

（その研究家に賞が授与された）

6. The company (　　　　) pension to retirees.

（会社は退職者に年金を提供する）

[award / do / have / make / provide]

解答＆解説

1. 正答：**make**

make は「**無から有を生み出す，物を組み合わせて作る**」という意味があり，さまざまな名詞と結びついた表現を持ちます。たとえば，**CO₂ emissions make a great impact on global warming.**（CO₂ の排出は地球温暖化に多大な影響を与えている），**The performer made a good impression on audiences.**（その演技者は聴衆に好印象を与えた）のように用いられように，**make** には「（物作り

のような）プロセス」があります。

....

2. 正答：has

have はある人や物の「**性質や特徴**」を表したり，「**常に兼ね備えたり，所有［携帯］する**」という意味がありますが，**make** のような「**生み出す勢い**」ではなく，「**持続的な影響力**」の意味合いがあり，**Good teachers have a good impact on their students.**（いい教師は生徒たちにいい影響を与える），**TV games have a negative influence [effect] on children.**（テレビゲームは子どもたに悪影響を与える）のように使います。

....

3. 正答：caused

cause は「**発生源があり，そこから悪い物事が生じる**」という意味があり，**The infectious disease caused a panic to local people.**（その伝染病は地元住人にパニックを与えた）のように使います。

....

4. 正答：supplies

supply は「**必要なものや足りないものを定期的に長期にわたって大量に支給する**」という意味があり，**The government supplies refugees with foods**（その政府は難民たちに食糧を供給している）というように，「継続的な供給」のニュアンスを持ちます。

....

5. 正答：awarded

award は「**人の功績に対して賞やお金を与える**」という意味を持ち，**The judges awarded the contestant the first prize.**（審査員たちはその出場者に一等賞を与えた）の用法があります。さらに「**公式に決定させて契約を与えたり，賠償金を支払う**」という意味もあり，**The government awarded the contract to the company .**（政府はその会社に契約を発注した［与えた］）や **The government awarded compensation to the victims' families.**（政府は被害者の家族に賠償金を支払った［与えた］）というように用いられます。

....

6. 正答：**provides**

　provide は「予測してあらかじめ準備し，必要とする人々に十分に行き渡るように供給する」という意味があります。**The school has provided hopeful students with a good education.**（その学校は有望な生徒たちにいい教育を与えてきた）というように，**provide** には「予測に基づく準備行動」が前提にあります。

Group **5**	「作る」の類語の使い分けをマスター！

「作る」は make 以外に，build, set, make up, create, provide などを使い分ける！

　次の空所に適切な語を下から選び，必要なら正しい形に変えて入れてください。

---

1. The athlete (　　　　) a world record.

　（その選手は世界記録を出した）

2. The manager needs to (　　　　) trust.

　（経営者は信頼を築く必要がある）

3. Paper is (　　　　) from wood.

　（紙は木から作られている）

4. Capitalism (　　　　) a gap between rich and poor.

　（資本主義は貧富の差を生む）

5. He (　　　　) an excuse about being late.

　（彼は遅刻の言い訳を作り出した）

[build / create / make / make up / set]

解答&解説

1. 正答：set

set には「見習ったり，手本としたり目指すべき模範や基準を定める」という意味を持ちます。そこから，**The doctor set a good example for others.**（その医者は他者によい手本を示した），**The company set a high standard for customer service.**（その会社は顧客サービスの高い水準を作った），**The writer set a new trend.**（その作家は新しいトレンドを生み出した）などの用法があります。

2. 正答：build

build には「時間をかけてじっくりと大きなものを積み重ねて作り上げる」という意味を持ちます。「建物系」の単語と結びつく **The construction company is building a large facility.**（その建設会社は巨大施設を作っている）をはじめとして，「人格系（**career, character**）」の単語と結びつく，**The lawyer is building a successful career.**（その弁護士は成功したキャリアを築いている），「信頼系（**confidence, trust reputation**）など」の単語と結びつく **The consultant is building trust with his clients.**（そのコンサルタントは顧客とよい信頼関係を築いている），**The shop is building a reputation for its good products.**（その店は良い商品の評判を築いている）などの用法があります。

3. 正答：made

make には「物を組み合わせたりするなど，材料から作りあげる」という意味があります。**She made a meal for her family.**（彼女は家族に食事を作った）などの用法になります。この他にも **make a plan**（計画を立てる），**make money**（金をもうける），**If you run, you can make it.**（走れば間に合うよ），**Even small efforts will make a big difference in your future.**（小さな努力でさえも将来大きな差が出る）などがあります。

4. 正答：creates

create は「今までにないまったく新しいものを作り出す」という意味があります。**The universe was created by the Big Bang.**（世界はビッグバンによって

作り出された）や **The designer created a new style of fashion.**（そのデザイナーは新しいファッションスタイルを作り出した）などの用法があります。さらに「**（行動の結果として）ある状態が生じる［を生み出す］**」といった **create (an) interest [excitement / confusion / controversy]**（興味［興奮／混乱／論争］を生み出す）という意味もあり，**The lack of funds created a series of crises.**（財政危機で一連の経済危機が起きた）や **The problem created bitter feelings.**（その問題は角が立った）などの用法があります。

5. 正答：**made up**

　make up は「**（だますために）話をでっち上げる**」という意味の他にも，「創作する」という意味の **make up a story [song]**（話［歌］を創作する）という用法があります。また，その他にも「構成する」という意味の **The committee is made up of prefectural representatives.**（その委員会は都道府県の代表で構成している），「物を組み合わせて代用する」という意味の **make up a bed on the sofa**（ソファーでベッドを作る），「仲直りする」という意味の **He made up with her after a quarrel.**（彼はケンカした後で彼女と仲直りした）などの用法があります。

Group 6　「わかる」の類語の使い分けをマスター！

「わかる」は understand 以外に，know, tell, find (out), see, figure out などを使い分ける！

次の空所に適切な語を下から選び，必要なら正しい形に変えて入れてください。

1. You'll soon (　　　　　) about the truth.

　（すぐに真実がわかるだろう）

2. Sorry, I didn't (　　　　　) what you said.

　（すいません，話の内容がわかりません）

3. Can you (　　　　　) me the difference between the two?

　（2つの違いがわかる？）

4. I (　　　　　) you can make it.

　（きみならそれをやり遂げられるさ！）

5. The doctors (　　　　　) a cure for the disease.

　（医者は病気の治療法がわかった）

6. I don't (　　　　　) why you did it.

　（きみがなぜそんなことをしたのかわからない）

[catch / find / find out / figure out / know / tell]

解答＆解説

　日本語の「わかる」と言えば，すぐに思い浮かぶのが "**understand**" だと思いますが，「わかる・知っている・理解する・気づく」を意味する英語の基本動詞（句動詞）は，**get, find, find out, know, figure out, see, tell, catch, follow, understand** とたくさんあります。そして，それらは，次のように**「わかる・理解する」**系と，**「知っている」**系と，**「気づく」**系の３つに大別できますが，意味が重なり合っている部分があるので複雑です。

1.　正答：**find out**

　find out は「事実や真相などがわかる・明らかになる」という意味で，**I need to find out more about the travel destination.**（旅行先についてもっと知っておく必要がある）という用法になります。

2.　正答：**catch**

　catch は「動いているものや追いかけているものを捕まえる」という意味を持ちますが，「わかる」に関連する意味には「音声やしゃべられた言葉をなんとかして聞き取る・理解する」という意味があります。音が聞き取れないなら，**I didn't catch your name.**（あなたの名前が聞き取れなかった）となります。

3.　正答：**tell**

　tell は「認識できる」「違いが判る」「知っている」と用法が多く，「知識・経験・証拠などからわかる」という意味では，**One can tell that he is intelligent.**（彼が賢いということはだれが見てもわかる）という用法，「２つのものの違いを見分ける」という意味では，**He can't tell the difference between dreams and reality.**（彼は夢と現実の区別がつかない）のように使います。また，**Time will tell.** は「時が来ればわかるさ」という意味の自動詞用法があります。

4.　正答：**know**

　know は「経験や知識からある事実や状況を知っている」という意味で，「確信している，熟知している，悟る」と用法の多いノンネイティブが語感をつかみにくい語です。**I knew it!**（やっぱりそうか），**I know you can make it.**（きみなら

やり遂げられる），**How did you know that?**（どうしてわかったんだ？）などの
用法があります。

5. 正答：**found**

　find は「気づいて［発見して］わかる」で，**You will find it difficult to
solve the problem.**（問題を解くのは難しいとわかるだろう）のように使います。
また，**find** には「探したり，偶然に見つける」という意味と「研究や実験をして
見つける・わかる」という意味があり，**The ore was found to contain 25%
of gold.**（その鉱石には 25％の金が含まれることがわかった）というように用い
られます。

6. 正答：**figure out**

　figure out は「状況がわかるまで考えて答えを見つけ出す」という意味で，
The expert figured out the solution to the problem.（その専門家は問題の
解決策を見つけ出した）というように使います。

　この他，**understand** は「意味」や「メカニズム」や「人の気持ち（同情的に）」
や「状況」がわかることで，**understand the meaning**（意味がわかる），
understand the situation（状況がわかる），**understand the needs**（ニーズ
がわかる）のように使います。また，**see** は「本質が見えたり，全体のイメージが
湧くこと」で，**see what happened**（何が起こったかわかる），**see your point**
（話の要点がわかる）のように用い，**follow** は「説明などがわかる，ついて行ける」
で，**follow what you mean**（あなたの言うことがわかる），**follow what is
happening**（何かが起こっているかがわかる［ついて行ける］）のように使えます。
また，**get** は口語的で「しっくりくること」で，**I don't get it.**（変だな，どうも
わからない）のように使います。

　さらに，**appreciate** は「ものごとの価値や良さを正しく理解する・評価する」
という意味では，**appreciate the quality of the product**（商品の品質の良さ
がわかる）のように使い，「状況を完全に理解する」という意味では，**appreciate**

the situation of the tourism industry（旅行業界の状況がわかる）のように使います。

realize は「今まであやふやであったものが，現実のものとしてはっきりわかる」というニュアンスを出したい場合に使い，realized the seriousness of poverty のように使います。

recognize は「以前に知っていたものだとわかる」場合に用います。「re（再び）＋ cognize（知る）」から，物事や出来事を「再確認する」感じが出て，「ああ，知ってる，聞いたことある，見たことある！」という場合に使えます。さらに「物事の存在や事実を認める」へと意味が広がり，「認識する」という用法があります。また，「人の容姿や物事などを見分ける・識別する」という意味を持ち，recognize his face [voice]（彼の顔［声］がわかる）などの用法があります。

identify は「人や物事を見分ける・識別する・見つける」の identify them as tourists（彼らを観光客と識別する），それから「（問題などの）原因・性質・起源を特定する」の identify the cause of the problem（問題の原因がわかる）などの用法があります。

find out「事実や真相などがわかる」と
figure out「状況がわかるまで考えて答えを見つけ出す」を
混同しないように注意しましょう！

Group 7 「思う」の類語の使い分けをマスター！

「思う」は think 以外に，expect，believe，find，take，imagine などを使い分ける！

次の空所に適切な語を下から選び，必要なら正しい形に変えて入れてください。

1. I didn't (　　　　) to win the game.

(勝つとは思わなかった)

2. I can (　　　　) him laughing to himself.

(彼はほくそえんでいると思う)

3. Don't (　　　　) it so seriously.

(そんなに真剣に考えないで)

4. That's what I (　　　　).

(やっぱりそんなことだと思った)

5. I (　　　　) the movie very entertaining.

(その映画はとても面白いと思う)

6. He strongly (　　　　) he is right.

(彼は自分が絶対正しいと思っている)

7. I (　　　　) he is a doctor.

(彼は医者ではないと思う)

[believe / doubt / expect / figure / find / imagine / take]

解答&解説

1. 正答：expect

expect は「**当然起こるものと期待する**」という意味があります。**It is expected that the tourism boom will continue next year.**（観光ブームは来年も続くと期待されている）などの用法があります。

2. 正答：imagine

imagine は「**頭の中でイメージを思い浮かべ想像する**」という意味を持ちますが，さらに「**実際起きないことを想像して思い違いをする**」や「**確信や証拠がなく憶測する**」という意味にまで発展します。**She always imagine the worst.**（彼女はいつも最悪の事態を想像する）などの用法があります。

3. 正答：take

take は「**ある物事に対して～と考える［受け止める］・反応する**」という意味を持ちます。**He took her comment as a compliment.**（彼は彼女の言葉をお世辞と受け止めた［思った］）などの用法があります。

4. 正答：figured

figure は「**状況を考慮してある意見［考え］を持つ**」や「**確信なく思う**」という意味を持ちます。**I figured that he would win the game.**（彼が試合に勝つだろうと推測する）などの用法があります。

5. 正答：find

find は「**（ある物事に対する認識や経験から）感情を抱いたり，意見を持つ**」という意味を持ちます。**I find it very easy to become a volunteer tour guide.**（ボランティア通訳ガイドになるのは非常に簡単だと思う）などの用法があります。

6. 正答：believes

believe は，「**直感的に思う，宗教の信条として思う**」という意味を持ちます。**He strongly believes that he will pass the exam.**（彼は試験合格を強く信じ

ている）などの用法があります。

....

doubt は「ある物事を疑わしく思ったり，不確かに思う」という意味を持ちます。**I doubt that he will keep his promise.**（彼が約束を守るのを疑わしく思う）などの用法があります。

....

この他，**wonder** は「不確かな物事をもっと知ろうとして想像をめぐらす」という意味で，**I wonder if this medicine works.**（この薬は効くのかと思う）のように用い，**hope** は「そうであってほしいという願望や期待を持つ」という意味で，**I hope she will make it.**（彼女が成功すればなと思っている）と用います。

さらに，**suspect** は「悪い事が起きているとうすうす思う［可能性が高いと思う］」という意味で，**I suspect she is a criminal.**（彼女は犯罪人だと思う）のようにと用い，*be* **afraid** は「悪い物事が起きるかもしれないと心配する」という意味で，**I'm afraid the project will fail.**（計画は失敗すると思う）のように用います。

特に take や expect が正しく使えるようになると表現の幅が広がります

類語は「プロセス」と「結果」の見地からとらえよう！

　何らかの問題が起こったときに，「何とかしよう（解決してみよう）」と言いたい場合，たいていの日本人英語学習者は受験英語で覚えた "**solve**" を使って，I'll solve the problem. と言いがちですが，そういった場合は "**I'll work it out.**" が文脈に合います。「解決」を表す類語で，solve は "**find a way to deal with ...**（解決策を見出す）" という意味で，「完全に解決した状態」を表したい場合は，「一件落着」を表す "**settle**" を用います。**resolve** は "settle or find a way to deal with ..." で，つまり solve と settle の中間的で，"**work out**" は「検討し，計画して，解決策を打ち出し，難局を乗り越える」という問題解決全体のプロセスを表す語で，これから何とか解決使用する場合にはしっくりくるわけです。

　このように英単語を「プロセス」と「結果」という見地からとらえることは重要です。例えば，ビルにこれから入るプロセスを表す場合は，"get into" を使って，Let's get into the building. が自然で，プロセスを表さず，入った結果だけを表すなら，"enter" を用いて，They entered the building. となります。同様に「着く」という意味を表す英単語も，これ向かって行って着くというプロセスを表す場合は "get to" を用いて，How do I **get to** the station?（どうやって駅に行くのですか）のように言い，もうじき着く場合は，We'll be soon **arriving at** the station. となり，着いたという「結果」だけを表す場合は They **reached** the station. となります。

　このように「他動詞」は「結果的」で，自動詞＋前置詞（副詞）は「プロセス」を表します。ですから，「インスタントラーメンを（どんどん）買いだめする」や「ブレーキを緩めて行く」というプロセスを表す場合はそれぞれ，"stock up on instant noodles"，"ease up on the brakes" というふうに言い，「買いだめした」「緩めた」という結果を表したいときは，stocked the noodles や eased the brakes のように言います。

Group 8　「変わる・変える」の類語の使い分けをマスター！

「変わる・変える」は change 以外に，vary, replace, exchange などを使い
分ける！

次の空所に適切な語を下から選び，必要なら正しい形に変えて入れてください。

1. Prices (　　　　) from store to store.

(価格は店によって変わる)

2. I (　　　　) the sofa with a new one.

(そのソファーを新品に変えた)

3. He (　　　　) yen for dollars.

(彼は円をドルに変えた)

4. She (　　　　) a dress for the clothes.

(彼女はドレスを服に仕立てた)

5. The government (　　　　) the education system.

(政府は教育制度を改めた)

6. He (　　　　) Christianity.

(彼はキリスト教に改宗した)

[alter / exchange / vary / reform / replace / turn to]

解答&解説

1. 正答：vary

change は「新しい・異なるものに変わる・切り替える」という意味で，change his job（仕事を変更する），changes trains（電車を乗り換える），change (my) clothes（服を着替える）のように使います。これに対して，vary は「**同じものが時・場所・状況に応じて段階的に・部分的に変化する**」という意味で，The number of tourists varies from place to place.（観光客数は場所によって変わる），Flowers vary in color, size, and shape.（花は色，サイズ，形で異なる）のように使えます。また vary the size[rate / height / level] of ...（〜のサイズ［割合／高さ／レベル］が異なる）のような他動詞用法もあります。

2. 正答：replaced

replace は主に「**（劣化した）既存のものから新しいものに取り替える・取って代わる**」という意味で，This old building needs to be replaced by a new one.（この古い建物は新しいものに取り替える必要がある），replace the current system（現在の制度に取って代わる）のように使います。

3. 正答：exchanged

exchange は「**同じような価値を持つ物と物を交換する**」という意味で，I'd like to exchange all these dollars for yen.（こられの全てドルを円に変えたいのですが）などの用法があります。また他の意味には exchange ideas and opinions with ...（〜と意見を出し合う［**交換する**］）のように使います。

4. 正答：altered

alter は「**性格や構造などをわずかだが重要な変更をする，改造する**」という意味で，The tourist city was altered beyond recognition.（その観光都市は見違えるほど変わった）や The building has been altered.（そのビルは改築された）や，「服のサイズを直す」という意味から，She had the dress altered for the wedding.（彼女は結婚式用にドレスを仕立て直してもらった）などの用法があります。

5. 正答：**reformed**

reform は「効果的あるいは公平になるように，システム，法律，組織を改善する」という意味があり，**The government needs to reform the economy.**（政府は経済を改革する必要がある）などの用法があります。さらに「人が態度を改める，犯罪者を更正させる」といも意味があり，**The prisons are designed to reform criminals.**（刑務所は犯罪者を更正させるように作られている）という用法があります。

....

6. 正答：**turned to**

turn to は，「ある状態から異なるものに変化する」という意味があり，**The boiling water turns to vapor.**（沸騰している水は水蒸気になる）や **All my hope turned to dust.**（私の希望はちりと化した）などの用法があります。この他の意味にも「頼る」という意味があり **I have no one to turn to.**（私にはだれも頼る人がいません）などの用法があります。

....

Group 9 「含む」の類語の使い分けをマスター！

「含む」は include 以外に，cover, contain, involve などを使い分ける！

次の空所に適切な語を下から選び，必要なら正しい形に変えて入れてください。

1. The price (　　　　　) hotel accommodations.（価格はホテルの宿泊を含む）

2. The work (　　　　　) a lot of risk.（その仕事は多くのリスクを含む）

3. The book (　　　　　) a lot of fields.（その本は多くの分野を含む）

4. The fruit (　　　　　) much vitamin.（そのフルーツは多くのビタミンを含む）

[contain / cover / include / involve]

解答&解説

1. 正答：includes

include は「**全体の中の，一部分の構成要素として含む**」という意味で，主語は price, work, tour, list など「概念的」なものです。**Insurance is included in the price of the rental.**（保険はレンタル価格に含まれる）や **His name is included in the list.**（彼の名前はリストに含まれる）といった用法があります。

·····

2. 正答：involves

involve は「**ある活動・状況・出来事が必要なものとして〜を含む[伴う]**」という意味で，**This project involves so much work.**（このプロジェクトには非常に多くの仕事が含まれる）や **All investments involve a certain amount of risk.**（あらゆる投資にはある一定のリスクを含む[伴う]）などの用法があります。

·····

3. 正答：covers

cover は「**ある状況・話題・期間を含む・取り扱う**」という意味で，**The report covers the period from January to March.**（そのレポートは1月から3月までの期間を含む），**The company covers a wide range of business activities.**（その会社は幅広いビジネス活動を行っている）のように使います。また，「**法律や契約が対象状況・対象者を含む**」という意味があり，**This insurance covers any loss or damage of valuables.**（この保険は貴重品の紛失または損傷を含む[カバーする]）となります。

·····

4. 正答：contains

contain は「**容器・文書・物質の中に何かを含む**」という意味で，中身に物が入る「**容器型**」—**This bag contains several textbooks.**（このカバンには数冊の教科書が入っている），「**文書型**」—**This report contains statistical data on tourism.**（このレポートには旅行業界の統計数値が含まれている），成分が入る「**物質型**」—**Fish contains much calcium.**（魚には多くのカルシウムを含む）のように使います。さらに他に意味には「**封じ込める**」という意味があり，**contain economic damage**（経済的被害を抑える），**contain an epidemic**（流行病の蔓延を防ぐ），**contain** *one's* **anger[laughter]**（怒りを抑える[笑いをこらえる]）のように使います。

Group 10 「妨げる」の類語の使い分けをマスター！

「妨げる」は prevent 以外に，disturb, block, interrupt, interfere などを使い分ける！

次の空所に適切な語を下から選び，必要なら正しい形に変えて入れてください。

1. How can we (　　　　　) natural disasters in the future?

   (どうすれば将来の自然災害を防ぐことができるのだろうか)

2. Don't (　　　　　) me while I'm talking.

   (話している最中に口を挟まないで！)

3. The class was (　　　　　) by the student.

   (授業はその生徒に妨害された)

4. An overturned car is (　　　　　) traffic.

   (横転した車は交通を妨げている)

5. I'm (　　　　　) by the loud noise.

   (大騒音で気が散る)

6. Don't (　　　　　) my business.

   (干渉しないで！)

[block / distract /disturb / interfere with / interrupt / prevent]

解答&解説

1. 正答：**prevent**

prevent は「（完全に）**物事の発生や人のある行動を未然に防ぐ**」という意で，**prevent accidents [a price increase]**（事故［物価の上昇］を防ぐ），**prevent tourists from entering the area**（観光客がその区域に入るのを防ぐ），**prevent the disease from spreading**（その病気が蔓延するのを防ぐ）のように使います。

2. 正答：**interrupt**

interrupt は「**突然話に割り込んだりして，中断させたり，進行を妨げる**」という意味で，**He interrupted our conversation.**（彼は私たちの会話に割り込んだ），**A sudden rain interrupted the progress of the game.**（突然の雨は試合の進行を妨げた）のように使います。

3. 正答：**disturbed**

disturb は「**人の活動をさえぎって中断させる**」という意味で，**Her sleep was disturbed by the noise.**（彼女の睡眠は騒音によって妨げられた），「**問題や混乱が生じて通常の状態でなくなる**」という意味で，**Nature's balance is disturbed by human activities.**（自然のバランスは人間の活動によって乱されている）のように使います。さらに「**（人）を心配・動揺させる**」という意味で，**The problem disturbed my peace of mind.**（その問題は私の心の平静をかき乱した）の用法があります。

4. 正答：**blocking**

block は「**物理的にさえぎって，人や物の動きや流れを困難にする**」という意味で，**The road was blocked by the landslide.**（道が土砂崩れで不通になった），**The fog blocked my view.**（霧が私の視界をさえぎった），**The passage of the bill was blocked by opposition parties.**（その法案の通過は野党によって妨げられた）のように使います。

distract は「他のものに目を向けさせたり，聞かせたるなどして人の集中を妨げたり，気を逸らす」という意味で，**The noise distracted me from concentrating on my study.**（その騒音で私は勉強に集中できなかった）のように使います。

....

interfere with は「うまく行かないように妨害する・干渉する［介入する］」という意味で，**Don't interfere with my plan.**（私の計画に口出ししないでください）などの用法があります。

....

この他にも，**hold [keep] back** は「（物理的に）人の動きを制止する」という意味で **The police held [kept] back the demonstrators.**（警察はデモ参加者を阻止した）や，「人や物事の進展を妨げる」という意味で，**The industrial growth was held back by sluggish consumption.**（その産業の成長は消費の低迷によって妨げられた）などの用法があります。また **keep back** は，「**人の成功や（社会の）進出を妨げる**」という意味で **The old tradition kept women back.**（古い伝統が女性の進出を妨げた）などの用法があります。さらに **get in the way** は，道に立ちはだかって行く手をふさぐようなイメージで「**人の行動や物事の発生を妨げる**」という意味があり，**Pride sometimes gets in the way of asking for help.**（プライドは時々助けを求める妨げとなる）などの用法があります。

いかがでしたか？　問題は正解しましたか？　これらは極めて重要な類語のグループばかりなので，是非運用語彙でそれらを使い分けられるようにしておきましょう。それでは最後にもう1つだけ重要な類語グループ「壊す」を補足しておきましょう。

類語グループ「壊す」の使い分けをマスター！

1. break

　break は「物理的な力を加えて，モノをに割ったりバラバラにする」という意味で，**break a glass**（コップを割る），**break a leg**（脚の骨を折る），**break a machine**（機械を壊す），**break a rope [bread]**（縄［パン］をちぎる）のように使います。また，**break a law [contract /promise]**（法律［契約／約束］を破る）や **break a world record**（世界記録を破る），**break a code**（暗号を解読する），**break a bad habit**（悪い癖を直す），**break the silence**（静寂を破る），**break** *one's* **heart**（〔人〕を悲しませる）のように幅広く使えます。

2. ruin

　ruin は，「完全に台無しにしたり，破壊する」という意味で，**The flood ruined the crops.**（その洪水は穀物を台無しにした）のような，力や災害などの「外的要因」ばかりではなく，**The illness ruined his health.**（病気で彼は健康を損なった）のような「内的要因」で破壊する場合にも使われ，「荒廃した状態」を強調します。また，**The lawsuit ruined his life.**（その訴訟は彼の人生を台無しにした）や **The scandal ruined the company's reputation.**（そのスキャンダルは会社の評判を台無しにした）のように，「人を破産させたり，組織の評判をなくさせて壊滅させる」という意味もあります。

3. spoil

　spoil は「悪影響によって，物や人が本来持っていた価値・魅力・楽しさなどをダメにする」という意味で，**The tall building buildings spoils the city's landscape.**（その高いビル群は都市の景観を台無しにしている）や，「子供に欲しがる物を何でも与えたり好きなことは何でもさせて甘やかして，性格や素行が悪くなる」という意味で，**The parents spoiled their children so much.**（その両親は子どもたちを非常に甘やかせた），「食べ物を腐らせる」の意味で，**Salt can keep foods from spoiling.**（塩は食べ物を腐るのを防ぐ）のように使います。

4. destroy

destroy は「大きな被害を与えて使用や修復できない状態にする」という意味があり，**The army destroyed the town.**（その軍隊は町を壊滅させた）や **The company is destroying the environment.**（その会社は環境を破壊している）のように使います。さらに「壊す」の対象は，**destroy his confidence**（彼の自信を打ち砕く），**destroy his reputation**（彼の名声を傷つける），**destroy his career**（キャリアを台無しにする）のようにさまざまです。

....

コミュニケーション力 UP には固有名詞の発音に要注意！

　英語で外国人とコミュニケーションする時の大きな壁のひとつに，英語の固有名詞，特に地名の発音があります。会話中にいちいちすべての固有名詞を辞書で引くわけにもいきませんし，相手の地名の発音が聞き取れないかもしれないので，外国の地名で日本語読みと異なるものは覚えておく必要があります。英語圏で教育を受けた人は音声授業を通じて固有名詞を覚えて行くのですが，ノンネイティブの場合その機会がないので，英語のコミュニケーションで困ることがないように，ここで重要な固有名詞をご紹介しておきましょう。

□ ウィーン　**Vienna** /viénə/ 　　　　　□ アテネ　**Athens** /ǽθinz/
□ ジュネーブ　**Geneva** /dʒəní:və/ 　　□ ミュンヘン　**Munich** /mjúnik/
□ エルサレム　**Jerusalem** /dʒərú:sələm/ 　□ プラハ　**Prague** /prá:g/
□ ヨハネスブルグ　**Johannesburg** /dʒouhǽnəsbə̀:rg/
□ リオデジャネイロ　**Rio de Janeiro** /rí:ou dei zənéərou/
□ ベルギー　**Belgium** /béldʒəm/（首都は Brussels /bráslz/）
□ アルゼンチン　**Argentina** /ɑ̀:rdʒəntí:nə/
□ エチオピア　**Ethiopia** /i:θióupiə/（首都は Addis Ababa /ǽdis ǽbəbə/）
□ ポルトガル　**Portugal** /pɔ́:rtʃəgl/

　これら非常に重要な地名の発音です。この他にも次のような固有名詞の発音も覚えておきましょう。

□ エーゲ海　**the Aegean** /idʒí:ən/ **Sea**　□ ガンジス川　**the Ganges** /gǽndʒi:z/
□ ペルシャ湾　**the Persian** /pɔ́:rʒən/ **Gulf**　□ ジャワ島　**Java** /dʒá:və/
□ デンマーク人　**Dane** /déin/　　　□ フィンランド人　**Finnish** /fíniʃ/
□ フィリピン人　**Filipino** /filəpí:nou/　□ ポーランド人　**Polish** /póuliʃ/
□ ノルウェイ人　**Norwegian** /nɔ́:rwí:dʒən/　□ ユダヤ人　**Jewish** /dʒú:iʃ/
□ ポルトガル人　**Portuguese** /pɔ̀:rtʃəgí:z/　□ オランダ人　**Dutch** /dʌ́tʃ/

基礎力 UP 編 **4**

「日本事象」英語発信力強化法はこれだ！

基本動詞・句動詞の知識で 英語発信力数段UP！

　英語発信力を一気に UP する上で避けて通れないのは「**基本動詞・句動詞の運用力**」を高めることです。事実，さまざまな基本動詞動詞と on, off, down, over, in, out, along, with, up, through, by, away のような前置詞とが組み合わさって，無限の**句動詞表現**が生み出されています。例えば，**check, check on, check out, check through, check into** はすべて「調べる」という意味で理解して違いがわからない人が多いようですが，スケジュールが開いているかどうか調べる場合は **check my schedule**,「人が大丈夫か様子を見てくる」場合は **check on** *her* を，「真相を突き止める」場合は主に **check into the truth**,「マリファナを持っていないかどうかを調べる」場合は **check** *him* **for marijuana**,「仕事の進行具合いを調べる」場合は **check up on work progress** を使います。

　そこでここでは，次の表にあるような英語の発信力 UP に非常に重要な基本動詞と句動詞の知識をクイズにチャレンジしながら覚えていただきましょう。

カテゴリー	核基本動詞	基本動詞
・ 滞・在	**be, keep, have**	stay, **hold**, wear(have on), save
・ 合・閉・定	**meet**(come together)	join, set
・ 動（横）自 （上）（下）（転）	get, **come**, **make**, **run**, go [up, down, around]	move, leave(go away), pass, return(come back), follow (go after), grow, build, fall, turn
・ 運・動 他 （上）（下）（転）	take, **put**, get, run, **work**, **do**, **make**, bring up[down], **turn**	carry, send, play, try, move, raise, build, grow, drop, leave, roll
・ 内（取り込む）	**get**, **take**, **see**	catch, win, know, find, learn read, buy
・ 外に出す	**give**, **let**, **show**	pay, call, say
・ 開・広	**open**	happen, begin, start, break
・ 打・触	**hit**, run into, hit, reach	burn, beat, kick, touch
・ 断・壊	**break**, kill	cut

（　　）内に入る適切な動詞を下の選択肢から選び，適切な形に変えてください。選択肢を見ないですぐに 8 割以上正解できた人は，「基本動詞」の使い方が板についている「日常英会話の達人」です。選択肢を見ても 5 割もわからない人は，まだ基本動詞の知識が非常に欠けると言えますので，何度も音読して基本動詞をしっかり身につけましょう。

1. My memory doesn't (　　) that far. （そこまでは覚えていません）

2. This flower (　　) the room. （この花があるから部屋が引き立つ）

3. My family (　　) first. （私は家庭が一番だ）

4. Personality analysis according to blood types doesn't (　　).
   （血液型性格判断は当たらない）

5. The boring lecture (　　) me to sleep. （退屈な講義で寝てしまった）

6. What do you (　　) in this picture? （この絵のどこがいいの？）

7. The woman (　　) a bath for her family.
   （女性は家族のために浴槽に湯を入れた）

8. He can't (　　) his liquor. （彼は酒が弱い）

9. Adults need to (　　) a good example for children.
   （大人は子どもたちに良いお手本を示す必要がある）

10. The class will not (　　) tomorrow. （明日の授業はありません）

11. The loan (　　) 1.5% interest. （ローンは 1.5% の金利がつく）

12. The new product (　　) the market. （その新製品は市場に出た）

13. They got (　　) in the trouble. （彼らは面倒に巻き込まれた）

14. (　　) it to me straight. （はっきり言ってください）

15. Please (　　) the 1000-yen bill. （千円札をくずしてください）

[carry, go, hit, make, meet, run, see, work, put, set, break,
come, hold, catch, give]

解答&解説

1. 正答：**go**

「記憶がそんなに遠くまで行かない」から来た表現。その他 **I can't go any further.**（これ以上はお話しできません）, **go too far**（やり過ぎる）, **go public**（公開される）, **go to court**（裁判にかける）なども重要です。

2. 正答：**makes**

make は「決め手となる重要なものを作り出す」で、この他 **Wine can make the dinner.**（ワインで夕食が決まる）, **make news in the small town**（その小さな町で話題になる）, **make the destination on time**（時間どおりに目的地に到着する）, **What difference would it make?**（それがどうしたんだ）, **The patient won't make it through the night.**（患者は今晩もたないだろう）なども重要。

3. 正答：**come**

come は「ある対象に近づいてゆく」で、**come to $100**（合計100ドルになる）, **It's coming to me.**（思い出しそう）, **come around to your opinion**（きみの意見に従う）, **The book is so hard to come by.**（その本は非常に手に入れにくい）。

4. 正答：**work**

「働く」ではなく「目的にかなって機能する」ととらえよう。その他 **This medicine works.**（この薬はよく効く）, **work wonder [miracles]**（奇跡を起こす）, **work** *one's* **way through college**（苦学して大学を卒業する）, **work out a solution**（解決策を出す）, **work off stress**（ストレスを発散する）なども重要。

5. 正答：**put**

put は「あるものをある所・状態に置く」で、この他、**put** *one's* **name on the paper**（書類に名前を書く）, **put that in writing**（書面にする）, **put the team together**（チームをまとめる）, **put her up to it**（彼女を陰で操る）, **put them in the same class**（十把一からげにする）, **put a professional to**

shame（プロ顔負けである）, **Let's put the incident behind us [out of our mind].**（その出来事は忘れよう）などがあります。

6.　正答：**see**

　この **see** は「**価値を見出す**」という意味で, **What do you see in him?**（彼のどこがいいの？）という表現が可能。その他 **see if the answer is correct**（その答えが合っているか確かめる）, **I've been seeing him for three months.**（彼とは3か月つき合っている）, **see a great threat [danger]**（大きな脅威［危険］を感じる［察知する］）, **see all the best sights**（景勝地をくまなく巡る）, **I have seen better days.**（昔はよかったが落ちぶれた）があります。

7.　正答：**ran**

　run は「**走る・走らせる**」ととらえましょう。その他, **run a marathon**（マラソンに出場する）, **run on batteries**（電池で動く）, **run for the Presidency**（大統領職に立候補する）, **run a red light**（信号を無視する）なども重要。

8.　正答：**hold**

　hold は「**しっかり持って支える・（一時的に）押さえておく**」で, **hold** *one's* **breath**（息を殺す）, **hold the line**（電話を切らずに待つ）, **hold** *one's* **tongue**（黙っている）, **hold them responsible**（彼らに責任を取らせる）, *be* **holding a book in** *one's* **hand**（手に本を持っている）, **hold the elevator**（エレベーターを止めておく）, **hold back** *one's* **tears**（涙をこらる）, **hold back the truth**（真実を隠す）, **hold out against the attack**（攻撃を持ちこたえる）, **hold** *one's* **family together**（家族を団結させる）などがある。

9.　正答：**set**

　set は「**ある状態・場所に固定する**」ととらえましょう。その他, **set a new record**（新記録を樹立する）, **set a date for the meeting**（会議の日取りを決める）, **The broken bone will set in a month.**（折れた骨は1か月でくっつくだろう）などがある。

10. 正答：**meet**

meet は「**出会う**」で、「クラスの生徒が出会う」ととらえましょう。その他、**meet the deadline**（締め切りに間に合う）、**meet the demand [needs]**（要求を満たす）、**meet the conditions [requirements]**（条件を満たす）、**meet the tight schedule**（きついスケジュールをこなす）なども重要。

11. 正答：**carries**

carry は「**（持って）運ぶ、支える**」ととらえましょう。その他、**carry men's clothes**（紳士服を置いている）、**carry a disease**（病気を伝染させる）、**I can't carry a tune.**（私は音痴だ）、**Your voice carries well.**（きみの声はよく通る）なども重要。

12. 正答：**hit**

hit は「**すばやく至る・達する・あるものにぶつかる**」ととらえましょう。その他、**hit the road**（出発する）、**hit the brakes**（急ブレーキをかける）、**hit a record high**（過去最高記録を出す）なども重要。

13. 正答：**caught**

catch のコンセプトは「**動いているのをサッととらえる**」で、**catch fire easily**（燃えやすい）、**catch her attention**（彼女の注意を引く）、**get caught smoking**（喫煙が見つかる）、**The lock doesn't catch.**（ロックがかからない）も覚えておきましょう。

14. 正答：**Give**

「**何かを与える、また与え過ぎてたわむ**」とらえましょう。その他、**give him an angry look**（彼を怒った眼で見る）、**Give me one week.**（1週間待ってください）、**Give it all you've got!**（全力でやれ！）も覚えておきましょう。

15. 正答：**break**

break は「**破壊、崩壊と誕生**」で、**break** *one's* **promise [word]**（約束を破る）、**break the bad habit**（悪習慣を断つ）、**break silence**（沈黙を破る）、**break prison**（脱獄する）などがあります。

いかがでしたか？　これら基本動詞が使いこなせれば，英語表現力が数段 UP します。それでは，この他にぜひ覚えてほしい最重要基本動詞を使った重要フレーズを補足しておきましょう。どれも中学校で習う基本動詞ですが，うまく使いこなせれば，スピーキング力がグーンとアップすることでしょう。

take	取り込む・どこかに移動する・あるものを加える

take it easy（気楽に考える），**Take** your time.（ごゆっくり），The disaster **took** many lives.（災害は多くの命を奪った），I can't **take** it anymore!（もうこれ以上がまんできない！），You should **take back** what you said about me.（言ったことを撤回しろ）

do	ある目的を持って何かをする

do one's hair（髪をとかす），**do** the dishes（皿を洗う），**do** an article（記事を書く），**do** the flowers（花を生ける），**do** the room（部屋を片づける），**do** business with ...（〜と取引する）

keep	あるもの（状態）をある期間そのままに保っておく

keep a schedule（予定を守る），**keep** the law（法律を守る），This watch **keeps** good time.（この時計は正確だ），**keep** the garden（庭の手入れをする）

☐ **Dinner can wait.**（夕食は後回しだ）

Chess will have to **wait**.（チェスは後だ），The meeting can't **wait**!（会議は今やらなくてはならない！）のような wait の使い方がなかなかできないため，We have to hold a meeting now. などと言ってしまいそうですが，それでは切迫感が出ないでしょう。

☐ **Only time will answer.**（時が解決してくれる）

落ち込んでいるときや，ほとぼりがさめるまで待つときなどに使える素晴らしい表現。他に，Time will tell. なら「時が経てばわかる」となり，これもぜひマスターしたい表現です。

☐ **One glass of beer isn't going to kill us.**（ビール1杯くらい大丈夫）

☐ **I've had it.**（もうたくさんだ）

☐ **It won't hurt to give it a try.**（だめもとよ）

☐ **Save your breath.**（話しても無駄だよ）

☐ **You will pay for it.**（バチがあたるよ）

☐ **You mean a lot to me.**（きみは大切な人だ）

　ちなみに，日本人がよく間違うものに「**確認する**」があります。まずイントロで述べた **check (and see) it ...** は「**～かどうか確認する**」で，**make sure [see to it] that ...** は「**必ず～しておくように**」という意味になります。また confirm は「予約」を，identify は「身元」を確認する場合に使います。

基礎力 UP 編 5

「日本事象」英語発信力強化法はこれだ！

英単語の意味の広がりをつかみ，多義語を効果的に使いこなす！

　英語のライティング力を UP させる上でボキャビルが非常に重要であることは言うまでもありません。しかし，一口に語彙増強と言っても，大きく分けると２つの方法があります。**1つは「語彙数」をどんどん増やしていく方法で，もう１つは語彙の数ではなく「深さ」，つまり「多義語」の運用力を UP させていく方法**です。

　「多義語」の知識・運用力を UP させるというのは，**5000 語**水準ぐらいまでの語，特に日本人が英語学習を始めてから高校２年くらいまでに習う **3000 語**水準までの単語の意味・用法の知識を深め，「知っているようで知らない単語」を幅広く使いこなせるようになることです。日本人は大学受験勉強でそれらの単語を知っているように見えますが，その理解は浅く，実際はそれらを使いこなせていません。しかし，これらを自由自在に使いこなすことができれば，その 10 倍近くの３万語にも匹敵するような「表現力 UP」が可能になります。

　1つの単語に何十という意味・用法があることもあります。例えば，line には 39 もの意味・用法があります。また open のように，1つの単語に「動詞，名詞，形容詞」など複数の品詞の意味・用法を持つものも多いのが英語では当たり前で，特にこれは中学や高校の低学年までに習う「基本 2000 語」に当てはまります。これは英語が「発信の合理性」を重視していることを物語っており，少ない語彙数でもコミュニケーションできるようになっている反面，「受信」という見地から見れば非常に「**文脈依存的（high-context）**」で，冠詞や代名詞などで意味を限定するという意味では「文法構造重視型」であることを表しています。

　英語は，その多義性によって言葉の「連想ゲーム」のように意味がどんどん展開していき，その結果，無数の意味・用法が生まれてくるわけです。そこで**このセクションでは，そういった多義語の中でも特に重要なものを取り上げて，練習問題にチャレンジしながら完全にマスターしていただきましょう。**

　例えば重要な多義語名詞や間違いやすいものに，次のようなものがあります。

□ **situation** は「状況」だけでなく「**難局**」
□ **condition** は「状態」だけでなく「**病気**」
□ **phenomenon** は「現象」だけでなく「**驚異的な人**」
□ **station** は「発着所」だけでなく「**署，持ち場**」
□ **return** は「帰還，返却」だけでなく「**投資の見返り，納税申告**」
□ **material** は「材料」だけでなく「**用具，人材**」
□ **calendar** は「カレンダー」だけでなく「**日程表，年間行事表**」
□ **fare** は「運賃」だけでなく「**乗客，料理，娯楽の出し物**」
□ **notice** は「注意」を引かせるために，「**予告**」「**提示**」する

　こういった多義語はこの他にもまだまだたくさんありますが。このような基本単語は日本人の英語学習者が知らないような重要な意味・用法をたくさん持ち，英語の発信力 UP に極めて重要です。そこで今度は練習問題を通して，多義語の運用力を UP していただきましょう。

英語発信力 UP「多義語」クイズにチャレンジ！

　それでは，多義語クイズにチャレンジしてみましょう。**英文の空欄にあてはまる動詞を下の選択肢から選び，正しい形に変えて入れてください。**

---

1. The company (　　　　　　) job applicants.

　（会社は求職者をふるいにかけた）

2. He (　　　　　) the storm to save you.

　（彼は嵐をものともせずにあなたを助けにいった）

3. These bonds (　　　　　　) last month.

　（これらの国債は先月に満期になった）

4. The man (　　　　　　) many phone calls.

　（男性は電話対応をこなした）

5. Words (　　　　　) me. （言葉が出なかった）

【選択肢】 field, screen, brave, mature, fail

---

1. 正答：screened

screen は「テレビやパソコンの画面」や襖などの「仕切り」の意味でお馴染みの単語ですが，例文のように動詞の場合は求職者を「**選別する**」の意味で使われ，**screen the patient for cancer**（患者に癌検査をする）

....

2. 正答：braved

形容詞で「勇敢な，恐れない」の意味を持つ **brave** は，動詞では「(逆境に) **勇敢に立ち向かう，ものともしない**」の意味で，**brave the rain** なら「雨に負けない」となります。

....

3. 正答：matured

動詞で使われると保険や手形が「**満期になる**」の意味になります。

....

4. 正答：fielded

動詞では「**うまく処理する，候補者を立てる**」の意味があり，他に **field a ball**（打球をさばく），**field a question**（質問をさばく），**field a candidate**（候補者を擁立する）のように使われます。

....

5. 正答：failed

fail は「**期待を裏切る**」の意味で，**His heart failed.**（彼の心臓が止まった），**The crops failed.**（不作だった），**You failed me.**（あなたは私の期待を裏切った）などがある。

....

　他にもたくさん重要な多義語フレーズがあります。音読して使えるようにしておきましょう。

（★は最重要フレーズ）

☐ **The school tracks students every month.**
　（学校は毎月生徒を能力別に**クラス分けを行っている**）

☐ **Japanese cars have flooded the market.**（日本車が市場に**溢れている**）

★ The TV program is soon to be adapted for film.
（そのテレビ番組はすぐに**映画化される**ことになっている）

□ stagger the office hours （**時差出勤にする**）

★ honor the contract （**契約を守る**）

★ refer him to a specialist （彼に専門家を**紹介する**）

□ acknowledge the gift （贈り物に対して**お礼を言う**），

　acknowledge the letter （手紙を**受け取ったと知らせる**）

★ juggle work and family （仕事と家庭を**両立させる**）

★ strain the relations （関係を**悪くする**），strain the budget （予算を**圧迫する**）

□ delegate responsibility to your workers （従業員に責任を**委ねる**）

□ corner the market （市場を**独占する**）

★ suspend the order （注文を**見合わす**）

□ a busy design （手の込んだ模様），a busy signal （話中の信号），

　a busy market （にぎわう市場）

★ a wild time （どんちゃん騒ぎ），a wild guess （当てずっぽう）

□ conservative colors （地味な色），a dark conservative suit （暗い地味なスーツ）

★ effective as of today （本日から**有効の**）

□ outstanding debts （**未払いの**負債），an outstanding issue （**未解決の**問題）

□ a deep question （**難解な**問題）

□ an immediate family member （**肉親**），immediate future （**近い**将来）

□ a flat battery （**上がった**バッテリー），flat beer （**気の抜けた**ビール）

★ remote areas （**人里離れた**地域）

□ general anesthesia （**全身**麻酔）⇔ local anesthesia （**局部**麻酔）

★ a likely candidate （**有力**候補）

□ a net profit [income] （**純**利益）

基礎力 UP 編 6
「日本事象」英語発信力強化法はこれだ！

性差別表現を避け，
political correctnessを実践する！

　世の中はどんどんと性差別や人種差別をなくそうという方向に向かっていて，それが言葉の選択に反映されているので，次の例にみられるように英語を話す人は注意しましょう。

ベルボーイ：bellboy　→ **bellhop, attendant**

議長：chairman　→ **chair, moderator, coordinator, chairperson**

国会議員：congressman　→ **a member of Congress, legislator**

大学の１年生：freshman　→ **first-year student, fresher, freshpeople**

主婦：housewife　→ **homemaker**

夫／妻：husband / wife　→ **spouse**

出産休暇：maternity leave　→ **parental [child care] leave**

男性［女性］の卒業生同志のつながり：

　　　　old-boys' [girls'] network　→ **professional [career] network**

　最後に，英語の表現力 UP のために**婉曲表現（euphemism）**の例を挙げておきましょう。**euphemism とは，嫌なことや恥ずかしいことを相手に不快感を与えないように，オブラートに包んで遠回しに言うことです。**例えば，die（死ぬ）の代わりに pass away, breathe *one's* last, come to *one's* resting place と言ったり，poor（貧しい）→ underprivileged, boring（退屈な）→ less enjoyable, fire（解雇する）→ let ... go, criminal（犯罪者）→ anti-social, old（年を取った）→ mature や，この他，「公衆トイレ（public lavatory）」は comfort station《米》と言ったりします。

基礎力 UP 編 7

「日本事象」英語発信力強化法はこれだ！

英語発信力数段UP
ハイフン＆接頭・接尾辞表現をマスター！

　英語を話すとき，英語と日本語の語順の違いから英語をリラックスして話せないことがよくあります。これを解決するのが「**ハイフン英語**」です。例えば，「赤毛の少女」という場合，a girl whose hair is red や，a girl who has a red hair はもったいついてそういった英語は話しにくいものです。a girl with a red hair でも語順が違うのでいいにくくなります。そんな時，**a red-haired girl** とハイフンで表現すれば，「赤毛の＋少女」と日本語の語順で話せ，しかも早く話せて非常に便利です。

　同様に「赤い屋根の車」を英語で言うときでも，1. a car whose roof is red　2. a car with a red roof　3. a red-roofed car のうち，1 は，いわゆる受験英語的で，2 は一般的な会話的で，3 のハイフンを用いて形容詞的表現となっているのは「書き言葉的」ですが，この書き言葉の方が日本人にとっては話しやすいのです。

　同様に，「砂糖が入っていないキャンディ」も a candy that does not contain sugar という代わりに **a sugar-free candy**，「公害を起こさない車」も a car that does not cause pollution ではなく，**a pollution-free car** という方が楽で効率がいいわけです。その他，石油輸出国（**oil-producing countries**），ノーベル賞受賞作家（**a Nobel prize-winning author**），水が一杯入ったタンク（**a water-filled tank**）も楽に表現できます。時間とお金のかかるプロジェクト（**a time-and-money-consuming project**），資金集めのキャンペーン（**a fund-raising campaign**），石油が乏しい国（**oil-poor countries**），ジョークいっぱいの会話（**a joke-rich conversation**），愛に飢えた男（**a love-hungry man**），求職学生（**job-seeking [hunting] students**）のように言えばいいわけです。

　そこでこのセクションでは，英語を楽に情報豊かに話せるようになるためのハイフン表現をマスターしていただきましょう。まずは次の問題にチャレンジしてみてください。

英語発信力 UP「ハイフン語」クイズにチャレンジ！

ハイフンと（　）の中の語を用いて次の日本語を英語で表現してください。

1. 能力給システム（pay）
2. キャリアウーマン（career）
3. 自力で財を築いた実業家（entrepreneur）
4. 手入れの行き届いた庭（garden）
5. 東京行きの列車（train）
6. 体重を気にする人々（weight）
7. 長い間音信不通だった友人（friend）
8. マスコミ嫌いの政治家（media）
9. ハーバード大学卒の教授（professor）
10. 業務上の事故（accident）

解答&解説

1. 正答：**a performance-based pay system**

-based（～に基づく）を用いたハイフン表現で，**a ground-based broadcasting**（地上波），**an ground-based observatory**（地上観測所），**a Tokyo-based company**（東京**本社の**会社）のように使えます。

....

2. 正答：**career-minded women**

-minded（～志向の，～な考え方をする）を用いたハイフン表現で，「同じような考えの人たち」なら **like-minded people**，「教育ママ」は **education-minded mothers** と表現できます。また，**-oriented**（～指向の，～を重視する）を用いた，**academic background-oriented society**（学歴重視の社会）のように使えます。

....

3. 正答：**a self-made entrepreneur**

self-（自分で～する）を用いたハイフン表現で，**self-employed workers**（自

営業者), **a self-serving restaurant**（セルフサービスのレストラン）, **a self-help book**（自己啓発の本）, **self-paced, self-motivating learning**（自分のペースで自主的にする学習）, **a self-published book**（自費出版本）, **a self-proclaimed writer**（自称作家）, **a self-addressed envelope**（返信用封筒）, **a self-defeating attempt**（自滅的な企て）, **a self-disciplined person**（自分に厳しい人）のように使えます。

4. 正答：**a well-kept garden**

well-（うまく〜した）を表すハイフン表現で, **well-spent money**（有益に使われたお金）, **a well-paid [paying] job**（給料のいい仕事）, **a well-dressed gentleman**（身なりの良い紳士）, **a well-proportioned body**（均整の取れた身体）, **a well-thought-out plan**（考え抜かれた計画）, **a well-ventilated room**（換気のいい部屋）, **a well-connected businessperson**（人脈の広い実業家）, **a well-bred child**（育ちの良い子ども）のように使えます。

5. 正答：**a Tokyo-bound train**

-bound（〜行きの, 〜で固められた）を表すハイフン表現で, **college-bound students**（大学進学希望生徒）, **a leather-bound book**（革装本）のように使えます。

6. 正答：**weight-conscious people**

-conscious（〜を気にする［重視する／意識する］する）を表すハイフン表現で, **appearance [body/waist/salary/safety] -conscious ...**（外見［身体／ウエスト／給料／安全］を気にする［重視する／意識する］〜）のようにいろいろと作っていけます。

7. 正答：**a long-lost friend**

long-（長く〜であった）を表す表現で, **a long-lost child**（長く行方不明だった子供）, **a long-standing problem**（長く続いている問題）, **a long-abandoned building**（長く放置されたビル）のように使えます。

8. 正答：**a media-shy politician**

-shy（〜を嫌がる［避けたがる］）を表すハイフン表現で，**a camera-shy artist**（カメラ嫌いのアーティスト），**woman [man/people] -shy**（女嫌いの［男嫌いの／人間嫌いの]）のように使えます。

⋯⋯⋯⋯⋯⋯⋯⋯⋯⋯⋯⋯⋯⋯⋯⋯⋯⋯⋯⋯⋯⋯⋯⋯⋯⋯⋯⋯⋯⋯⋯⋯⋯⋯⋯⋯⋯

9. 正答：**a Harvard-educated professor**

-educated（〜卒の）を表すハイフン表現で，「ハーバード大学でトレーニングを受けた」なら **Harvard-trained**，「ボストン生まれの」なら **Boston-born** となります。

⋯⋯⋯⋯⋯⋯⋯⋯⋯⋯⋯⋯⋯⋯⋯⋯⋯⋯⋯⋯⋯⋯⋯⋯⋯⋯⋯⋯⋯⋯⋯⋯⋯⋯⋯⋯⋯

10. 正答：**job-related accidents**

-related（〜関連の）を表すハイフン表現で，**computer-related companies**（コンピューター関連会社），**war-related research**（戦争関連の研究），**disaster-related goods**（防災関連用品）のように使えます。

　いかがでしたか？　このようにハイフン表現は非常に便利なわけです。この他にも役に立つものとして次のようなものがあります。

□ 旅慣れたビジネスパーソン	a **widely-traveled** businessperson
□ 政府資金で行われる事業	a **government-financed** project
□ 元テレビタレントの政治家	a **TV personality-turned** politician
□ 深く根づいた島国根性	a **deep-rooted** island nation mentality
□ 事故をよく起こしがちな運転手	an **accident-prone** driver（「よくミスをする事務員」なら **mistake-prone** clerks）
□ 新婚夫婦	a **newly-married** couple（「オシドリ夫婦」は a **happily-married** couple）
□ 低燃費車	a **fuel-efficient** car
□ 机の上がきれいなワーカー	a **clean-desk** worker
□ 押し売り	a **high-pressure door-to-door** salesperson
□ 店を比較しながら一番安い物を買う	**comparison-shop** for the best price
□ 新製品をテスト販売する	**test-market** a new product
□ すべき仕事のリスト	a **to-do** list
□ 二次会	a **post-party** party

☐ 金に困っている人を助けよう運動	a **help-the-needy** campaign
☐ 動物愛護週間	a **be-kind-to-animals** week
☐ 茶飲み友だち	a **coffee-drinking** companion
☐ はしご酒する人	**bar-hopping** drinkers（「仕事を転々と変えるフリーター」**job-hopping** part-time workers）
☐ 歌手志望者	a **would-be** singer
☐ 片思い	**one-sided** love

　いかがでしたか？　こういったハイフン表現をマスターし，かつ自分でもどんどん作れるようになれば，英語の発信力をどんどん UP してくるでしょう。また，英語の発信力を UP させるには「接頭・接尾辞」を使いこなすことも重要です。例えば，「…不足の～」を表す under を用いて次のように表現することができます。

☐ 資金不足の研究——**underfunded** research（short of fund のこと）

☐ 人手不足の病院——an **understafffed** hospital（short of staff のこと）

☐ 運動不足の若者——**underexercised** young people

☐ 正社員になれないパートの——an **underemployed** worker

☐ 栄養不良の患者——an **undernourished** patient

☐ 人口の少ない地域・人口過疎地——**underpopulated** areas

　「テクノロジーの進歩によって，電気自動車が**普及した**」というのを，Thanks to technological advancement, electric cars have become popular. とするのはもたつくので，Technological innovation has **popularized** electric cars. と「-ize」パターンを使うと楽に話せ，引き締まって時間の節約になり，パンチも効いています。同様に次のように言うことができます。

☐ 流通システムに革命をもたらす——**revolutionize** a distribution system

☐ 経済問題を最優先する——**prioritize** economic problems

☐ 優先項目を箇条書きにする——**itemize** the priorities

☐ 工場にロボットを取り入れる——**robotize** the factory

☐ 戦争を美化する——**romanticize** war

基礎力 UP 編 **8**

「日本事象」英語発信力強化法はこれだ！

日本事象発信力UP語彙クイズにチャレンジ！

　それでは今度は，日本事象を英語で何でも説明できるようになるために，クイズにチャレンジしながら分野別に語彙・表現力を UP していただきましょう。各問題の合格ラインは 7 割の正答率です。

日本事象発信力 UP　語彙クイズにチャレンジ！① 観光編（1）

以下の日本事象を英語で言ってみましょう。

1. 山鉾巡行 （　　　　　　　　　　　　　）
2. お祓い （　　　　　　　　　　　）
3. 拝殿 （　　　　　　　　）
4. 参道 （　　　　　　　　）
5. 山車 （　　　　　　　　）
6. 無形文化遺産 （　　　　　　　　　　　　）
7. 借景の庭 （　　　　　　　　　）
8. 鳳凰 （　　　　　　　　　）
9. 休日ダイヤ （　　　　　　　　　　）
10. 記念写真 （　　　　　　　　）
11. 賽銭箱 （　　　　　　　　　）
12. 民宿 （　　　　　　　　　　　）

score:

／ 12

山車

鳳凰

1.	a parade of decorated floats
2.	a Shinto purification ceremony
3.	an oratory ／ a hall of worship （「本殿」は **a main hall**）
4.	an approach to the shrine （「寺への参道」なら **an approach to the temple**）
5.	a festive float （**a decorated high-wheeled float** のように表現することも）
6.	an intangible cultural heritage （「世界文化遺産」は **the World Cultural Heritage**）
7.	a borrowed landscape garden
8.	a (mythical) phoenix (bird)
9.	a holiday train schedule
10.	commemorative photos
11.	an offertory box （**a donation box** ともいう。「賽銭」は **money offering**）
12.	a family-run Japanese-style inn （「旅館」は **a Japanese-style hotel**，「ペンション」は **a family-run Western-style inn**）

　いかがでしたか？　これらが大体楽々英語で言えれば，「日本文化英語発信力」はまずまずです。それでは次の問題に参りましょう！

以下の日本事象を英語で言ってみましょう。

1. 鳥居（　　　　　　　　　　　　　　）

2. 国定公園（　　　　　　　　　　　　　　　）

3. 狛犬（　　　　　　　　　　　　）

4. お守り（　　　　　　　　　　　　　）

5. 神輿（　　　　　　　　　　　　）

6. 遊覧船（　　　　　　　　　　　　　）

7. 枯山水（　　　　　　　　　　　　　）

8. 温泉（　　　　　　　　　　　　）

9. 共同浴場（　　　　　　　　　　　　　）

10. 指定席（　　　　　　　　　　　　　）

11. 重要文化財（　　　　　　　　　　　　　　）

12. 地方の名産・郷土料理（　　　　　　　　　　　　　　　）

score:
／ 12

枯山水

1.	a Shinto shrine gate [archway]
2.	a quasi-national park (**quasi-** とは「類似の～」「準～」の意味)
3.	a pair of stone-carved guardian dogs
4.	a good luck charm (**a charm, a lucky charm** ともいう。**a charm for good health [success of love ／ academic achievement]**〔健康［恋愛／学業］成就守〕)
5.	a portable shrine
6.	a pleasure boat (**an excursion ship** とも)
7.	a dry landscape (rock) garden ／ a Japanese [Zen] rock garden
8.	a hot spring (「露天風呂」は **an open-air bath**)
9.	a communal bath (**a communal restroom [area]** は「共用トイレ〔場所〕」)
10.	a reserved seat (「自由席」は **a non-reserved seat**)
11.	an important cultural property [asset]
12.	a local specialty (**a souvenir** は旅の記念に買うその土地特有の土産物)

　今度はいかがでしたか？　（2）の方が少し簡単だったでしょう。それではこの分野の語彙を補足しておきましょう。少なくとも★印のものは覚えてください。

◎庭園・城

★が入っている表現は特に重要なものです。

★ 築山式庭園 .... a landscape garden with small hills, streams and ponds

□ 本丸 .... an inner fortress, an inner bailey

□ 二の丸 .... a second fortress, a second bailey

□ やぐら .... a turret

□ 風致地区 .... a scenic district

★ 池泉回遊式庭園 ... a garden with a path around a pond ／ a strolling garden with a pond

★ 天守閣 .... a (main) keep（a castle tower, a donjon ともいう）

◎神社仏閣・祭り

□ 方丈 .... an abbot's residence[room] in a Buddhist temple

□ 伽藍 .... a temple precinct, a temple complex

★ 御神体 .... an object of worship in a Shinto shrine

□ 仁王 .... the two Deva Kings

★ 石灯籠 .... a stone lantern

★ おみくじ .... a written oracle（fortune slips ともいう）

★ 絵馬 .... a picture tablet offered mainly as a prayer to a shrine or a temple ／ a prayer tablet

★ 手水舎 .... a [Shinto] purification structure（「禊」〔清めること〕は ablutions）

手水舎

◎観光一般

□ 出国カード .... an embarkation card

★ 民芸品店 .... handicraft shops

★ 天然記念物 .... a natural monument

□ 湯あたり .... dizziness caused by a long bath

★ 乗り物・宿泊などの予約をして当日利用しなかった人 ...... a no-show

◎乗り物・交通

★ 改札口 .... a ticket wicket（「自動改札口」は an automated ticket gate[wicket]）

★ 往復切符 .... a round-trip ticket（「周遊券」は an excursion ticket）

★ エコノミークラス .... coach class

□ 乗り越し運賃 ...... an excess fare（「運賃表」は a fare chart[table]）

□ 上り列車 .... an up-train（「下り列車」は a down-train）

□ 優先座席 .... priority seats, reserved seats for special assistance passengers

□ 女性専用車両 ...... a women-only passenger car

□ 通路側の席 .... an aisle seat

□ 定期船 .... a liner（「不定期船」は a tramp，「水中翼船」は a hydrofoil／ a jetfoil

□ （タクシー）の初乗り料金 ... a flag drop／ a minimum fare

□ 歩道橋 .... an overpass／ a pedestrian overpass（「地下道」は an underpass）

★ 手荷物運搬用コンベア .... a baggage claim carousel

以下の日本事象を英語で言ってみましょう。

1. 八百万の神（　　　　　　　　　　　　　　　　）
2. 自然崇拝（　　　　　　　　　　　　　　　）
3. 神社（　　　　　　　　　　　　　）
4. 神主・神官（　　　　　　　　　　　　　　）
5. 如来（仏）（　　　　　　　　　　　　　　）
6. 地蔵（　　　　　　　　　　　　　）
7. 金堂（本堂・仏殿）（　　　　　　　　　　　　　　　）
8. 座禅（　　　　　　　　　　　）
9. 念仏（　　　　　　　　　　　）
10. 写経（　　　　　　　　　　　）
11. 遍路（　　　　　　　　　　　）
12. 札所巡り（　　　　　　　　　　　　　　）

score:
／ 12

知恩院本堂

遍路

1.	**a myriad of deities** (「言霊 (ことだま) 信仰」は **a belief in power of language**)
2.	**nature worship** (「先祖崇拝」は **ancestor worship**)
3.	**a (Shinto) shrine** (「ほこら」は **a small shrine**)
4.	**a Shinto priest** (「巫女 (みこ)」は **a shrine maiden**, 「宮司 (ぐうじ)」は **the Shinto chief priest**, 「祝詞 (のりと)」は **a Shinto prayer ／ a Shinto ritual prayer**)
5.	**the Buddha** (「本尊 (ほんぞん)」は **the principal image of Buddha**)
6.	**the Buddhist guardian deity of children and travelers**
7.	**the main hall of a Buddhist temple** (「講堂」は **the lecture hall**)
8.	**Zen meditation** (座禅で大切なのは，「調身 (ちょうしん)・調息 (ちょうそく)・調心 (ちょうしん)」 **maintain posture, control breath, keep the mind calm**)
9.	**prayers to Amitabha Buddha** (**Buddhist invocations** ともいう)
10.	**sutra copying** (「読経」は **sutra chanting**)
11.	**a Buddhist pilgrim(age), a Buddhist pilgrim's journey** (「巡業者」は **a pilgrim**)
12.	**a pilgrimage around holy temples** (「札所 (ふだしょ)」は **temples that issue amulets to pilgrims**)

以下の日本事象を英語で言ってみましょう。

1. 密教（　　　　　　　　　　　　　　）
2. 修験道（　　　　　　　　　　　　　　　　）
3. 木魚（　　　　　　　　　　　　　）
4. 経典（　　　　　　　　　　　　）
5. 彼岸（　　　　　　　　　　　　）
6. 位牌（　　　　　　　　　　　　）
7. 神棚（　　　　　　　　　　　　）
8. さび（　　　　　　　　　　　　　）
9. 幽玄（　　　　　　　　　　　　）
10. 無常（　　　　　　　　　　　）
11. 義理（　　　　　　　　　　　）
12. 本音と建前（　　　　　　　　　　　　　　）

score:
／ 12

破魔矢

経典

1.	Esoteric Buddhism
2.	Japanese mountain asceticism （「山伏（やまぶし）」は a Japanese mountain ascetic，「修行」は ascetic practices）
3.	a fish-shaped wooden drum (in Buddhist temples)
4.	(Buddhist) sutras ／ Buddhist scriptures
5.	the equinoctial week
6.	a Buddhist memorial tablet （「数珠（じゅず）」は a Buddhist rosary）
7.	a (household) Shinto altar （「仏壇」は a (household) Buddhist altar）
8.	elegant simplicity （「わび」は refined rusticity）
9.	subtle and profound elegance ／ quiet and elegant beauty
10.	transience ／ impermanence
11.	moral obligation （「人情」は human[humane] feelings：前者は「人心の自然な動き」，後者は「人間の慈（いつく）しみ，情けの意）
12.	*one's* words and real intentions (what one says and what one means)

　この分野では，観念的なものが多くて難しかったでしょうか。でもそれを英語で説明できるようになりましょう。詳しくは第2章の「「日本事象」英訳トレーニングにチャレンジ！」をお読みください。

★が入っている表現は特に重要なものです。

◎仏教

☐ 浄土教 .... Pure Land Buddhism, Amidism

★ 禅宗 .... Zen Buddhism, the Zen sect

☐ 天 .... a Deva（仏教に帰依し守護する神）

★ 観音 .... the Kannon Bodhisattva（the Goddess of Mercy ともいう）

★ 南大門 .... the Great South Gate

★ 塔頭 .... a minor temple building ／ a sub temple（禅宗の開祖など
たっちゅう　　　　　　　　　　　　　　の記念塔や住居，大寺の中にある小寺院）

☐ 宿坊 .... temple lodgings
しゅくぼう

☐ 悟りを開く .... achieve[attain] enlightenment

◎神道

☐ 地鎮祭 .... the Shinto ground-breaking ceremony ／ the Shinto
ceremony of purifying a building site

☐ 氏子 .... a Shinto shrine parishioner（「氏神」は the tutelary deity,
「檀家」は a Buddhist parishioner）

★ 破魔矢 .... a good luck arrow ／ an exorcizing arrow

◎日本人の心と文学

☐ 恥の文化 .... shame culture

☐ 他力本願 .... salvation by faith (in the benevolence of Amida Buddha)

★ 折衷主義 .... eclecticism（「神仏習合」は syncretism of Shinto and Buddhism）

☐ 天下り .... golden parachuting of ex-government officials

☐ 俳句 .... a Japanese 17-syllable poem with a season word

☐ 季語 .... season words（「歳時記」は a glossary of season words
for *haiku* poets）

☐ 短歌 .... a classical Japanese poem of 31 syllables

☐ 和歌 .... a comprehensive range of classical Japanese poetry
(now synonymous with *tanka*)

☐ 川柳 .... a satirical 17-syllable poem (with no season word)

以下の日本事象を英語で言ってみましょう。

1. 花道（　　　　　　　　　　　　　　）
2. 女形（　　　　　　　　　　　　　　）
3. セリ（　　　　　　　　　　　　　　）
4. 黒子（　　　　　　　　　　　　　　）
5. 屋号（　　　　　　　　　　　　　　）
6. シテ（　　　　　　　　　　　　　　）
7. ワキ（　　　　　　　　　　　　　　）
8. 橋掛り（　　　　　　　　　　　　　　）
9. 主遣い（おもづか）（　　　　　　　　　　　　　　）
10. 抹茶（　　　　　　　　　　　　　　）
11. 茶せん（　　　　　　　　　　　　　　）
12. 野点（のだて）（　　　　　　　　　　　　　　）

score:
　　／ 12

橋掛り

野点

69

1.	**an elevated runway** (「廻り舞台」は **the revolving stage**)
2.	**a female impersonator** (女性役のこと。**impersonate** は「〜の役を演じる」)
3.	**an elevated stage** (舞台の昇降装置。役者の登場や退場に使用)
4.	**a black-attired stagehand** (歌舞伎役者の後見，黒い着物を着て，役者に小道具を渡したり着替えを手伝ったりするなど演技の手助けをする)
5.	**the guild names of *kabuki* actors** (「成駒屋」「成田屋」など歌舞伎役者の家の称号。上演中に客席からかかる声の多くはこの屋号)
6.	**a leading role** (能・狂言の主役。**a protagonist**／**a principal actor** ともいう)
7.	**a supporting role** (シテの思いを聞き出す。僧侶役が多い)
8.	**a corridor connecting the backstage to the *Noh* stage** (能舞台へつながる長い廊下。シテの入退場に使われる)
9.	**a principal puppeteer** (文楽の人形を中心となって動かす人)
10.	**powdered green tea**
11.	**a bamboo whisk** (「茶杓」**a tea scoop**，「茶器」**a tea bowl** と共に必須の茶道具)
12.	**an outdoor tea ceremony**

日本事象発信力 UP　語彙クイズにチャレンジ！⑥　伝統文化／歴史編（2）

以下の日本事象を英語で言ってみましょう。

1. すずり（　　　　　　　　　　　　　　　）
2. 墨（　　　　　　　　　　）
3. 幕府（　　　　　　　　　　）
4. 寺子屋（　　　　　　　　　　）
5. 参勤交代（　　　　　　　　　　　）
6. 関所（　　　　　　　　　　）
7. 荘園（　　　　　　　　　）
8. 鎖国（　　　　　　　　　）
9. 明治維新（　　　　　　　　　　　）
10. 冠位十二階（　　　　　　　　　　　）
11. 陶磁器（　　　　　　　　　　）
12. 釉薬_{ゆうやく}（　　　　　　　　　　）

score:

／ 12

関所

陶磁器（瀬戸焼）

1.	an inkstone (used in Japanese calligraphy)
2.	Chinese ink《液体・固形の両方に使える》／ a Chinese ink stick《固形》
3.	a shogunate government ／ Japan's feudal government
4.	a private school for children in the Edo period
5.	the daimyo's duty of alternate-year residence in Edo
6.	a checkpoint
7.	a manor (「荘園制度」は **the manorial system**, 「地頭」は **a lord of a manor**)
8.	the national seclusion [isolation] policy in the Edo period (「開国」は **the opening of a country (to the outside world)**)
9.	the Meiji Restoration（1868）
10.	the first system to rank officials into twelve levels ／ the Twelve-level Cap and Rank System
11.	ceramics (「陶器」**pottery** と 「磁器」**porcelain / china** の総称)
12.	glaze (素焼きの陶磁器の表面に塗るガラス質の溶液。耐水性向上と光沢, さまざまな色や模様を得られる)

重要日本事象語彙をマスター！　伝統文化・歴史

★が入っている表現は特に重要なものです。

◎茶道

☐ 初釜 .... the New Year's first tea ceremony

★ なつめ .... a tea caddy

◎書道

☐ 楷書 .... the printed [block, square] style of writing

☐ 行書 .... the semi-cursive style of writing

☐ 草書 .... the cursive style of writing

◎伝統芸能・文化

★ 隈取 .... elaborate *kabuki* make-up

★ すっぽん .... a trapdoor in the elevated runway（歌舞伎劇場の花道にあるせり穴）

★ 能狂言 .... a comic drama performed between Noh plays

★ 三味線 .... a Japanese three-stringed banjo-like musical instrument

☐ 琵琶 .... a Japanese lute（「尺八」は a five-holed bamboo flute）

★ 漆器 .... lacquerware

☐ 錦絵 .... multi-colored woodblock print

◎歴史

☐ 院政 .... the cloister government, a rule by a retired emperor

☐ 執権 .... a regent（「執権職」は regency）

★ 藩 .... a feudal clan（clan は「共通の利害・目的を持つ一派，一門」）

☐ 金比羅 .... a guardian deity of seafaring（航海の守護神）

73

以下の日本事象を英語で言ってみましょう。

1. かつお節（　　　　　　　　　　　　　　　）

2. 味噌（　　　　　　　　　　　　）

3. お好み焼き（　　　　　　　　　　　　　）

4. たこ焼き（　　　　　　　　　　）

5. ラーメン（　　　　　　　　　　）

6. ざるそば（　　　　　　　　　　）

7. 回転寿司（　　　　　　　　　　）

8. シャリ（　　　　　　　　　）

9. ガリ（　　　　　　　　）

10. 刺身（　　　　　　　　）

11. 天ぷら（　　　　　　　　　）

12. 天つゆ（　　　　　　　　　）

score:
／ 12

回転寿司

ガリ

1.	dried bonito （「鰹節の削ったもの」は **dried bonito flakes**）
2.	fermented soybean paste （「納豆」は **fermented soybeans**）
3.	a Japanese-style pancake （**a Japanese-style meat [seafood] and vegetable pancake** と説明してもよい）
4.	octopus balls (dumplings)
5.	*Ramen* (Chinese noodle soup) （「豚骨ラーメン」は *Ramen* **in pork-bone soup**）
6.	cold buckwheat noodles with a dipping sauce
7.	a revolving *sushi* bar [restaurant] ／ a conveyor-belt *sushi* bar [restaurant] ／ a *sushi*-go-round restaurant
8.	vinegar-flavored *sushi* rice （仏舎利〔釈迦の遺骨〕に似ているところから）
9.	pickled ginger （「わさび」は **Japanese horseradish**）
10.	sliced raw fish
11.	*tempura* ／ deep-fried fish and vegetables ／ seafood and vegetables dipped in batter and deep-fried
12.	dipping sauce for *tempura*

以下の日本事象を英語で言ってみましょう。

1. お通し，突き出し（　　　　　　　　　　　　　　　）
2. 料亭（　　　　　　　　　　　　　）
3. 懐石料理（　　　　　　　　　　　　　）
4. 精進料理（　　　　　　　　　　　　）
5. 会席料理（　　　　　　　　　　　　　）
6. 牛丼（　　　　　　　　　　）
7. 親子丼（　　　　　　　　　　　　）
8. うな丼（　　　　　　　　　　　　）
9. 豆腐（　　　　　　　　　　）
10. 湯葉（　　　　　　　　　　）
11. おでん（　　　　　　　　　　　　）
12. デパ地下（　　　　　　　　　　　　　）

score:
／ 12

精進料理

湯葉

1.	an appetizer （自動的にお金がかかることを説明する場合は，**It's a compulsory charge if you have a drink here.** などと加えるとよい）
2.	a high-class Japanese restaurant
3.	tea-ceremony dishes （「懐紙 (かいし)」は **Japanese tissue paper**）
4.	Japanese Buddhist vegetarian dishes
5.	full-course meals for traditional parties
6.	a bowl of rice topped with seasoned beef and onions ／ a beef bowl
7.	a bowl of rice topped with boiled chicken and egg
8.	a bowl of rice topped with broiled [grilled] eel
9.	bean [soybean] curd
10.	soymilk skin ／ bean curd skin （「生湯葉」**fresh soymilk skin** と「乾燥湯葉」**dried soymilk skin** の二種類ある）
11.	Japanese hotchpotch （**hotchpotch** は「ごった煮」のこと）
12.	the department store basement food hall

　「食文化編」はいかがでしたか？　特に丼系は a bowl of ... と topped with ... のパターンで簡単に表現できます。この分野の語彙を補足しておきましょう。少なくとも★印のものは覚えてください。

★が入っている表現は特に重要なものです。

□ トロ ....fatty belly of tuna

★ ちらし寿司 ....vinegar-flavored rice topped [mixed] with fish, vegetables, and various other ingredients

★ 鉄火丼 ....a bowl of rice topped with thinly sliced tuna／a tuna bowl

★ 卵焼き ....a Japanese rolled omelet

★ そうめん.............thin wheat noodles（「うどん」は wheat noodles）

□ 枝豆 ....boiled green soybeans

□ おひたし.............boiled greens with soy sauce dressing

★ 焼き魚 ....a grilled [broiled] fish

□ お茶漬け.............a bowl of rice and toppings soaked in hot tea（「おにぎり」は a rice ball）

★ 焼き鳥 ....skewered grilled chicken

□ 串カツ ....skewered deep-fried small pieces of meat and vegetables

★ 鍋料理 ....a Japanese one-pot meal

□ 年越しそば ....buckwheat noodles eaten on New Year's Eve

□ 木綿豆腐.............firm *tofu*（「絹ごし豆腐」は silken *tofu*）

□ 麹.......................malted rice（「酒米」は *sake* rice）

□ 醸造アルコール...distilled alcohol（日本酒は醸造アルコール添加が本醸造酒で無添加が純米酒。「純米酒」は *sake* made only with rice, *koji*, and water,「本醸造酒」は *sake* made with a little distilled alcohol added）

□ 泡盛 ....distilled rice spirits made in Okinawa

★ 饅頭 ....a bean jam-filled bun（「餡」a (sweet) bean paste,「小豆餡, あんこ」は a red-bean jam [paste]）

□ 柏餅 ....a sweet bean paste-containing rice cake wrapped in an oak leaf（「ちまき」は a rice dumpling wrapped in bamboo leaves）

□ わらび餅.............bracken-starch dumplings（bracken は「わらび」）

★ おせち料理 ....special dishes for the New Year／traditional Japanese new year dishes

□ 雑煮 ....soup containing rice cakes, meats, and vegetables

□ 一汁三菜.............one soup and three dishes

★ 昆布 ....dried kelp（「昆布出汁」は kelp(*kombu*) soup stock）

以下の日本事象を英語で言ってみましょう。

1. 合掌造り（　　　　　　　　　　　　　　　　）
2. 縁側（　　　　　　　　　　　　）
3. 囲炉裏（　　　　　　　　　　　　　）
4. 床の間（　　　　　　　　　　　　）
5. 欄間（　　　　　　　　　　）
6. 鴨居（　　　　　　　　　　）
7. 違い棚（　　　　　　　　　　　）
8. 羽織（　　　　　　　　　　）
9. 紋付（　　　　　　　　　　）
10. 下駄（　　　　　　　　　　）
11. 座布団（　　　　　　　　　　　）
12. のれん（　　　　　　　　　　　）

score:
／ 12

合掌造り

違い棚

1.	a steep-thatched-roofed house (「茅葺屋根」は a thatched roof)
2.	a Japanese-style porch ／ a Japanese-style veranda
3.	a sunken hearth [fireplace]
4.	an alcove (「床柱」は an alcove post)
5.	a transom ／ a fanlight
6.	a lintel (「敷居」は a threshold)
7.	staggered shelves (「違い棚」は床の間の横の床脇に段違いに取り付けた飾り棚のこと。「格子」は a latticework)
8.	a Japanese half-coat (「半被」は a Japanese workman's [festive] short coat)
9.	a crested *kimono* (「袴」は loose-legged pleated trousers for formal wear)
10.	Japanese wooden clogs (「草履」は Japanese thong sandals)
11.	a square Japanese floor cushion
12.	a shop [store] curtain ／ a fabric divider hung between rooms or in a doorway

重要日本事象語彙をマスター！　日本の衣と住

★が入っている表現は特に重要なものです。

◎伝統的建築

□ 寝殿造 .... the aristocratic mansion style ／ the Japanese palatial architecture

□ 書院造 .... the Samurai-residence style ／ the Japanese traditional style of residential architecture

□ 数寄屋造 .... the detached teahouse-style architecture

★ 鬼瓦 .... a ridge-end tile ／ *Onigawara*
（a ridge-end tile with a demon face ともいう）

◎住居

★ 畳 .... a straw mat (used for flooring)

★ 襖 .... a fusuma sliding door (covered with thick paper)

★ 障子 .... a shoji sliding door (covered with thin paper)

★ 敷居 .... a threshold（「鴨居」は a lintel）

□ 雨戸 .... wooden sliding rain doors [shutters]

□ 和式トイレ .... a squat toilet

□ 透し彫り .... a(n) openwork [latticework]

◎衣服・日用品

★ 浴衣 .... a light cotton kimono (for summer)

□ 紬 .... a Japanese pongee

★ 敷布団 .... a sleeping mat（「掛布団」は a comforter (cover) ／ a top cover）

以下の日本事象を英語で言ってみましょう。

1. 大相撲（　　　　　　　　　　　　　　）
2. 土俵（　　　　　　　　　　　　）
3. 相撲の取組（　　　　　　　　　　　　　）
4. まわし（　　　　　　　　　　　　）
5. 寄り切り（　　　　　　　　　　　　　）
6. 行司（　　　　　　　　　　　　）
7. 千秋楽（　　　　　　　　　　　　　）
8. 背負い投げ（　　　　　　　　　　　　　）
9. 空手（　　　　　　　　　　　）
10. 将棋（　　　　　　　　　　　）
11. 独楽（　　　　　　　　　　　）
12. ゲームセンター（　　　　　　　　　　　　　）

score:
／ 12

大相撲，土俵，まわし，行司

独楽

1.	the Grand *Sumo* Tournament （「地方巡業」は **in local regions** を後付け）
2.	a *sumo* ring （「土俵入り」は **the ring-entering ceremony**）
3.	a *sumo* bout [match] （**bout** は格闘技の試合に使う）
4.	a *sumo*-wrestler's loincloth（belt） （「ふんどし」は **a loincloth**）
5.	the forcing out （相撲の「上手投げ」は **the overarm throw**,「はたき込み」は **the slapping down**,「押し出し」は **the pushing out**）
6.	a *sumo* referee
7.	the final day of a *sumo* tournament
8.	the shoulder throw （柔道の投げ技）
9.	*karate* ／ a martial art characterized by sharp, quick punches, kicks, and knee or elbow strikes
10.	Japanese chess （「将棋の駒」は **a piece**）
11.	a spinning top （「けん玉」は **a cup-and-ball game**）
12.	an amusement arcade （「ガチャポン」は **a capsule-toy vending machine**）

重要日本事象語彙をマスター！ 日本の武道・エンタメ

★が入っている表現は特に重要なものです。

◎武道

□ 相撲の番付 .... the *sumo* ranking list（「横綱」は the Grand Champion,「大関［関脇］」は the *sumo* wrestler of the second [third]-highest rank）

★ 相撲部屋 .... a *sumo* stable（「日本の国技」は a national sport of Japan）

★ 剣道 .... Kendo ／ Japanese swordsmanship（「弓道」は Japanese archery）

□ 竹刀 .... a bamboo sword（「面」は head,「胴」は torso,「小手」は forearm）

★ 居合道 .... a quick sword-drawing technique, a light-speed sword-drawing technique

◎伝統的遊び

★ 折り紙 .... the art of paper folding ／ *origami*

★ じゃんけん .... a game of scissors-paper-stone

□ 腕相撲 .... arm wrestling

★ 凧揚げ .... kite-flying

◎現代のエンタメ

□ 猫カフェ .... a cat café（「フクロウカフェ」は an owl café）

★ メイドカフェ ...... a maid café

★ 漫画喫茶 .... a manga café（「漫画本」は a comic book）

★ プリクラ .... photo booths ／ photo sticker booths

　いかがでしたか？　選択肢がないので難しかったでしょうか。でも実際のガイドをする時には選択肢はないので，こういった記述式問題で答えられるスキルは必要です。

　それでは次は何気なく使ってしまう「和製英語」です。正しく説明できるようになりましょう。

基礎力UP編 9

「日本事象」英語発信力強化法はこれだ！

和製英語と日英発想の違いに要注意！

1. 和製英語に要注意！

　私たちの日常生活の中で浸透しているカタカナ英語は，「**和製英語**」と呼ばれ英語圏の人には通じないものがたくさんあります。この和製英語の域にあるものも，時代とともに変化しており，今なお全く意味が通じないもの，一部の教養人限定で通じるもの，ほぼすべての人に通じるものまでさまざまです。また通じる場合でも，意味に若干の違いがあるものもあり，カタカナ英語とよばれるものには，十分な注意が必要です。

　現在でも全く通じない和製英語の例として，「（電気プラグの）**コンセント**」にconsent，「（劇場の）**プレイガイド**」に play guide があります。これらは，以下のクイズできっちりと正しい英語をマスターしていきましょう。

　一部の教養人の間で通じる和製英語に，**salaryman** がありますが，現在では主要な英英辞典に「（**特に日本の**）**ホワイトカラーワーカー**」の意味として掲載されており，「サラリーマン」としての認識が広まっています。このレベルの和製英語は，話す相手が教養人でない場合は理解してもらえないので，伝統的な **office workers** を使わなければなりません。**sensei** は，「（**武道の**）**先生**（**a teacher in martial arts**)」という限定した意味で，ネイティブ用の辞書である Oxford Dictionary of English（ODE）には掲載されていますが，まだ一般的にだれもが知っている英語というわけではありません。

　日本語の「**モーターボート**」は「内燃機関を動力とする快速のボート」という意味で，英語の **motorboat**（単に「モーターで動くボート」という意味しかない）と，**speedboat**（= a motor boat designed for high speed）の両者は英語として同じくらい頻繁に使われていますが，両者に若干意味のズレがあることは覚えておきましょう。

　「**ロープウェイ**」の対訳についてですが，**ropeway** は英語圏の人には technical term で，一般的には **aerial tramway**（または **aerial cableway**）が昔から使われてきましたが，インターネットの影響で，日本に旅行しようとする人には普通に

通じるようになりました。

　最後に，日本文化語彙の **bunraku** は，Longman や Merriam-Webster，Collins，Macmillan に，**kabuki** は Merriam-Webster，Cambridge，Collins の辞書にそれぞれ掲載されており，和製英語の域を超え，今ではほぼすべての人が認識する英語となっています。では，以下の和製英語クイズにチャレンジしていただきましょう。

和製英語クイズにチャレンジ！　①

以下の和製英語を正しい英語に直してみましょう。

1.　サービス（　　　　　　　　　　　　　　）
2.　〔駅の〕ホーム（　　　　　　　　　　　　　）
3.　オリンピック（　　　　　　　　　　　　）
4.　バーゲン（　　　　　　　　　　　）
5.　〔洋服や趣味の〕センス（　　　　　　　　　　　　　）
6.　マンション（　　　　　　　　　　　　）
7.　プレイガイド（　　　　　　　　　　　）
8.　メールアドレス（　　　　　　　　　　　　）
9.　フロント（　　　　　　　　　　）
10.　コンセント（　　　　　　　　　　）
11.　ビニール袋（　　　　　　　　　　）
12.　電車［バス］のダイヤ（　　　　　　　　　　　　　）

score:
　　／ 12

1.	**free ／ complimentary** （英語の **service** は「奉仕・接客」の意味。日本の「サービスです」は，**This is free.** 物を渡して「サービスです」と言う時は **This is a complimentary gift.**）
2.	**a platform** （**home** は「家」，**form** は「形」で通じません！）
3.	**the Olympics** （**the Olympic Games** ともいう。どちらも **the** と複数の **s** が必要です！）
4.	**a sale ／ a clearance sale** （「バーゲン」は英語では「お買い得」の意味）
5.	**(a) taste** （洋服のセンスを褒めるときは，**You have a good taste in clothes!**）
6.	**a condominium**（分譲）**／ an apartment**（賃貸） （英語で **mansion** は「大邸宅」）
7.	**a ticket agency** （プレイガイドは，**play**「公演」の **guide**「案内人」を元に作った強引な和製英語）
8.	**an email address** （**mail address** だと郵便の宛先になるので注意！）
9.	**the front desk** （ホテル受付の「フロント」には必ず **desk** をつけよう！）
10.	**a(n) (wall / electric) outlet**《米》**, a (wall) socket**《英》 （**consent** は「同意」で全く意味が違う。「コンセントに挿す」は **plug in the outlet [socket]**）
11.	**a plastic bag** （日本の「ビニール」は英語では **plastic** であることが多く，「ビニールハウス」は **plastic greenhouse** で，ペットボトルも **plastic** 製なので **plastic bottle** という）
12.	**a train [bus] schedule** （**timetable** も使う）

では，日常会話によく出てくる和製英語を含む英作文にチャレンジしてみましょう。

| 問題 | 次の日本語を英語にしてみましょう。 |

もっと私たちは富士山のことを世界にアピールしなければなりません。

解答例

We have to let more people in the world know about the beauty of Mt. Fuji.

解説

　「富士山をアピールする」は appeal Mt. Fuji という人が多いようですが，これは典型的な和製英語です。Mt. Fuji appeals to me.（富士山は私には魅力的だ）などのようには言えますが，appeal をここで使うことはできません。ちなみに，この英文で，more がなければ「紹介する」という意味になり，more を後ろにまわして We have to let other people in the world know **more** about the beauty of Mt. Fuji. というと，すでに知っている人々に「もっと深く知ってもらう」となります。

　また「**写真や人の話などから間接的に**」富士山を知ってもらう場合には，**know about** Mt. Fuji を，一方，「**実際に体験して直接**」富士山を知ってもらう場合には **know** Mt Fuji を使います。know と know about で意味が変わってしまうので，要注意です。さらに，let はトーンが柔らかいのですが，**make** the beauty of Mt. Fuji **known to** more people というと強い意志が入ります。

　その他の「アピールする」の英訳として，**showcase** は，展示会や祭典などの「イベント」を主語にして，This exhibition **showcases** Japanese culture.（この展示会は日本文化をアピールしています）のように使います。また，**play up** the beauty of Mt. Fuji（富士山を吹聴する）の **play up** は，「実際よりもよく言う」という少しネガティブなニュアンスが含まれるため，使い方に要注意です。**publicize** the beauty of Mt. Fuji ならネガティブな意味はなく，単に「宣伝する」の意味になります。

和製英語クイズにチャレンジ！　②

以下の和製英語を正しい英語に直してみましょう。

1. フライドポテト（　　　　　　　　　　　　　　　）
2. モーニングサービス（　　　　　　　　　　　　　）
3. サイダー（　　　　　　　　　　　）
4. ソフトクリーム（　　　　　　　　　　　）
5. タレント（　　　　　　　　　　　）
6. シルバーシート（　　　　　　　　　　　）
7. 〔配布物の〕プリント（　　　　　　　　　　　　）
8. ポット（　　　　　　　　　　　）
9. 電子レンジ（　　　　　　　　　　　）
10. クレーム（　　　　　　　　　　）
11. アンケート（　　　　　　　　　　）
12. ノンカフェインの（　　　　　　　　　　）

score:
／ 12

「食べ物」で間違うと
大変なものが出てくるので要注意！

89

1.	**French fries** 《米》, **chips** 《英》 (**fry** は「油で炒める・揚げる」を意味するが, 「たっぷりの油で揚げる」のは **deep-fry** を使う。「フライドポテト」では「油で炒めたジャガイモ」を連想するので注意)
2.	**a breakfast special** (**morning service** は「朝の礼拝」の意味！)
3.	**soda / pop / fizzy drink** (イギリスで **cider** はリンゴ酒, アメリカではリンゴ系ジュースのこと)
4.	**soft-serve** (**ice cream**) (**serve** は「食べ物を〜の状態で出す」という意味があるので, 「柔らかい状態で出されたアイスクリーム」の意味)
5.	**a TV personality** [**celebrity**] (英語の **talent** は, 「才能・才能のある人」)
6.	**priority seats / seats for the elderly** (**and disabled**) (シルバーシートは高齢者および障害者のための席)
7.	**a handout** (英語で **print** は「印刷（物)」, 「活字体」という意味で日本の配布物「プリント」の意味はない)
8.	**a thermos / a kettle** (英語の **pot** は深鍋, 壺の意味)
9.	**a microwave** (**oven**) (「レンジでチンする」という動詞も **microwave**)
10.	**a complaint** (英語の **claim** は「請求, 要求, 主張（する)」の意味)
11.	**a questionnaire** (「アンケートに記入する」は **fill out the questionnaire**)
12.	**decaf** (ノンカフェインコーヒーは **decaf coffee** で, **decaffeinate** は「カフェインを抜く」という動詞)

問題 **2** 次の日本語を英語にしてみましょう。

合気道にチャレンジしてみては？

解答例

Why not give *aikido* a try? / Why don't you give *aikido* a shot?

解説

よく「チャレンジ テニス」「チャレンジ 空手」といいますが，challenge *karate* は和製英語で×，正しくは，**give *karate* a try [shot]** あるいは単に **try *karate*** となります。これらは，日本語の「チャレンジする」より語気が弱く，a をつけることで「**ちょっとやってみる**」というニュアンスが出てきますが，強くする場合は "Go for it!" を使います。「チャレンジする」には「新しくやってみる」という意味があるので，これらが近い英訳です。

また，チャレンジの対象が分かっている場合は，**meet [face, overcome] the challenge** と名詞を使うと「挑む」という感じが出ます。

ちなみに，「〜してはどうですか？」と人を何かに誘う場合は，Why not *do* ...? や Why don't you *do* ...? が定番の表現です。

ワンランク UP！

動詞の challenge は「背く」という意味で，**challenge [take on] the authority**（権威に挑む），My opinion was **challenged** by them.（私の意見は彼らの反対にあった）とか，I was **challenged** by a police officer.（警官に呼び止められた）のように使います。日本語の「チャレンジ」にはこのような意味がありませんので，注意が必要です。しかし，**名詞の challenge** には「やりがいのある仕事（difficult task in an interesting way）」という意味があり，形容詞も **a challenging job**「やりがいのある仕事（= a job that gives you a sense of accomplishment）」も同様にパンチのある表現を作り，日本人の "チャレンジ精神" にピッタリくるので，近い将来，challenge *karate* のような動詞用法も普及して，世界に通用する日が来ることを願います。

以下の和製英語を正しい英語に直してみましょう。

1. カルテ（　　　　　　　　　　　　　　　）
2. ギプス（　　　　　　　　　　　　　　　）
3. カロリーオフ
4. アメリカン〔コーヒー〕（　　　　　　　　　　　　）
5. メタボ（　　　　　　　　　　　　）
6. マイナスイメージ（　　　　　　　　　　　　　　）
7. ウェットティッシュ（　　　　　　　　　　　　　）
8. プラスアルファ（　　　　　　　　　　　　）
9. ワンピース（　　　　　　　　　　　）
10. コック（　　　　　　　　　　　）
11. フリーター（　　　　　　　　　　　）
12.〔自転車，車の〕パンク（　　　　　　　　　　　　）

score:
／ 12

このパートは特に違いの大きいものが多いので
要注意！

1.	**medical records** （**clinical records, medical charts** も使えるが，**medical records** が最も使われている）
2.	**a cast**（**apply a cast to the arm** で「腕にギプスをはめる」）
3.	**low calories**（飲料の場合 100ml あたり 20kcal 以下の物を指す）
4.	**coffee** （英語で **American coffee** という言い方はない。米国のコーヒーは全部元々薄いので，単に **coffee** だけでいい）
5.	**overweight ／ obese** （メタボは **metabolic**「新陳代謝の」から来た和製英語。「肥満」は **overweight** がしっくりくる。BMI30 を超える肥満の場合は **obese** [oubíːs]）
6.	**a negative image** （英語の **minus** は単に「差し引く」ことを意味し，日本語のマイナスのように「否定的な」ニュアンスはない）
7.	**(wet) wipes** （**wet tissue** でも通じるが，**wipes** が圧倒的に多く使われる）
8.	**something extra** （プラスアルファも和製英語で要注意。**get（a little）something extra**（少しおまけをもらう）などと使う）
9.	**a dress** （カジュアルでも丈が短くてもワンピースは **dress** という）
10.	**a chef** （フランス語に由来する。「料理人」の意味。「コック」というと雄鶏や他のスラングの意味になるので注意）
11.	**job-hopping part-timers** （**job-hopping** は「職を転々と変わる」という意味）
12.	**a flat tire** （「平らになったタイヤ」とは納得！ 「パンク」は **puncture**（穴が開くこと）から来た和製英語）

これはサービス価格でございます。

解答例

This is a discounted [special] price.

解説

　"service charge" は「サービスに対する料金」という意味になって誤解を招くので、「特別価格」「割安価格」を表す表現を用います。「ランチタイムサービス」であれば "lunch special" となり、夕方、アルコールが割引されるタイムサービスは **"Happy Hour"** と呼ばれます。

　また、「お水はセルフサービスです。」という場合は、**Please help yourself to water.** ／ **Water is available at the self-service counter.** ／ **Water is self-service.** の3つの言い方があり、レストランであれば、**This is a self-service restaurant. You can take anything you like from the buffet.**（セルフサービスですので料理コーナーからお好きなものをご自由にお取りください）や、Please help yourself to any drinks you want at the self-service drink area.（ドリンクバーでお好きなお飲み物をご自由にお取りください）のように使えます。

ワンランク UP !

　この他、日本語のサービスを使った表現には、アフターサービス（**after-sales service**, **repair service**）、サービス残業をする（**work overtime without pay**）、サービスステーション（**a repair shop**）、サービス料（**service charges**）、家庭サービスをする（**spend time with** *one's* **family**）などがあって使い方に要注意です。

和製英語クイズにチャレンジ！ ④

以下の和製英語を正しい英語に直してみましょう。

1. 〔棒付きの〕アイス（キャンディ）（　　　　　　　）
2. カステラ（　　　　　　　）
3. コロッケ（　　　　　　　）
4. ミンチ〔ひき肉〕（　　　　　　　）
5. アメリカンドッグ（　　　　　　　）
6. ウィンナー（　　　　　）
7. シーチキン（　　　　　）
8. コンソメスープ（　　　　　　　）
9. シュークリーム（　　　　　　　）
10. サニーレタス（　　　　　　　）
11. ミルクティー（　　　　　）
12. 〔ビールの〕ジョッキ（　　　　　　　　）

score:
／ 12

コロッケ，コンソメスープ，
サニーレタスなど，
正しい英語を知らないと
相手に通じません！

1.	**popsicles**《米》／ **ice lolly [pop]**《英》 (**ice** だけだと氷を意味します！)
2.	**a Japanese sponge cake** (**castella** でも通じるがポルトガル語。**sponge cake** を使った方がわかりやすい)
3.	**a croquette** [kroukét] (仏語由来で発音注意！ 語尾にアクセントの「クロウ**ケット**」)
4.	**ground meat** ／ **minced meat** (動詞の **mince** は「(肉・野菜などを) 細かく刻む」という意味)
5.	**a corn dog** (アメリカでは衣に **cornmeal**〔引き割りトウモロコシ〕を使うのでコーンドッグという。アメリカンドッグと言うと「アメリカの犬」)
6.	**a sausage** (**Vienna sausage** が略されてウィンナーになったが，**Vienna** は「ウィーンの」という意味で通じない)
7.	**canned tuna** (**can** は「(食物) を缶詰にする」を意味し，**tuna** はマグロ)
8.	**a clear soup** (**clear** は「にごりがなく澄んだ」という意味)
9.	**a cream puff** (「シュー・ア・ラ・クレーム」というフランス語由来で日本ではシュークリームというが，**shoe cream** は「靴のクリーム」)
10.	**red leaf lettuce** (「レタス」は **lettuce**，ちなみに「サラダ菜」は **Boston [butter] lettuce** という)
11.	**tea with milk** (「レモンティー」なら **tea with lemon** となる)
12.	**a (beer) mug** (「ジョッキ」は英語の **jug** から来ているが，これは「水差し」を意味しピッチャーとほぼ同義)

問題 **4** 次の日本語を英語にしてみましょう。

日本人はブランドに目がない。

解答例

Japanese people have a great weakness for big-name brands [designer brands].

解説

　日本語の「ブランド」は，それ自体で「高級ブランド（商品）」の意味があります が，英語の brand には「銘柄」の意味しかないので，ブランドやブランド商品を表 すときには，**big-name [top-name] brands**，**designer brands**，**big-brand names** のように言ったり，brand [branded] products [items, goods]，top-brand [name-brand, brand-name] products のように言います。brand 単独の場合は， What brand of beer do you drink?（どんな銘柄のビールを飲みますか）のように 用います。

　しかし，「ブランド志向の」と言う場合は **brand-conscious**，「ブランドに非常 にこだわる」場合は **brand-obsessed**，「あるブランドにこだわる」場合は **brand-loyal** を使います。

　ところで，「高級品」を英語で言う場合は，**high-end**（最高級の，高所得者向け の），**upscale**（上流階級の，高所得者向けの）などを用いて，high-end [upscale] products [cars] のように言います。またこの語は，**exclusive** と同様に，high-end [upscale, exclusive] hotels [fashions, restaurants]（最高級の［高所得者向 けの，高級（な）］ホテル［ファッション，レストラン］）のように高級な場所にも 用います。

以下の和製英語を正しい英語に直してみましょう。

1. コンクール（　　　　　　　　　　　　　　）
2. （酒場の）スナック（　　　　　　　　　　　　）
3. デマ（　　　　　　　　　　　）
4. バージョンアップ（　　　　　　　　　　　）
5. 〔髪型の〕ショートカット（　　　　　　　　　　　）
6. 〔服装が〕ラフな（　　　　　　　　）
7. 〔体の〕スタイル（　　　　　　　　）
8. 3LDK のアパート（　　　　　　　　　）
9. マスコミ（　　　　　　　　）
10. 〔工具の〕ドライバー（　　　　　　　　　　　）
11. ブランド品（　　　　　　　　　）
12. シャーペン（　　　　　　　　　）

score:
／ 12

マンションも LDK も和製英語の典型です！

1.	a competition／a contest （芸術分野で優劣を競う「コンクール」は仏語由来の和製英語。「コンクールで優勝する」は，**win the competition** という）
2.	a bar／a pub（**snack** は食間に食べる軽食のこと）
3.	a false rumor （嘘の噂。デマはドイツ語から派生した英語 **demagogue**〔扇動政治家〕からとった和製英語）
4.	upgrade （**version** を **up** するところからきた和製英語）
5.	a short hair （**shortcut** は「近道，コンピューターのショートカット」の意味）
6.	casual （英語の **rough** は「表面が凸凹，ザラザラした」の意味）
7.	a figure （「スタイルがいい」は **You have a good figure.** 英語の **style** は「髪型・書式・建築様式などの型・様式」を意味し，体付きについては使わない）
8.	a three-bedroom apartment （**LDK**〔**living-dining room plus kitchen**〕は日本特有の表現。それらは英語圏の家では標準装備なので，英語圏では寝室と浴室の数で家の間取りを表す）
9.	the (mass) media （「マスコミ」は **mass communication** からきた和製英語だが，「大衆伝達」の意味しかないので注意）
10.	a screwdriver（**driver** は「運転手」の意味）
11.	a brand name／a name brand （有名なメーカーのこと。ファッションブランドは，**designer clothing [wallet, shoes]**〔ブランド品の服［財布，靴］〕などと使う）
12.	a mechanical pencil （**sharp pencil** は「尖った鉛筆」を意味する）

その他の要注意和製英語はこれだ！

□ キャッチコピー	an advertising copy
□ プリクラ	photo booths ／ photo sticker booths ／ photo sticker machines
□ リフォーム	remodel [renovate] a house「家」, alter [remake] a dress「服」（英語の reform は「問題のある制度や組織の改革をする」という意味）
□ ブローする	blow-dry（blow だけだと「吹き飛ばす」という意味になるので注意！「ドライヤー」は hair dryer で, これも dryer だけだと「洗濯機の乾燥機」になるので注意）
□ オーダーメイド	custom-made ／ tailor-made ／ made-to-order（どれも似ているが, オーダーメイドは通じない。服, 車, 家など何にでも使える）
□ イージーオーダー	made-to-measure ／ semi-tailored suits
□ コンパ	a students' party（主に学生同士でするので, students' party という。又は party held by students）
□ ブランコ	a swing（「ブランコに乗る」は go [ride] on a swing, 「ブランコで遊ぶ」は play on the swing）
□ ランドセル	a Japanese backpack ／ a Japanese school bag（「ランドセル」はオランダ語の ransel〔背負いかばん〕から来た和製英語）
□ キーホルダー	a key ring ／ a keychain（英語で holder は「容器」で, key holder は多数の鍵を壁に引っかけておく収納場所を指す）
□ パンスト	panty hose《米》, tights《英》, stockings《英米》が使えますが, panty stocking は和製英語！
□ ネルシャツ	flannel (shirt)（軽くて柔らかい起毛のシャツ。イギリスでは flannel だけで使うと浴用タオルを意味する）
□ コンビナート	an industrial complex（「コンビナート」はロシア語由来の和製英語。complex は「複合施設」の意味なので, housing complex は「団地」）

□ ダイニングキッチン	**a kitchen with a dining area**（ダイニングキッチンは和製英語。英語圏では元々キッチンとダイニングがはっきり区別された場所だったため，それぞれ別々に表現し dining kitchen とは言わない）
□ ワンルームマンション	**a studio [apartment]**（英語の mansion は「大邸宅」）
□ ガードマン	**a security guard**（guard だけでも OK）
□ クラクション	**a horn**（商標から来た Klaxon も通じるが horn が一般的。honk [sound] the horn で「クラクションを鳴らす」）
□ ロードショー	**a first-run movie**（元々，新作映画を都市部で先行上映してみて，その評判を見て地方での上映方法・規模を検討した方法がアメリカの roadshow theatrical release だった。今では「全国一斉ロードショー」というように，日本では「先行」の意味はなく「新作映画」の意味に変わって来たので，first-run movie がピッタリ）
□ ヨット	**a sailboat**（英語の yacht は日本の「ヨット」と全く異なる。英語の yacht は「レースや外洋をクルーズするようなレジャーに使われる居住空間があるプレジャーボート」のことで 20 メートル前後もある）
□ プリン	**custard pudding**（pudding は「小麦粉に牛乳，砂糖，卵などを混ぜて焼いた柔らかいお菓子」全般を指すので多種多様。日本のプリンは custard pudding）
□ サルサソース	**salsa**（サルサはスペイン語などで「ソース」のことなので，salsa だけで使う。メキシコ料理のトルティーヤなどにつける辛いソース）
□ エキス	**extract**（「抽出物」の意味。「肉のエキス」は meat extract）
□ カツレツ（トンカツ）	**(deep-fried) pork cutlet**（英語の cutlet は「仔牛肉や羊肉の薄い切り身」のこと。veal cutlet は「仔牛肉のカツレツ」）
□ コンビーフ	**corned beef**（corned は「塩漬けされた」の意味）
□ ゲレンデ	**a ski slope ／ a ski trail**（「ゲレンデ」はドイツ語派生の和製英語）
□ サイドブレーキ	**a parking brake ／ an emergency brake**

□ ブックカバー	**a book jacket**（book cover は本の「表紙」のこと）
□ ノーカウント	**no score**（no-count だと英語では「無意味な」の意味になってしまうので要注意）
□ スキンシップ	**a physical contact ／ an affectionate touch**（physical intimacy と説明すると性的な意味に誤解されるので注意）
□ マイカー	**a private car**（自分の車は my car でいいが，「マイカー通勤禁止」などのときは The company doesn't allow its employees to use their own car(private car) to commute. となり，注意が必要）
□ ピンセット	**tweezers**
□（電気）スタンド	**a desk light [lamp] ／ a table light [lamp]**
□ ベッドタウン	**a commuter town ／ a bedroom town ／ suburb**
□ クラシック（音楽）	**classical music**（classic だけだと「古典的な」を意味し，クラシック音楽の意味なはい）
□ ゴールデンタイム	**prime time**（I like prime-time soap operas. で「ゴールデンタイムのドラマが好き」という意味）
□（店の）マスター	**an owner ／ a manager**（英語の master には「奴隷のオーナー」「犬の飼い主」などの意味がある）
□ OB と OG	**alumnus《複：alumni》**（OB は old boy〔イギリスでは「男子卒業生」の意〕から来た和製英語。alumni association は「同窓会（組織）」）
□ ビロード	**velvet**（ポルトガル語の veludo，スペイン語の velludo から来た語。英語では velvet）
□ ブリキ	**a tin plate**（tin は「錫」のこと）
□ キャッチボール	**play catch**
□ ナイーブ	**sensitive**（naïve は「考え方が幼稚」というネガティブな意味）

2. 日英発想の違いに要注意！

　ここからは，日本の発想をいかに英語に転換していくかを，英作文の問題にチャレンジしながら，体得していただきます。日常会話でよく使われる表現をいかに英語の発想で表現するか，用意はいいですか？　Let's get started!

問題	次の日本語を英語の発想で翻訳してみましょう。

1．僭越（せんえつ）ながら開会の辞を取らせていただきます。
2．日本に四季があるのは幸せだ。

解答例

1. It's a great honor to make an opening speech.
2. We Japanese are lucky to have four seasons in our country.

解説

　1．ノンネイティブが英語を発信する場合，「**自国文化主張型**」と「**英語文化順応型**」の2つのアプローチがあります。解答例1. は日本の「謙譲」の文化を西洋の「名誉と誇り」の文化に転換した後者の例で，少し「謙譲」を入れると，**Please allow me to say a few words on this occasion.** となります。前者のアプローチで日本文化を伝えようとすると，Since I am in a low position in 組織 .... とか何かの理由を述べてから，I don't deserve to do this, but I will make an opening speech today. となります。しかし，日本語の「僭越ながら」は慣用的なので，今ではそれほど「謙虚さ（humility）」がないとも言えるので，上の2つうち自分の気持ちに合う英語を使うのがよいでしょう。

　2．直訳すると，Japanese people are happy to have four seasons. になりますが，happy という個人の感情を国民全体にあてはめるのは無理があるので，解答例のようにするか，**blessing（天の恵み）** を使って，**It's a blessing for Japan to have four seasons.** のようにも表現できます。ちなみに **nature's blessings** は海の幸・山の幸（**food of the sea and the mountains**）のような「**自然の恵み**」

のことで，是非使えるように覚えておきましょう。

問題 2　次の日本語を英語の発想で翻訳してみましょう。

1.「仕事がたくさんあるんだ。」
2.「またか。（災難に遭って）」
3.「よくないな。（いまいちな仕事の出来栄えに対して）」

解答例

1. I have a lot of work to do.
2. Not again! / There you go again!
3. It's not good enough.

解説

　英語は日本語よりメッセージを明確にする率が高く，そのために，日本語では言っていない言葉を英語では含まれることが多々あります。1．は英語では，**I have a lot of work to do**. のように to do（しなければならない）を加えて意味をクリアにします。同様に，**I have an announcement to make**.（お知らせがあります），**I have a deadline to meet**.（締め切りがあるんだ）のように to do を加えてメッセージを明確にします。

　2．の「またか」は日本語の発想で言うと，"Again!" となりますが，英語では何度も同じような嫌なことが起こったときに，「またかよ（嫌になるな）」「いい加減勘弁してよ」という気持ちを表現するのに，"**Not again!**" を用いたり，注意しているにもかかわらず，同じ過ちを繰り返した相手や，自慢話ばかりする友だちがまた自慢し始めたりしたときに，"**There you go again!**" と言っていらだちを示したりします。

　3．は状況によって，**It's not good enough**. のように，enough がくっついてくることが多々あります。例えば宿題のレポートのスコアを気にした生徒が先生に「私の作文はいいですか（My writing is good?）」と聞いた時の，先生の返事「い

いですよ」を英語で言うと，"It's good enough."となりますが，日本語では単に good で片づけることが多々ありますが，英語では enough をつけて意味をクリアにします。同様に格闘をしていて動きが遅くて話にならない場合の「遅いぞ!」は，日本語的発想では "Slow!" となりますが，英語では too をつけて **"Too slow!"** となることを覚えておきましょう!

問題 3　次の日本語を英語の発想で翻訳してみましょう。

1. 大きなミスをした人が二度としないというときに
   「もう二度としません。」

2. 気が弱くて，うじうじしている人に
   「なせば成るだ！」

3. 戦争の話をしていて
   「そのことで戦争が終結した。」

解答例

1. It will never happen again.
2. Make it happen.
3. That brought the war to an end.

解説

　1. 直訳的な日本語で考えると，I won't do it again. となりますが，英語ではミスを起こして，「二度としません」と反省する場合は，解答例や **I won't let it happen again. I will be very careful not to let it happen again.** のように言います。というも **do** には「**目的をもって意図的にする**」という意味があるので，I won't do it again. と言うと，意図的にミスをしたという意味になってしまうからです。ミスはうっかりする過失なので，**let** を用いて，「そのことが二度起きないようにする」となります。ちなみに，この **let** は非常に重要な動詞で，「**だれにも見つかるなよ。**」は，日本語の様に受身形で Don't be found by anybody. ではなく，**Don't let anybody see you.** となったり，「**そんなことでくよくよするなよ。**」は

Don't let it get you down.、また「夏バテしないようにね。」は，**Don't let summer heat beat you (down).** のように「能動態」で言います。同様に「失敗に懲りずにまた頑張ってね。」も，**Don't let the failure discourage you from trying again.** となります。

....

2. **make** は「無から有を生み出す」という意味の力強い動詞で，これを使って，**make it happen, make it work, make impossible possible** のように例題の日本語を英語で言い表すことができます。この **Make it happen.** は，映画「ワーキングガール」に使われた表現で，これを先ほどの **let** に置き換え，**(Just) let it happen.** とすると，言い換えれば **Let nature take its course [take care of itself].** つまり「(何も逆らわずに) 成り行きに任せなさい」となってしまいます。この他「なせば成る」は，**If you put your mind to it, you can accomplish anything.** とも言い，映画『バック・トゥ・ザ・フューチャー』で用いられています。また，**Where there is a will, there is a way.** と言うと，「意志があるところに道は開ける！」といった格言調になります。ちなみに，「なせば成る精神」は "a can-do spirit" と言います。

....

3.「夜が来るとフクロウがやってくる」という日本語は，When night comes, owls come. ではなく，**Night brings owls.** のように **S+V+O** で表し「因果関係」を明確にすることを，日本語の「なる言語」から英語の「する言語」への変換と言われたりします。したがって例題の場合も，日本語的に Because of that, the war ended. というより，解答例の方が英語らしくなります。同様に，「そのことで彼は一躍全国的に有名になった」は，**That gave him nationwide publicity overnight.**、「その映画で彼は一躍脚光を浴びた」は，**That movie brought him into the spotlight.** のように言うことができます。

問題 4　次の日本語を英語の発想で翻訳してみましょう。

1. これからもどうぞよろしくお願いします。
2. どうもすみません。《お礼》
3. お陰様で。《お礼》

解答例

1. If there is anything I can do for you, please let me know.
2. Thank you.
3. Thank you.

解説

　1. 日本文の原文に忠実に訳せば，**I hope for [will greatly appreciate] your continued patronage [support].** ／ **I hope you will continue to give us support.** となります。しかし，前者の patronage（patron〔得意客，芸術などの後援者〕からきた語）を使った言い方は，フォーマルなビジネスレターのように「今後ともご愛顧の程，よろしくお願い申し上げます。」のような硬い表現なので，解答例のように，相手からの give を期待するのではなく，"相手に give する" 西洋文化を取り入れた，解答例のような英語表現が「異文化間コミュニケーション」の表れのひとつと言えます。また，ホテルが宿泊客に言うメッセージなら，**"We look forward to serving you soon."** となります。自己紹介の後の「よろしく」なら，**"Thank you."** となります。

　2と3. この2つはどちらも英語では **"Thank you."** で言い表すことができます。日本語の「すみません」と同様，Thank you. もさまざまな状況で使うことができます。「**お陰様で**」は，**thank** が **think** から来ており，"you" の持つ「あなた（聞き手）」と「皆さん」の広がりは，もとの日本語が意味する「聞き手だけではなく，見えない大きな力にも感謝している」ことと共通点があります。

1. **それはちょっと難しいですね。**（嫌なことを頼まれて断りたい時に）
2. **あなた頑張ってね。**（夜遅くまで仕事をしている夫に対して妻が）

解答例

1. I'm not ready.
2. Honey, don't work too hard. I love you.

解説

　1．直訳して，"It's a little difficult." と言うと，断りたい気持ちが伝わりにくくなります。しかし，I can't. I don't want to do it. I don't like it. などと言うとぶしつけなので，**I'm not ready.** と言うと日本語の「難しい」のニュアンスに近づきます。この他にも「断り」の表現としては，状況によって，**I wish I could. / Perhaps some other time. / I don't think so.** などが使えます。

　2．「あなた頑張ってね」は，英語では，"**Honey, don't work too hard. I love you.**" となり，日本語の「駆り立て」と違って，「思いやり」の表現に変わります。本当に「頑張って」と言う場合は，**Make us proud! / Good luck! / Hang in there!**（諦めないで）などが使われます。

　このように，日常会話でよく口にする，あいさつとして用いる言葉は，日英の発想の違いを如実に表しています。感謝，謝罪，激励などの言葉を英語で言う時に，発想の違いに注目してみると，異文化間コミュニケーションがスムーズにいくでしょう！

　それでは最後に日本文化の英語説明力を UP するために，重要な表現を含んだ「暗記例文 30」を紹介しておきましょう。まずは日本語から英訳を考えてから英文を読んで，その後でその例文を何度も音読してマスターしてください。

基礎力 UP 編 10

「日本事象」英語発信力強化法はこれだ！

この30例文を覚えるだけで表現力数段UP！

日本文化英語発信力 UP 例文　　Part 1

1. *Ryoan-ji* is a Zen temple **famous for** **its** dry landscape garden **consisting of** nothing but 15 rocks and white gravel.	龍安寺は，15 個の石と白砂のみで構成される枯山水の庭園で有名な禅寺である。 □ white gravel 白砂
2. **Dedicated to** the Healing Buddha, Yakushi-ji is noted for its **three-story** East Pagoda, and **is dubbed** the "frozen music" for its rhythmic roof-style.	薬師如来を本尊とする薬師寺は，三重塔の東塔で有名で，そのリズミカルな屋根の形から「凍れる音楽」と名付けられている。 □ the Healing Buddha 薬師如来 □ pagoda 仏塔
3. In 2005, Shiretoko **was registered as** **Japan's third World Natural Heritage** **site after** Yakushima and Shirakami-Sanchi.	知床は，屋久島，白神山地に続いて日本で 3 番目の世界自然遺産として 2005 年に登録された。
4. Held **in honor of** Yasaka Shrine, one-month *Gion Matsuri* **is known for** the large **decorated floats** with musicians **parading through** the city on July 17th.	祇園祭は 1 か月にわたって行なわれる八坂神社のための祭りで，7 月 17 日に囃子とともに町を巡る山鉾巡行が有名である。
5. *Wabi* and *sabi* **refer to** refined **rusticity** and **serenity**, which are the aesthetic concepts of traditional Japanese culture **reflected in** the tea ceremony and haiku poetry.	わびとさびは，洗練された質素さと平穏を意味し，茶道や俳句に反映される日本伝統文化の美的概念のことである。 □ aesthetic concept 美的概念

1. 「有名」を表す表現は，**known** < **well-known** < **famous** < **very famous** の順で意味が強くなります。「〜で有名」は *be* **famous [well-known] for its [their] ...** が一般的な表現ですが，「〜として一般に知られている」なら **popularly known as ...** と前置詞が変わることに注意。また，**internationally famous**（世界的に有名な），**locally famous**（地元で有名な）などのバリエーションも覚えておきましょう。「枯山水」は **a dry landscape garden**（略式では **a Japanese rock garden**）といいます。

2. 「A は B を祀る」は，*A* **is dedicated to** *B* の他に，*B* **is enshrined in** *A* や *A* **enshrines** *B* ともいえます。*be* **noted for ...** は「ある特徴で有名」という表現です。**X-story [X-stored]** は「X 階建て」の必須表現です。「〜というニックネームで呼ばれている」は *be* **dubbed (as) ...** や，*be* **nicknamed ...** といいますが，後者は「（主に友人や家族から）〜というあだ名で呼ばれている」ときに使います。

3. 「〜として登録されている」は，*be* **listed [designated, registered] as** で表現でき，「世界遺産に登録されている」は *be* **registered as a World Heritage site** といいます。この例文の場合は，**was registered as Japan's third** *A* **after** *B* **and** *C* で「B と C に次いで日本で 3 番目の A に登録された」となっています。この **after** の使い方が重要です。

4. **in honor of** は「〜に敬意を表して」という表現で，他に，**in commemoration of ...**（〜を記念して），**in recognition of ...**（〜を評価して），**in celebration of ...**（〜を祝して）も覚えておきましょう。**decorated floats parade through ...**（〜を山車が巡行する）も必須表現です。

5. **mean** は別の言語での説明や，因果関係の意味まであるのに対して，**refer to ...** は同じ言語でのタームの説明の場合に使われる表現です。**referred to as ...**（〜と呼ばれている）は，*be* **called ...** や *be* **termed ...** とも言い換えられます。また，**refer to** は talk about の固い言い方で，**refer to** page 10（10 ページを参照する），**refer to** JR for detailed information（JR に詳しい情報を問い合わせる），

refer the patient to a larger hospital（患者を大きな病院へ紹介する）など幅広い使い方があります。**reflect** は The tea ceremony **reflects** the profundity of Japanese culture.（茶道は日本文化の奥深さを反映している）のように，使える重要表現です。**rusticity** はその形容詞 **rustic** が **rural and simple** を表し，**serenity** はその形容詞 **serene** が **calm and peaceful** を表す語です。**aesthetic** は **aesthetic sensitivity**（美的感覚）のように使えます。

日本文化英語発信力 UP 例文　　Part 2

1. Confucianism, which **developed from** the teachings of Confucius in China, has **had a profound influence on** Japanese philosophy rather than religion.	中国の孔子の教えから発展した儒教は，宗教よりも日本の思想に重要な影響を及ぼしてきた。 □ Confucianism 儒教 □ Confucius 孔子
2. Meiji Shrine, **situated in** a forest in Shibuya, Tokyo, is the Shinto shrine **dedicated to** the deified spirits of Emperor Meiji and his wife, Empress Shōken.	東京渋谷の森林内にある明治神宮は，明治天皇と昭憲皇太后ご夫婦の神霊をお祀りする神社である。 □ deified spirits 神霊
3. Constructed in 1124, Chuson-ji is well known for the surviving golden hall, Konjikido, which **houses** the remains of four generations of the Fujiwara Family.	1124 年に建立された中尊寺は，藤原氏四代の遺体が奉納されている，現存する金色堂で有名である。 □ remains 遺体 □ Empress 皇后
4. *Fusuma* is a **wooden-framed** sliding doors **covered with** thick paper and decorated usually with beautiful paintings or calligraphy.	襖は，厚い紙で覆われ，たいてい美しい絵画や書で飾られた，木枠の引き戸である。 □ sliding doors 引き戸 □ decorated with ～で飾られた
5. Dogen **founded** the Soto sect of Zen Buddhism, which **focuses on** whole-hearted sitting in meditation called *shikantaza* **as a means of** gaining spiritual enlightenment.	道元は，心の悟りを得る手段として只管打座と呼ばれるひたすら心から座禅する事を重んじる禅宗の曹洞宗を開いた。 □ whole-hearted 全身全霊の □ meditation 座禅，瞑想 □ spiritual enlightenment 悟り

1. 「〜に影響を与える」は，**have an influence [effect, impact] on ...** を用い，それを強めるには，**strong，profound，great，far-reaching**（広範囲に及ぶ）などの形容詞で修飾します。「将来への影響」なら **have implications for ...**，「望ましくない影響」なら **have repercussions [consequences] for ...** を使いましょう。さらに「〜に強い影響を受ける」なら **be strongly [heavily, greatly, significantly] influenced by ...** となります。「〜から発展する」の **develop from ...** は **evolve from ...** などに言い換えことが可能です。

⋯⋯⋯⋯⋯⋯⋯⋯⋯⋯⋯⋯⋯⋯⋯⋯⋯⋯⋯⋯⋯⋯⋯⋯⋯⋯⋯⋯⋯⋯⋯⋯

2. 「〜に位置する」は *be* **situated in ...** と *be* **located in ...** があります。前者は This lake **is situated in** the forest.（この湖は森の中にあります）のように，「自然の中に・永続的に位置する」というニュアンスを持つのに対し，後者は位置関係を述べる一般的な表現で，「一時的に位置する」というニュアンスがあります。さらに建物や像が「〜の上に建てられている」なら The temple **is built [constructed] on** the river bank.（その寺は川べりに建てられている）などと言います。

⋯⋯⋯⋯⋯⋯⋯⋯⋯⋯⋯⋯⋯⋯⋯⋯⋯⋯⋯⋯⋯⋯⋯⋯⋯⋯⋯⋯⋯⋯⋯⋯

3. 動詞の **house** は「建物」が美術品などを「収納する」という意味で，The statue is **housed** in the National Museum.（その像は国立美術館に収納されている）と言います。物を「所有する」なら，「非常に良いものを持つ」という **boast** と「単に持つ」という **possess** があります。建物が大勢の人を「収容する」なら The stadium **accommodates** 10,000 people.（そのスタジアムは1万人を収容する）となります。

⋯⋯⋯⋯⋯⋯⋯⋯⋯⋯⋯⋯⋯⋯⋯⋯⋯⋯⋯⋯⋯⋯⋯⋯⋯⋯⋯⋯⋯⋯⋯⋯

4. ある像が「木製［石造］」で作られているなら **a wooden [stone] statue**（木［石］像），「金属」なら **a golden [silver, bronze] statue** という表現になります。さらに例文のように，ハイフンを用いればバリエーションが増えて，**wooden-framed**（木枠の）から，**wood [stone, ice]-carved**（木［石，氷］彫りの）などの表現の組み合わせへと発展します。

⋯⋯⋯⋯⋯⋯⋯⋯⋯⋯⋯⋯⋯⋯⋯⋯⋯⋯⋯⋯⋯⋯⋯⋯⋯⋯⋯⋯⋯⋯⋯⋯

5. **found** は時間の視点が「初め」にあり，「創立する」という意味であるのに対し，**establish** は長期間続くように「創立する・確立する」といった意味を持ち

ます。ちなみに，「〜に由来する」という **originate [derive, come] from ...** という表現，Zen meditation **originates from** Buddhism.（禅は仏教に由来する）も覚えておきましょう。

日本文化英語発信力 UP 例文　Part 3

1. *Sake* is a traditional Japanese alcoholic beverage produced by fermenting quality rice, which is **served hot** or **cold with** Japanese dishes.	酒は，上質の米を発酵させて作られる日本の伝統的なアルコール飲料で，日本料理とともに熱燗または冷のどちらででも出される。 □ ferment 発酵させる □ quality rice 上質の米
2. Eisai **introduced** tea and Rinzai Zen Buddhism **into** Japan in the late 12th century, which stresses strict meditation **based on** the use of *koan*.	栄西は 12 世半に，公安を用いた厳しい座禅を主張する臨済宗と茶を日本にもたらした。 □ meditation 座禅，瞑想
3. Wakayama Prefecture **takes first place in** the production of mandarin oranges, *ume* apricots, and Japanese persimmons.	和歌山県は，みかん・梅・柿の生産量が第 1 位である。 □ mandarin orange みかん □ ume apricot 梅 □ Japanese persimmon カキ
4. *Monaka* is a kind of flower-**shaped** wafer filled with sweet bean jam **containing** sesame seed, chestnuts or rice cake *mochi*.	もなかは，ゴマ・くるみ・餅の入った餡が詰められた花形のウエハースのようなものである。 □ sweet bean jam 餡
5. Usually played **to the accompaniment of** traditional folk songs, *Shakuhachi* is a Japanese bamboo-made flute **characterized by** its unique, melancholic sound.	尺八は，独特の哀愁がある音色が特徴的な竹製の笛で，民謡の伴奏によく使われる。 □ melancholic sound 哀愁の音色 □ to the accompaniment of ... 　〜の伴奏に合わせて

1.「熱い［冷たい］状態で出される」は〜 be served hot [cold] で,「〜と一緒に出される」は be served with ... の表現になる。また動詞の過去分詞で修飾する食べ物の表現には fried food（揚げ物），boiled egg（ゆで卵），grilled beef（焼肉），roasted chicken（ローストチキン），vinegared ginger（ガリ＝酢漬けしたショウガ），pickled plum（梅干＝塩漬けの梅），grated radish（大根おろし），fermented soybean（納豆＝発酵した大豆），cooked food（調理食品），processed food（加工食品）などがある。

2.「紹介する・導入する・輸入する」は introduce A to[into] B や bring A to[into] B，import A to[into] B の形で表現できます。さらに類似表現として initiate a program（プログラムを開始する），initiate him into a club（彼をクラブに参加させる），initiate him into business（彼にビジネスのやり方を教える），それからネガティブな表現の indoctrinate people with an idea（人々にある思想を吹き込む［で洗脳する］）を覚えましょう。また be based on ... は「〜に基づいている」という意味の重要表現。

3.「〜でトップに位置する」は take the first in ... の他に rank (as) first in ...，be rated (as) first，be among the highest in ... などの表現があります。
　また,「〜でトップになる」なら become first in ...，become number one in ... と言うことができ，さらに「トップの座を維持する」なら，stay on top [the first position],「トップの座から転落する」なら fall from top [the first position] などで表現できます。

4.「〜の形をした」は〜 -shaped で,「人間の形をした」なら man-shaped や in the shape of a man と表現できます。形を意味する形容詞, circular（円形の），round（丸い），cylindrical（円筒状の），square（正方形の），cubic（立方体の），rectangular（長方形の），triangle（三角形の）などで表現することができます。

5.「〜の特徴がある」は be characterized by ... の他に The town is marked by a famous castle.（その町は有名な城で特徴付けられる）の表現がある。「〜を

呼び物にする」なら The town **features** a historic townscape.（その町は古い町並みを呼び物にする），また，観光の「目印」になる建物には The tower is a famous **landmark** in the town.（その塔はその町の有名なランドマークである）と言うことができます。

日本文化英語発信力 UP 例文　　Part **4**

1. *Sekihan* is glutinous rice and red beans steamed together, which is eaten **customarily** on auspicious occasions for its red color that **symbolize** happiness in Japan.	赤飯は，もち米と小豆を蒸し合わせたもので，日本では赤色が幸福の象徴である為，祝事の際に頂く。 □ glutinous rice もち米 □ auspicious occasion 慶事，祝事
2. *Daruma* dolls, which **represent** the Indian monk who founded Zen Buddhism, are believed to **bring good luck** and make people's wish come true.	だるまは，仏教の禅を創始したインドの僧を模した人形で，幸運をもたらし，願いを叶えてくれると信じられている。 □ found 創始する
3. *Omamori* is a good-luck charm sold at temples and shrines, which is believed to **ward off** illness, accidents, and disasters.	お守りは，寺や神社で売られている幸運をもたらす縁起物で，病気・事故・災難を追い払うと信じられている。 □ good-luck charm お守り
4. *Tsukimi* is a moon-viewing festival which is **held** to **celebrate** the beauty of the moon in mid-September by offering rice dumplings and pampas grasses.	月見は，9月中旬に団子とすすきを供えて月の美しさを愛でる宴である。 □ rice dumpling だんご □ pampas grass すすき
5. Matsushima, one of the three most beautiful scenic spots in Japan, is a bay **dotted with** pine **tree-covered** islands.	日本三景のひとつである松島は，松に覆われた島々が点在する入り江である。 □ pine tree 松

1. 「〜を象徴する・表す」は **symbolize** の他に The dove **is symbolic of** peace.（鳩は平和を象徴する）と言い換えることができます。類語には The picture **represents** the Buddha.（その絵は釈迦を表す），The brand **stands for** top quality.（そのブランドは最高の品質を象徴する）があります。ある性質を「体現する」なら She **embodies** a good tour guide.（彼女は良きツアーガイドを体現する）と表現できます。

2. 「（人）に幸運をもたらす」は **bring good luck [fortune] to** *someone* です。これに関連する表現として「よい兆し」なら **a good omen**,，「お守り」なら **a good-luck charm** があります。さらに，「幸運の女神」なら **the goddess of good luck**，「天照大神」は **the（Japanese）goddess of the sun** といいます。さらに「（宝くじに）大当たりする・大もうけする」は **hit the jackpot** や **strike a bonanza** という表現になります。

3. 「〜を追い払う」には「害になるものを近づけないようにして守る」という **ward off**，さらに「近くのものを追いやる」という **drive away** があり，その例としては **drive away** evil spirits（邪気を追い払う）があります。また，邪気を追い払うものには，寺の門に立つ「仁王［金剛力士像］」の **a pair of guardian deities**，寺社の入り口や境内にある「狛犬」の **a pair of stone-carved guardian dogs** などを覚えましょう。

4. 「開催する・開く」は **hold** の他に簡単に **have** a party（パーティを開く），**host** an event（イベントを主催する）などがあります。「（桜の）花見に行く」なら **go see** cheery blossom，「花見に参加する」なら **take part in [participate in, attend]** a cherry blossom-viewing party が言えます。また **join a party** は「パーティに参加する」という意味にはならず，「党に入る」という意味になるので要注意です。

5. 「各々が離れて多く点在する」という *be* **dotted with ...** の他に，「一面を覆う」という The sky **is studded with stars.**（空は星でちりばめられている），「広範

囲に不規則に［長期間に］広がる」という Temples and shrines **are scattered all across** Japan.（寺社は日本中に散らばっている）があります。また「どこにでもある・偏在する」なら Convenience stores **are ubiquitous.**（コンビニはどこでもある）と言いましょう。

日本文化英語発信力 UP 例文　　Part 5

1. *Sushi*, world-famous as low-fat-and-calorie food, is **vinegar-flavored** rice balls **topped with** sliced raw fish or rolled in seaweed.	寿司は，酢で風味付けされた握り飯の上に生魚の切り身を乗せたもの，あるいは海苔で巻かれたもので，低脂肪・低カロリー食品として世界的に有名である。 □ low-fat-and-calorie food 低脂肪・低カロリー食品
2. *Kabayaki* is a dish of eel **dipped in** a sauce made of sake, sugar and soy sauce and **broiled over** a charcoal fire.	かば焼は，酒・砂糖・醤油で作られたタレにつけて，炭火で焼いたウナギ料理である。 □ charcoal fire 炭火
3. In kabuki, important names such as Ichikawa Danjuro are **handed down from generation to generation**.	歌舞伎界では，市川團十郎のような重要な名前は代々受け継がれている。
4. Zen is **a school of** Buddhism that seeks enlightenment through meditation, with **a profound influence on** Japanese culture **including** the tea ceremony.	禅は，瞑想を通して悟りを開こうとする仏教の宗派のひとつで，茶の湯など日本文化に大きな影響を与えている。 □ a school of ... 〜の一派
5. Tokyo Tower is a communications and observation tower with three observation decks that **command a panoramic view of** Tokyo.	東京タワーは電波・展望塔であり，東京の眺めを一望できる展望台が3つある。 □ observation deck 展望台

117

1. 「B が上に乗った A」は *A* **topped with** *B* の他に，a bowl of rice **with** pork cutlet **on top**（カツ丼），a bowl of rice **with** broiled eel **on it**（鰻丼），ingredients **topped on** rice（ご飯の上に乗せた具材）などがあります。また「〜味」は **soy sauce-flavored**（しょうゆ味の），**miso-flavored**（みそ味の），**salt-flavored**（塩味の），**curry-flavored**（カレー味の）と応用が利いて表現力がアップするので覚えておきましょう。

....

2. 「〜の上で焼かれた」は「（直接）火の上で焼く」意味の **broiled over ...** と「網焼き・鉄板で焼く」意味の **grilled over ...** の 2 種類があります。「焼き鳥」は **grilled chicken skewered on sticks**，「炭火焼の肉」なら **char (coal)-grilled meat** となります。また，切り方の表現として **cut [slice] ... into long thin strips**（〜を千切りにする），**slice ... into rings**（〜を輪切りにする）などの表現があります。

....

3. 「代々伝わる」は *be* **handed down from generation to generation** の他に The tradition **is passed down from generation to generation.**（その伝統は代々伝えられている）があります。また，口頭の伝承なら The story **is transmitted by word of mouth through successive generations.**（その話は口承で次の世代へ代々伝えられている）などの表現になります。

....

4. 「例を示す表現」の *A* **including** *B*（B を含めた A）の他に，例を 1 つ紹介する Japanese cultures, **especially** kabuki（日本文化，とりわけ歌舞伎），例を 2 つから 3 つぐらいを紹介する Japanese cultures **such as [like, including]** Kabuki and Noh（歌舞伎や能のような日本文化），さらに例が多岐に及ぶ **Japanese cultures ranging from** kabuki **to** Noh **to** Bunraku（歌舞伎から能，文楽に至るまでの日本文化）などがあります。

....

5. **command a view** は「はっきりと景色が見える」というニュアンスをもち，**command a panoramic view of ...**（〜の眺めを一望できる）や **command a breathtaking [spectacular] view of** the town（息をのむような［壮大な］町

の景色を一望できる）の他に，**overlook** という「上から眺望する」というニュアンスの The town **overlooks** the sea.（その町は海を見渡せる）などの表現があります。

日本文化英語発信力 UP 例文　　Part **6**

1. **Modeled after** the capital of Tang Dynasty China, Nara Heijo-kyo was established in 710 under Empress Genmei's order and **flourished** as Japan's first international and political capital.	中国の唐王朝の都に倣った奈良平城京は，710 年に元明天皇の詔 (みことのり) により建設され，日本で最初の国際・政治都市として繁栄した。 □ Tang Dynasty 唐王朝
2. **Enshrined in** Sanjusangen-do or "the 33 Bay Hall," is the thousand-armed and eleven-headed seated *Kannon* **flanked by** 1,000 more life-sized Kannons.	三十三間堂に安置されているのは，十一面千手観音座像とその左右を囲む千体の等身観音立像である。 □ life-sized 等身大の，実物大の
3. *Takarazuka*, a satellite city of Osaka and Kobe, **is associated with** Takarazuka Kagekidan, the all-female troupe **famous for** its musical extravaganzas.	大阪と神戸の衛星都市である宝塚といえば，奇抜なミュージカルで有名な女性のみの劇団である宝塚歌劇団を連想する。 □ troupe 一座 □ extravaganza 豪華なショー
4. *Zazen* and the tea ceremony **give** practitioners **an insight into** the profundity and intricacies of Japanese culture.	座禅と茶道は，実践者に日本文化の奥深さと複雑さへの洞察力を与える。 □ intricacy 複雑さ
5. *Shichigosan* is a **festive occasion** for children of three, five and seven, who are taken to the local shrine to **express appreciation for** deities and **pray for** divine blessings.	七五三は，3 歳・5 歳・7 歳の子供の行事で，地元の神社へ神への感謝とご加護を祈るために連れて行かれる。 □ pray for divine blessings 加護を祈る

1.「〜をモデルにする」は *be* **modeled after ...** の他に Japanese gardens **were patterned after** Chinese gardens.（日本の庭園は中国の庭園にならって作られた）と表現できます。類似した形の表現の The temple **is named after** a Chinese monk.（その寺はある中国の僧に**ちなんで名付けられている**）も覚えておきましょう。

2.「脇に〜が立っている」は *be* **flanked by ...** があり，類似表現に The approach to the shrine **is lined with [by]** souvenir shops.（その神社への参道には土産物屋が並んでいる）があります。さらに仏像関連の表現として The Buddhist image designated as national treasure **is enshrined in** the temple.（国宝指定の仏像はその寺で祀られている）も使えるようになりましょう。

3.「〜と関連がある」は *be* **associated [connected] with ...** の他に The origin of the festival **is related[relevant] to** the regional legend.（その祭りの由来は地域の伝説に関係がある），The economy of the town **is linked to [with]** fishing.（その町の経済は漁業につながりがある）などがあります。また口語表現として Many local people **have something to do with** the traditional industry.（多くの地域住人が伝統産業につながりがある）も重要表現です。

4.「〜がよくわかるようになる」は **give ... an insight into** 〜の他に The information **gives a better understanding of** the regional history.（その情報は地域の歴史がよりわかるようになる）があります。また類似表現として，**The castle town gives a glimpse of** regional cultures.（その城下町は地域の文化を垣間見せてくれる）があります。

5.「〜に感謝を示す」は **express appreciation for ...**（〜に感謝を示す）の他に **in appreciation of** customers' loyal patronage（顧客の引き立てに感謝して），**As a token of gratitude,** the store occasionally has a super-discount sale.（感謝の印として，その店は超特価セールを時々行っている）などがあります。

ちなみに，「神の加護を受ける」なら **enjoy divine blessings** という表現にな

ります。

　さて，日本文化を英語で何でも説明できるようになるための語彙・表現力 UP ト
レーニングはいかがでしたか？　かなりインテンシブなので大変かもしれませんが，
包括的で非常に効率がよく，informative でためになったでしょう。後は何度も音
読してマスターし，英語表現力を数段 UP させましょう。それでは今度は，日本の
ことをなんでも正確に発信するための「文法力 UP トレーニング」に参りましょう！

基礎力UP編 11

「日本事象」英語発信力強化法はこれだ！

日本文化英語発信力UP英文法をマスター！

　日本語と英語の文法を比較した場合，前者は「助詞」と「ていねい語」の使い方が難しいのに対して，後者は**「時制」「前置詞」「冠詞」**などの使い分けが特に難しいと言えます。

　まず「時制」に関しては，日本語は"timeless language"とも言えるほどで，現在の中学・高校における「間接法」の英語教育では，あまりの日英のギャップからわけのわからないものとなってしまいます。例えば「寝る前に食事をした」，「勉強した後であそびなさい」のような文を，「た」が過去を表すと単純に考えていると，英語を話す時に当惑してしまいます。やはり英語の「時制」を正確に使い分けるには，日本語を一切介在させず，ロジックで**"think in English"**しなくてはなりません。

　次に**「冠詞」**に関しては，英語の大きな特徴である**「多義性」**が故に，「冠詞」の使い分けが明確でないと，誤解を引き起こします。例えば，「窓を開けろ」という日本語には，英語の場合と違って「その」といった**「限定詞（determiner）」**が入っていませんが，それは"open"にたくさんの意味があり，しかも動詞，形容詞，名詞の用法があるために「定冠詞」"the"を用いて意味を限定しないと，「開いている窓」の意味になってしまうからです。

　「代名詞」に関しては，日本語は**"zero pronominal reference（代名詞指定のない）"**と言われるように，「宿題をしましたか」は英語では「あなたはあなたの宿題をしましたか」となりますが，日本語のコミュニケーションにおいて，このように代名詞，限定詞を省いて話す習慣が染み付いているために，英語を発信する際についつられて省いてしまうことが多いので要注意です。

　「名詞」での注意点は，名詞の**可算性（countability）**で，これも厄介で日本人英語学習を悩ませています。特に，**抽象名詞の普通名詞化**（抽象名詞の「格下げ」と私は呼んでいます）が重要で，**countable（可算）かuncountable（不可算）**かによって，意味合いがころっと変わってしまう場合があるので要注意です。

　「動詞」に関する注意点は，まず**"transitivity"**つまり，**「自動詞」か「他動**

詞」の選定の問題です。たとえば「やわらげる」という意味の類義語，**abate** と **mitigate** を例に取ってみても，前者は「自動詞，他動詞」の両方の用法があるのに対して，後者は「他動詞用法」のみとなっています。とにかくたいていの動詞が自動詞・他動詞両方の用法があるのですが，**discuss, mention, aggravate** などのように「**他動詞用法**」のみのものや，**experiment** のように「**自動詞用法**」のみのものがあるので使い方には要注意です。代表的なものを覚えておいてあとは辞書を引いてチェックしましょう。

コミュニケーションの見地から観れば，こういった「**時制（tense）**」や「**代名詞（pronominal reference）**」や「**限定詞（determiner）**」による意味の明確化は，英語が，**high-context（文脈依存度が高い）** な日本語に対して，より **low-context（文脈依存度が低い）** な言語であることを物語っています。こういった差を乗り越えるということは，「英語での考え方」を身につけるということです。つまり他の言語コミュニケーションを身につけるということは，他の国の文化を吸収するということで，単に言葉を覚えるといったものではないのです。

さて日本文化を英語で発信するスキル UP に特に重要な英文法は，「**冠詞・限定詞（the，this，some など名詞を限定するもの）**」「**名詞の可算・不可算と複数名詞**」「**時制**」「**前置詞**」「**助動詞**」「**文型**」などの運用力です。日本語では「時制」も「限定詞」もアバウトで，前置詞は日本語の「助詞」のように重要で，それぞれの前置詞のコンセプトをつかんで駆使できれば，英語の表現力が数段 UP します。また「文型」に関しては，高校で英語の5つの文型を習い，大体わかったつもりでいる人が多いのですが，実際はもっと奥深いものがあり，特に「補語」を含んだ「第2文型（S + V + C）」や「第5文型（S + V + O + C）」の運用力は重要です。

英語を話すときは
時制と前置詞に注意！

基礎力 UP 編 **12**

「日本事象」英語発信力強化法はこれだ！

英語の「時制」「仮定法」を正しく使いこなす！

　英語は「時」の概念（tense），つまり動作の起こった時間関係を明確にしようとしていますが，日本語はアバウトで時を表す言葉で文脈的に時を表します。

　まず英語の「**現在時制**」は「**いつも~している・いつも~である**」と「**いつも**」を補うとわかりやすくなります。例えば，I keep a diary. や I play tennis. と言えば，「目下，日記をつけているところ」「目下，テニスをしているところ」という意味ではなく，過去も現在も未来も「習慣的に行っている」という意味になります。また，話者の目の前に存在していたり，頭の中で生き生きと描くことができたりする場合にも現在形を使います。例えば，すでに決定している予定を言うときに I go to America tomorrow.（明日，アメリカに行きます）と言いますが，これは話者や相手がその出来事を鮮明にイメージできるので，「現在時制」を使っているのです。

　また「**現在進行形 ~ing 形**」は「**今~している・今~しようとしている**」と「**今**」を補うとわかりやすくなります。進行形にこの２つの意味があるのは「何かをしている状態」は，**現在と未来がつながっている**（continuum）からです。

　一方，「**過去（past）**」は１秒前でも現在とはつながっておらず，もし過去から現在までつなげようとすると，「**現在完了（the present perfect）**」という時制が必要になってきます。ただし，この「現在完了」も，単なる**物理的時間の経過**だけでなく，**心理的に**とらえないとそのコンセプトをつかむことができません。

　そこで，I've been studying English for five years. は「私は英語を５年間勉強している」ではなく，「私は英語を勉強して今で５年になる」とあくまで「現在に視点がある」と理解する必要があります。同様に，I've seen the movie. は「その映画を見たことがあり今思い出せる」となり，対して I saw the movie. は「その映画を見たことがあるが，昔のことで思い出せない」というニュアンスになります。

新幹線の「発着」の時制に注意！

　「時制」を覚えるのにわかりやすい例があります。新幹線に乗ると車内放送が流れてきますが，例えば，品川で新大阪行きの新幹線に乗ると次のような内容の英語と日本語の放送が流れてきます。これらの英語版を考えてみてください。

1.「名古屋には〜時に到着いたします」
2.「新横浜で少し停車いたします」
3.「間もなく新大阪に停車いたします」

これらはどれも「英語の勉強をします」と同様，未来のことなのに，日本語ではすべて「現在形」で断定的に述べられています。ところが新幹線の英語放送ではこれらを表すのに**3つの異なる「未来時制」**を使っています。

まず，品川から乗って間もなく流れる最初の放送では，We will be arriving at Nagoya at .... と，「will be ~ing」という「**未来進行形**」が，その前に新横浜に停車する場合は We will make a brief stop at Shin-Yokohama. と「**未来形**」が，最後に新大阪駅に着く手前になると，We are soon arriving at Shin-Osaka. のように，近い未来を表す「**現在進行形**」が使われています。

1つ目は「確定未来」と呼ばれ，will や *be* going to よりも実現性が高く，「何事もなければそうなる」といったニュアンスで，世界一正確な新幹線のように明確に到着の時間が決まっているけれど，あくまでも未来のことで断定はできないために，*be* ~ing に will を加えて確定性を緩和する感じです。

2つ目は，停車中に何かが起こって少し出発が遅れるかもしれないので推量を表す will を使っています。しかし3つ目のように，電車が減速し始めて次の駅に停車する体制に入ると，現在と未来とがつながっている時制，*be* ~ing を用います。これは（相手のところへ）行くときや（自宅などに）帰るときに I'm coming. や I'm leaving. と言うのと同じで，その行為をとる体制になり，それが未来とつながっている場合は *be* ~ing を用いるわけです。

未来を表す表現の使い分けに注意！

英語で未来を表すには，will, *be* going to, will be ~ing, *be* ~ing, *be* to, *be*（現在形）の6つがあって，学校教育では will や *be* going to を中心に教えていますが，その他の表現も使い分けられるようになりましょう。

will は感情を表し，「内的外的要因による意志」を表します。つまり，内的な場合は「やるぞ！」で，外的な場合は「わかった，やるよ」と気乗りのしない場合も含みます。また，自分のことを言わない場合は「多分そうなります」という予測になります。

be going to は「〜の方に向かっていく」ところから,「予定」や will よりも「実現性の高い未来」を表します。これに対して,will be 〜 ing は be going to よりも確率が高く,「何事もなければ当然そうなる」といったニュアンスです。時間に世界一正確な新幹線のように,ごくわずかな誤差で明確に到着の時間が決まっているけれど,あくまでも未来のことで断定はできないので,will を用いて語気を緩和する感じです。

be 〜ing は,現在と未来とがつながっている時制を表し,もう今その動作をしている場合に用いる,いわゆる未来時制です。例えば「ご飯ですよ」と言われて「行きます」や,自宅などに帰るときに「帰ります」は,I'm coming., I'm leaving. と言います。もう行く態勢になり,それが未来とつながっている場合は be 〜ing を用います。

be to は,人が主語の場合は I am to marry him. のように「運命・予定・可能」などが混じり含蓄のある表現ですが,事柄などが主語の場合は,The meeting is to be held tomorrow. のように未来に起こる事柄の公的な決定事項に用いられ,現在形を用いる場合は確定して絶対変わらない出来事を表す場合に用います。

また時制と言えば日本人の英語で語法ミスが多いのが,「最近」を表す nowadays, recently, currently, lately の使い方です。

nowadays, these days は「昔と違って今は」という「過去」との「対比」を表し,現在に視点があるので,**必ず動詞は「現在形」**を用います。Nowadays [These days] most Japanese people are reluctant to make stock investments. (最近,たいていの日本人は株式投資をやりたがらない) のように使います。

recently は**過去を振り返って「ここ最近は」**という意味なので,基本的に動詞は**「現在完了形」**がマッチしますが,過去を振り返る状況から**「過去形」**も使えます。We (have) recently published a book on Japanese culture. (我々は最近,日本文化に関する本を出版した) のように使います。

currently は「今まさに進行中 (ongoing)」という意味で,**「現在進行形」**と相性が合い,We are currently working on this project. (我々は目下このプロジェクトに取り組んでいる) のように使います。

lately は「習慣的な動作」を表し,時制的には「万能」で,He sits in the lounge drinking tea all by himself lately. (最近,彼は休憩室で1人でポツンとお茶を飲んでいることが多い) のように使います。

また,英語を話すときは**「助動詞・仮定法」のスキル**が重要です。例えば,クラ

イアントにお願いするときに,「〜してくだされば幸いです。」というのを,英語では,**I would appreciate it if you could help us [provide information, arrange a meeting, reply as soon as possible].**（私共にご協力［情報のご提供を，会議のご手配を，できるだけ早くご返信を］いただけましたら幸いです）のようにすれば,「丁寧な依頼」を表すことができます。また,態度が横柄な人に対して, I wouldn't say [do] that. と言えば,「私なら（If I were you の省略形）そんなことは言わない［しない］」と間接的に非難することができます。よく使われる **"I couldn't agree with you more."**（大賛成）も助動詞・仮定法の例で,これは I couldn't agree with you more even if I wanted to. の省略形で,「もしあなたにもっと同意したくとも,これ以上同意できないほどに同意している」のことで,この反対に more を less に変えると大反対になります。

　また,死にそうな目に会ったときなどに,「死ぬところだったよ」というのは,**I would be dead now** (if I had taken the train).《仮定法過去・過去完了混合型》や,**I could have been killed.**《仮定法過去完了》で言い表すことができます。この他,いい映画やパフォーマンスを見損ねた人に対して **You should have seen it.** と言えば,「それを観るべきだったよ」より,「どうして観なかったの,いい映画だったのに」という日本語のニュアンスになります。そして,**You shouldn't have done it.** は「どうしてそんなことするんだ」,**You wouldn't stand a chance.** は,You don't have a chance. と違って「戦っても勝ち目ないわよ」という「どうせ負けるよ」のニュアンスが仮定法を用いることによって出てきます。このように,日本語では仮定法（過去・過去完了・未来・現在）の発想がないのでとらえにくいのですが,話者の心境や状況を描写する仮定法は英語のコミュニケーションにおいて重要です。

　ところで日本語にさまざまな「依頼」や「命令」表現があるように,英語でも同じぐらいそのバリエーションや言葉遣いがあり,それぞれの言語のネイティブスピーカーはその場の空気や力関係を読んで,巧みに使い分けています。例えば次の和文を英語で考えてみてください。

1. 一緒に来ていただけますか。
2. 一緒に来てくれない？
3. 一緒に来てほしいんだけど。
4. 絶対一緒に来てね！
5. とにかく一緒に来て。

解答＆解説

1. は一般的な **Would you come with me?** で，could you の方が「来ていただけませんか」という，より丁寧な感じになります。そして **Would you mind ~ing** を使うとさらにへりくだり，「恐れ入りますが〜していただけないでしょうか」というニュアンスに近づきます。

2. は **Will you come with me?** で友人同士の軽い感じ，**Please come with me.** だと「一緒に来てください。」になりますが，**Oh, please come with me!** なら「お願いだから一緒に来て」となります。

3. は **I'm expecting you to come with me.** が近く，**I want you to ...** だと「一緒に来てね」という強いニュアンスになり，逆に **I hope you will come ...** だと「一緒に来てくだされればうれしいです。」に近づきます。

4. は **You must come with me!** という強い語気で，5. は **Just come with me!** という「何でもいいから四の五の言わずにとにかく来て」というニュアンスになります。この他，Would you like to come with me? なら「よかったら来ませんか」，I'm wondering if you can come with me. は「一緒に行ってくださらないかしら」という感じになります。

基礎力 UP 編 **13**

「日本事象」英語発信力強化法はこれだ！

冠詞のコンセプトをつかんで使いこなす！

「冠詞・名詞」に関しては，日英の発想の違いから使いこなしにくいので，まずは「**定冠詞（definite articles）**」のコンセプト「**区分と限定**」からくる3つのとらえ方と「**不定冠詞の格下げの法則**」を覚えてください。

定冠詞のひとつ目は「他のものと違って，これ（この菊）は！」と指摘・強調するときと，2つ目は「他の花と違って菊という花は」と区別して，区分・概念的に強調する場合です。いずれも「区分」がポイントです。the scientist も「その科学者は」と「科学者というものは」との2つの場合があり，それは文脈次第です。

3つ目は **Open the window.** と言う場合，日本語では「窓を開けてください」となって，the に相当する「その」はありません。これは，Open the window (in this room). とか Open the window (you see over there). のように言葉が省略されているケースです。同様に，「関係者」を表す，**the party [people] concerned**，**the party [people] involved** も the party [people] concerned [involved] in the case [incident] などの省略形です。この他 the money enclosed (in the envelop)（同封のお金）や the user (of this device) も，（　）内が省略されて定冠詞 "the" がついています。

これに対して「**不定冠詞 "a"**」「**格下げ（弱め）**」は，定冠詞 the の「格上げ（強め）」の反対」です。例えば custom は可算と不可算の両方の用法がある名詞ですが，冠詞によって次のような意味の違いが起こってきます。

《無冠詞不可算》Custom is ... は「慣習というものは〜」

《不定冠詞》**A** custom is ... は「いろいろな慣習がある中で，あるひとつの慣習は〜」

《定冠詞》**The** custom is ... は「他のものと違ってその慣習は〜」または「他のものと違ってその慣習というものは〜」

このように，冠詞の種類によって意味が変わるのです。つまり **the** によって「**区分・強調**」の意味が生まれ，**a** を使って「**とある，ある種類の，ある程度の，ひとつの**」のように「**格下げ（弱め）**」が起こってきます。

同様に，Mandatory retirement system is ....（定年退職制度というものは《概念化》～だ），**The** mandatory retirement system is ....（他の制度と違って定年退職制度というものは《区分・対比・強調》～だ），**A** mandatory retirement system is ....（いろいろな制度があるがそのひとつである定年退職制度は《種類の格下げ》～だ）というニュアンスになります。ですから the をつけるか，a をつけるか，何もつけないかに迷ったときは，上のような言葉を補って判断してください。よって，**The** party was a success.（パーティは今回は成功だった），Patience is a virtue.（忍耐は美徳のひとつである）とは言えても，普遍的に party イコール成功ではなく，忍耐と美徳が集合的に同位でなく忍耐が美徳の集合に含まれるので，The party was success., Patience is virtue. は言えないわけです。

　同様に **look at** と **take a look at**，**walk** と **take a walk**，**swim** と **have a swim** では，前者がそれぞれ「ある特定のものを見る，（～へ）歩く，（～へ）泳ぐ」を意味するのに対して，後者は「**ちょっと見る，ちょっと歩く（散歩する），ちょっと泳ぐ（ひと泳ぎする）**」のように，日本語でよく用いる「ちょっと」のニュアンスを出すことができます。よって例えば，take a walk to the station や have a swim to the shore とは言えないように，継続的な動作が必要な場合には使えません。

　また日本人がよく間違える，冠詞によって意味が変わる"number"の用法も要注意で，**the number of**「～の数」と **a number of**「多くの～」を混同しないように注意しましょう。

The number of students **is** increasing year by year.

（学生数は年々増加している）　☞**主語は単数扱い**

A number of measures **were** taken to solve the problem.

（その問題を解決するために多くの方策がとられた）　☞**主語は複数扱い**

　この他，定冠詞 the を伴う代表的な例を挙げておきましょう。まず，よく用いられる，protect **the environment** は「**自然環境を守る**」の意味になり，boost **the economy** は「**経済［景気］を高める**」となります。この他，

....

□ **the Internet**（インターネット）は通常，「画期的な発明品」という意味で the をつけますが，こういった発明品が当たり前になると radio のように「普通名詞に格下げ」されます。

□ **the government**（政府）は通常，国に１つしかない「中央政府」の意味です。

□ **the heart**（心臓），**the stomach**（胃）など，「臓器」は「唯一無二の重要なもの」で，体の臓器と「区別」する the をつけます。

□ **by the dozen**（ダース単位で），**by the pound**（ポンド単位で）のように単位の前に the をつけるのは「区分」です。

□ **the younger generation**（若い世代）や **the upper class**（上流階級）はそれぞれ「下層階級」や「旧世代」との「区分」です。

□ **in the 1950s**（1950 年代に），**from the beginning**（最初から），**the north**（北），**in the outskirts of ...**（〜の郊外に〔ある〕）の the はそれぞれ，時，方角，地域の「区分」を表します。

....

また，「**冠詞**」は英語のリズムと関係しています。日本人は「本」を英語では book としか思っていませんが，英語では **a book** の a が拍子の「裏拍」，book が「表拍」から入り，英語のリズムが生まれ，英語特有の「可算性」も表現できるのです。

そこで登場するのが「英語のリズム」の重要性です。次の例文を見てみましょう。

● ‥ ●
This is a pen.

この文でのキーワードは太字部分の This と pen ですね。よって「頭（強い部分）」のリズムになりますが，その「裏（弱い部分）」のリズムに当たる部分が is だけだと短すぎてバランスが取れないのです。というのは，速い会話では is が this と「同化（assimilation）」して短くなってしまいます。その結果，リズムをよくするために，必ず「不定冠詞」が必要となってくるわけです。

ちなみに不可算名詞の場合は，Would you **like** some **water [food, money]?** や Do you **have** some **money [food, water]?** の場合，キーワードは like あるいは have と water [food, money] なので，それらが「表（強い部分）」のリズムで読まれますが，その間の「裏」のリズムは some によって作ることができます。ですから対訳に「いくらかの」という日本語が載っていなくても，英語ではリズムをよくするために some をつけます。日本語で言えば「ちょっと食べる？」という感じになります。

基礎力UP編 14

「日本事象」英語発信力強化法はこれだ！

「限定詞」の使い方に要注意！

　この他，限定詞としての the（定冠詞「その」）と this（この）との違いも要注意です。例えば，商品のマニュアルなどで，when you use the device と when you use this device が使われているときがありますが，前者は日本的感覚で言えば，「装置を使う場合」に相当し，後者は「この装置を使う場合」に相当します。日本語ではいちいち「その」をつけるとは限らないので，日本語で「その」をつけたい感覚のときは，the のかわりに this や that をつけるようにしましょう。

　ちなみに，英語では，日本語で考えるとくどいくらい「代名詞の形容詞的用法」である「この」「私の」などを使いますが，日本語の場合は主語や所有格の代名詞をよく省きます。日本語のコミュニケーションでは「だれのこと？」「だれのもの？」と主語がわからなくなることがよくあると考えれば，これが英語の持つ clarity ともいえるでしょう。例えば，よく名所や観光案内で用いられる「〜で有名な」も，「所有格」を省く人がいますが，要注意です。

☐ Sydney is famous [well-known] for its opera house.

　（シドニーはオペラハウスで有名です）

☐ Kyoto is world-famous for its historic shrines and temples.

　（京都は由緒ある神社仏閣で世界的に有名です）

　また，「自分の」を強調する場合は，It's my house! のように my に強勢を置いたり，my own house のように言ったりします。それから「冠詞」と「副詞」の配置で，an only child は「一人っ子」，only a child は「ほんの子ども」，the only child は「唯一の子ども」といったように意味が変わる点にも要注意です。

基礎力 UP 編　15

「日本事象」英語発信力強化法はこれだ！

名詞の「可算性」と「複数名詞」をマスター！

　名詞は**可算**C（**countable**）・**不可算**U（**uncountable**）という区別があり，抽象名詞は「不可算名詞」とらえる人がいますが，抽象名詞にも可算・不可算の両方があるものも多く，それぞれ意味が変わり要注意です。例えば，**information** はU不可算名詞では「情報，知識」の意味になるのに対して，C可算名詞では「受付，案内所」の意味になります。また，**work** は最近よく誤用されていますが，基本的にUでは「仕事，勤務，勉強，研究などの概念」を表すのに対して，Cでは「本，絵画，音楽などの具体的な作品」を意味します。さらに **experience** もCとUを混同して使われがちなのですが，基本的にCは「自分の人生観に影響を与えるような１回の経験［体験］」を表すのに対して，Uでは「仕事や活動によって習得した知識とスキルとそれを得ようとするプロセス」を表し，CとUとでは意味が変わってきます。

　次に**集合名詞**（**collective noun**）は「人・動物・物などの集合体を指す名詞」のことで，集合名詞にも可算と不可算の両方があり，次のような常に単数扱いする，不可算名詞の集合名詞は要注意です。

「概念化（〜というもの）」	→	「個別化・具体化」
□ furniture（家具）	→	a desk ／ a bed etc.
□ machinery（機械類）	→	a machine（１台１台の機械）
□ baggage［luggage］（荷物）	→	a trunk ／ a bag など
□ poetry（詩というもの）	→	a poem
□ scenery（風景）	→	a scene（１つの眺め）
□ clothing（衣類）	→	a dress, a shirt など
□ fiction（小説）	→	a novel（１つの小説）
□ jewelry（宝石類）	→	a jewel（１つの宝石）
□ equipment（備品，機器）	→	a device（１つの装置）

　最後に，複数形にして使う「**複数名詞**」は要注意です。例えば，「価値観」は value ではなく **values**，「郊外で」は in the suburb ではなく **in the suburbs**，「貯

金」は saving ではなく **savings** といいます。厄介なのは，これらの名詞に対する動詞が，「複数扱い」か「単数扱い」か「単数・複数扱い両方ある」の3パターンということです。

　ここで英語を発信する上で重要な複数名詞を挙げておきます。代表的なのは次のグループですが，基本的に「概念的なものを具体化したもの」や「繰り返して行われるもの」と考えてください。

重要度1　お金・所有物に関するもの　複数扱い《具体的になったもの》
□ belongings（所持品）　□ valuables（貴重品）　□ assets（資産） □ expenses（経費）　□ damages（損害賠償）　□ necessities（必需品）
重要度2　言ったり書いたりすること　複数扱い《繰り返して行われるもの》
□ congratulations（祝辞）　□ directions [instructions]（指示）　□ talks（会談）
重要度3　状況・条件　複数扱い《繰り返して行われるもの》
□ circumstances [conditions, surroundings]（周囲の事情）　□ terms（条件，関係）
重要度4　場所　単数・複数扱い《具体的なエリア》
□ suburbs [outskirts]（郊外）　□ provinces（地方）　□ rapids（急流） □ premises（敷地）　□ headquarters（本部）
重要度5　器具・衣類　複数扱い《対になったもの》
□ clippers（はさみ）　□ tweezers（ピンセット）　□ scales（はかり） □ braces（歯並び矯正器）
重要度6　人々のグループ　複数扱い《集団》
□ authorities（当局）　□ masses [ranks]（庶民）　□ police（警察） □ defense forces（防衛軍）
重要度7　飲食物　複数扱い《具体的になったもの》
□ refreshments（軽い飲食物）　□ groceries（食料雑貨類）　□ spirits（アルコール類）

　この他にも補足しておくと，**business hours [office hours]**（営業時間…複数扱い），**figures**（数字…複数扱い），**manners**（行儀…複数扱い），**species**（種，種類…単数・複数扱い）などが重要です。

基礎力 UP 編 16

「日本事象」英語発信力強化法はこれだ！

英語発信力UPのための文型・構文をマスター！

　英語発信力を UP させるには，「文型」をはじめとするさまざまな「構文」のスキルも重要です。文型に関しては，英語学習者は高校で英語の５つの文型を習い，大体わかったつもりでいる人が多いのですが，実際はもっと奥が深いものです。特に，「補語」を含んだ「**第 2 文型（S + V + C）**」や「**第 5 文型（S + V + O + C）**」の運用力は重要です。しかし，実例も少ないレクチャーではほとんど文型をつかめず，その結果，英語のスピーキングやその他のスキルも弱くなってしまいます。

　第 2 文型（S + V + C）にしても，高校で第 2 文型用に主に習う，「〜である，〜になる」を表す be，become，get，go，keep や「〜に思える」を表す知覚動詞 appear，seem，look，sound，taste，smell 以外にも，用いられる動詞にはもっと多くの種類があります。例えば，rank high（ランクが高い），end up [wind up] dead（死ぬ結果となる），die a rich man（死んだときに金持ちである）というようにたくさんあります。そこで，ここでは英語の発信力のために，まず補語を含む第 2 文型と第 5 文型を会得していただきましょう。

第 2 文型をマスターしてスピーキング力 UP ！

1．存在系「である」グループをマスター！

□ あなたの意見は考慮していきます。→ I'll **stay open** to your ideas.

□ 過失は見過ごされた。→ The error **went [passed] unnoticed**.

□ 彼はついには文なしになった。→ He **wound [ended] up broke**.

□ 彼女はじっと立っていた。→ She **stood still [motionless]**.

□ 地面はガチガチに凍った。→ The ground has **frozen solid**.

2．往来発着系グループをマスター！

□ 父は早死にした。→ My father **died young**.

□ 彼は早婚［晩婚］だ。→ He **married young [late]** in life.

□ ドアはバタンと閉まった。→ The door **banged [slammed] shut**.

□ ねじが緩んだ。→ The screw **came loose**.

□ 彼女はレースで2位だった。→ She **finished second** in the race.

　（**rank second**〔2位である〕もこのグループ）

3. 知覚系グループをマスター！

□ とぼけるなよ。→ Don't **play dumb**.

□ きみの話は怪しい。→ Your story **sounds [smells] fishy**.

□ 彼の目は驚きで光り大きく開いた。→ His eyes **flashed open** in surprise.

　以上が「第2文型」ですが，学校で習うよりはるかに多くて役に立つでしょう。
それでは次は「第5文型」です。

第5文型をマスターしてライティング力 UP ！

1. 知覚系グループをマスター！

□ 彼が行方不明であると届け出た。→ I **reported** him **missing**.

□ 彼はトラブルメーカーのレッテルを貼られた。

　　→ He was **labeled [branded]** a troublemaker.

□ 彼がカンニングしているのを捕まえた。→ I **caught** him **cheating**.

□ 彼は家に入るところを目撃された。

　　→ He had been **observed entering** the house.

2. 移動系グループをマスター！

□ 彼はドアを蹴って開けた。→ He **kicked** the door **open**.

□ 犯人はその男を射殺した。→ The criminal **shot** the man **dead**.

□ 秋で葉が黄色くなった。→ Autumn **turned** the leaves **yellow**.

□ 修理工は機械が動くようにした。→ The repairman **got** the machine **working**.

□ 彼女はふたを回して開けた。→ She **turned** the lid **open**.

□ 心配事で彼は一晩中眠れなかった。

　　→ The anxiety **kept** him **awake** through the night.

□ 地震で彼女の家は崩れ落ちた。

　　→ The earthquake **brought** her home **crashing down**.

□ すべての人は生まれながらにして平等である。

→ All the people are **born equal**.

□ 彼女は冷えたワインを出した。→ She **served** the wine **cold**.

....

　いかがでしたか？　このように，5 文型の中でも特に「補語」を含んだ第 2，第 5 文型をマスターすると表現力がグーンと UP します。

　文型と言えば，英語と日本語の「語順の違い」が原因で英語の発信が難しくなることがあります。英語は基本的にまず S ＋ V を述べてから，修飾語（modification）がそれに続く「動詞志向の（verb-oriented）」言語ですが，日本語は主語をぼかしたり飛ばしたりして，修飾語から始まり，動詞が最後に来る言語であるため，英語と比べて S と V の関係がわかりにくくなります。例えば，「あの青い目をした背の高い外国人が好きだ」という日本語に対し，S ＋ V ＋ O の語順の英語では，まず I love と言ってから最後に長い目的語を述べていきます。

　この英語の語順に慣れていないと，英語の発信でも受信でも困ることになります。また，これとあいまって「**無生物主語**」に慣れることが重要です。事実「無生物主語 (S+V+O) の発想」が，日本語には非常に少ないので，そのギャップから自然な英語を話せなかったり，速く話された英語について行けないことが多いわけです。

　例えば次の英文を見て，それらの英語が使いこなせるか，また速く話された場合に聞き取れるかどうか考えてみてください。

The job **cost** me my health. (その仕事で体を壊した)

That'll **get us into** real trouble. (そんなことするとどえらい目を遭うぞ)

Your skill will **put a pro to shame**. (きみのスキルはプロ顔負けだ)

The money will **get you out of** trouble. (このお金で危機から脱出できる)

The hit song **brought her into the spotlight**.
　(そのヒットソングで彼女は一躍有名になった)

The crisis **brought out his best qualities**. (危機になると彼の一番いい面が現れる)

The failure **drove him into despair**. (失敗で彼は失意のどん底に陥った)

That measure **won him** many votes. (その方策のお陰で彼は多くの票を得た)

基礎力 UP 編 17

「日本事象」英語発信力強化法はこれだ！

できるだけ日本語の語順に近い英語で発信すると楽になる

日本語と英語の違いとして，以下のような語順の違いがよく挙げられます。

「昨日，10 年ぶりに，銀座で親友に会った。」

日本語：→基本的に修飾語から始まる。

Yesterday, for the first time in ten years, in Ginza, I met my best friend.

Yesterday I met my best friend in Giza for the first time in ten years.

英語：→基本的に主語，述語動詞から始まる。

このように日本では修飾語がどんどんときてから主語も省いて動詞を述べることが多々ありますが，英語では修飾部分はせいぜい１つか２つぐらいで，すぐに主語が来ます。しかし，修飾語から始まる語順で間違いという訳ではありません。むしろ，そのような語順にすることによって**ドラマチックさが UP** する場合もあります。実際の会話では，I met ... と言うべきところを Yesterday ... と言いかけてしまうこともあります。そのような時に，最初から言い直すのではなく，主語が何であっても話せるようにすることが重要です。では，次の日本語を英語にしてみましょう。

「栄養ドリンクは自動販売機で買えます。」

主語の候補として，次の３つ（栄養ドリンク，自動販売機，人〔一般人〕）が考えられ，それぞれ英語に直すと，次のような文になります。

---

1. Energy drinks are available through vending machines.
2. Vending machines provide energy drinks.
3. You can get energy drinks through [from] vending machines.

このように，フレキシブルに主語を変えることによって，英語の発信力が一段と伸びることでしょう。

基礎力 UP 編 **18**

「日本事象」英語発信力強化法はこれだ！

倒置形を使うと英語が楽に話せる！

　英語の「倒置形」は発言を強調したりドラマチックにする効果がありますが，これも日本語と同じ語順で英語が話しやすくなります。例えば，
「あちらに立っていらっしゃるのは小谷市長です。」は，

Standing over there is Mayor Kotani!

「もっと重要なのは環境保全です。」は，

Even more important is environmental protection.

「次の曲は『美女と野獣』です。」は，

Coming up next is "Beauty and the Beast".

といった具合です。この方がドラマチックで話しやすいでしょう。このように，英会話においていつも口語英語を使わないといけないという気持ちを開放すれば，英語を話すのがかなり楽になるでしょう！

基礎力 UP 編 **19**

「日本事象」英語発信力強化法はこれだ！

「前置詞」はコンセプトをつかみ応用せよ！

　日本語の「助詞」にもあたる役割を果たすこの「前置詞」は，私たち日本人の英語学習者を悩ませている難しくて奥の深いものです。ですが，厄介なだけに前置詞への知識を深めることは，皆さんのスピーキング力加速的 UP に多大な威力を発揮します。外国人の日本語学習者がいくら日本語をペラペラ話せたところで，いつまでも「て，に，を，は」が間違ってばかりだと，今いち不自然で誤解を招く日本語になってしまうのと同様に，この前置詞の使い方を間違えると，不自然な英語になり，しかもとんでもない誤解を引き起こします。

　では「日本人は何故そんなに前置詞の使い方を間違うのでしょうか？」と言えば，その理由はやはり，日本語につられることでしょう。例えば「〜を本屋に注文する」は，"order ... **from** a bookstore" と言わなければいけならないのに，日本語につられると "to" になってしまいます。これはよく大学入試問題で狙われる初歩的な例ですが，もっと難しい例がたくさんあり，つい母国語につられてしまいます。

　そこで，「習うと同時に慣れよ」の精神を持って，最短距離学習法で前置詞の正しい使い方をマスターしていきます。そのために数ある助詞の中でも特に重要で複雑な「で」「に」「の」「から」「を」のクイズにチャレンジしていただき，正答とその解説を読んでコンセプトがつかめたら，後は音読によって語呂で覚えてしまいましょう！

> 前置詞を間違うと
> 意味がころっと変わってしまうので
> 要注意！

（　　）に当てはまる前置詞を入れてください。

1. ご自分の意志でお賽銭を上げていただくことができます。

   You can make a donation (　　　　　) your own free will.

2. ナイフで指をうっかり切ってしまった。

   I cut my finger (　　　　) a knife.

3. その実業家は1千万円で土地を買った。

   The businessperson bought a land (　　　　　) ten million yen.

4. 騒音であなたの声が聞こえない。

   I can't hear you (　　　　) the loud noise.

5. 見かけで彼らを判断するな。

   Don't judge them (　　　　) their appearance.

6. 彼女は優等で大学を卒業した。

   She graduated from college (　　　　) honors.

7. お支払いはカードではなく現金でお願いします。

   Please pay ①(　　　　) cash, not ②(　　　　　) credit card.

8. 彼はガンで亡くなった。

   He died (　　　　　) cancer.

9. 彼は偽名でSNSに投稿をしている。

   He is posting (　　　　) a pseudonym on SNS.

1. 正答：**of**（**out of, with**）

of の基本的な意味は，まず **the price of the souvenir**（土産物の価格）とあるように，ある物の「**特徴・性質・状況**」を表します。そして，その他と異なる「**特徴**」などから，**the house of the residents**（その住人の家）の「**所有**」，**students of a class**（クラスの生徒）の「**所属**」，**the front of the temple**（寺の正面）の「**構成部分**」，さらに **a cup of tea**（1杯のお茶），**1 kilo of salt**（1キロの塩）などの「**内容物**」の意味へと発展します。この問題では（自分の意志を）「持って（所有して）」の用法で，基本的には of がベストですが，out of や with も考えられます。

....

2. 正答：**on** ※ **with** は不可

on は「**表面に触れる，面に支えられる**」という基本イメージから，「**オン！と機能し，〜に向かって続いて→接触し，加わり，→影響を与える，依存する**」という全体的なプロセスを持ちます。

この問題の場合，「うっかりと表面に触れて切れてしまった」という意味の，**on** が正答です。**with** にすると，ナイフを「**手段**」として用いて切ったという意味になり，自傷行為になってしまいます。また，覚えておきたい表現には「お店のおごり」なら，**It's on the house.** などがあります。

....

3. 正答：**for**

for は「**人を助けたり，人のためになることをする**」という基本イメージから，「**目的を持って，予定を立て→ ある一定期間参加し→適合したり・交換する**」という全プロセスを持ちます。そこから「予定，交換，代用，原因，適合，基準」などの用法が生まれてきます。

この問題の意味は「**交換**」で，**This item is sold for 1,000 yen.**（この品物は1,000円で売られている）とあるように，1千万円と引き換えに土地を購入したとなります。他の意味にも「**（驚きの）基準**」の **He is smart for his age.**（彼は年の割りに賢い）などがあります。

....

4. 正答：over ＞ through

over は "above + covering" という「手の届かない上方にあり，辺り一面を覆う」という基本イメージから，**「上方を端から端まで覆い，支配して上回り→高所を乗り越えて，溢れ出して，やがて尽きる，→それが何度も繰り返される」**という全体的なプロセスを持ちます。そこから「〜を覆って，〜じゅうを，〜を越えて，〜より多く，〜を支配して，〜に優先して，〜しながら，〜をめぐって，繰り返して」などの意味へと派生します。

through は「端から端まで」という基本イメージから，**「最初からずっと続けて，→突き破ったり，苦労しながら横断し，→最後まで首尾よく辿りつく，至る所に広がる」**という全体的なプロセスを持ちます。そこから「終えて，〜の間中，〜の至る所を」などの意味へと派生します。

この問題では over と through のどちらも使えますが，over を使えば「騒音があなたの声にかぶさるように聞こえるため，あなたの声が聞こえない」，through だと「騒音を突き抜けてあなたの声が届いてこないから聞こえない」というニュアンスになります。

....

5. 正答：by（＞ from）

by は「人や物により引き起こされる」という基本イメージから，**「〜を通って，徐々に近くを通り過ぎ→ある時間までずっと継続し，→手段や基準に基づいて，引き起こされる」**という全体的なプロセスを持ちます。そこから，「〜に従って，〜に関しては，〜の差で，〜単位で，〜を通って，〜を使って，〜までに，〜の間に」などの意味へと派生します。

from は「ある地点から始まる」という基本的なイメージから，**「始点や元の状態から始まり，→離れたり，変化して，→終点に達する」**という全体的なプロセスを持ちます。

この問題では，外見を「判断基準」とする by が一般的です。外見を「判断の起点」にする from は少ないですが OK となります。

....

6. 正答：with

with は「一緒に関わり合う」という基本イメージから，**「特徴を持って，一緒に携帯・使用し →同時に関わり合って，感情や原因を伴い，→支持する，交換する」**という全体的なプロセスを持ちます。そこから「〜を含めて，〜に雇われて，〜と

同意見で，〜を持っている，〜を身につけて，〜に預けて，〜の状態で，〜が原因で，〜に対して，〜に関して」などの意味へと派生します。

　この問題では **honor** を持って卒業したわけで，**with** となります。ちなみに **with** には **in spite of ...**（〜にもかかわらず）という意味もあり，「彼の数々の欠点にもかかわらず」と言えば，**with all his faults** となります。

　in は「〜に中にいる」という基本イメージから，「〜の範囲内や期間内で活動に**従事して，さまざまな形態や感情を帯びて，最高潮に達する，流行る**」という全体的なプロセスを持ちます。そこから，「〜の状態で，〜に所属［従事］して，身につけて，〜の範囲で，〜に乗って，〜の点で，在宅して，流行して」などの意味へと派生します。

　「現金で支払う」は **pay in cash** となりますが，**in** は「**形態**」を意味し，いろいろ支払うものがある中で「現金（の形態）で」というニュアンスを持ちます。

　ということで **pay in gold [silver]**（〔対価として〕金［銀］で支払う），**pay in things**（〔お金の代わりに〕物で支払う）などがあります。また，**pay by cash** とも言えますが，使用頻度はかなり低くなります。

　一方の「クレジットカードで支払う」**pay by credit card** となり，**by** は「**手段**」の意味で「クレジットカード（の手段）で」というニュアンスになります。（×）**pay in credit card** は，商品とクレジットカードは交換できないので誤りの表現となります。

　死因を表す前置詞は，**of** と **from** があります。**of** は「**（病気を）内的に保有する原因**」を意味し，もう一方の **from** は「**遠因的に由来する原因**」を意味します。例えば，前者の **die of cancer [brain attack]** と言えば，「直接原因のガン［脳梗塞］を保有して死ぬ」という意味を持つのに対し，後者の **die from smoking [overwork]** は，「喫煙［働きすぎ］が死亡の遠因，間接原因となり病気にかかって死ぬ」という意味になります。ちなみに，事故で死ぬのは *be* **killed in an accident** で，いろいろ死亡する形態がある中で，事故という「**形態**」で亡くなるというニュアンスになります。

9. 正答：**under**

under は「～の下に，覆われて」という基本イメージから，「**～の下方に，覆われて，→法律や権力などで上から押さえられて，→影響を受ける，下働きする**」という全的なプロセスを持ちます。そこから，「覆われて，隠れて，下方に，未満で」の意味へと派生します。この問題では，「自分の本名を **pseudonym** [sjúːdənim]（偽名）で下に覆って隠して」という意味になります。

:::

皆さん，いかがでしたか？ 以下の7つの用法の例文で，日本語の「で」に対応する代表的な前置詞の用法をマスターし，発信力を高めましょう。

「で」の必須用法をチェック！

1. 動作の場所

- □ パーティーで会う → meet him **at** the party
- □ ロンドンで会う → see her **in** London

2. 手段・方法

- □ はしで食べる → eat it **with** chopsticks
- □ 電車で行く → go **by** train
- □ 日本語で書く → write it **in** Japanese
- □ ピアノで曲を弾く → play the tune **on** the piano：楽器に「力を加える」と発想
- □ 現金で払う → pay **in [by]** cash
- □ 乏しい予算で → **on** a small-budget：お金に「依存して」と発想
- □ ～という条件で → **on** condition that ...
- □ 望遠鏡［顕微鏡］で見る → look **through** a telescope [microscope]
- □ 彼のお陰で成功する → succeed **through** his help

3. 材料・材料

- □ 木でできている／ブドウでできている → made **of** wood ／ made **from** grapes
- □ 紙で包装する → wrap it **in** paper：「紙の中に包む」の発想

4. 原因・理由

- □ ガン<u>で</u>亡くなる　→ die **of** cancer：「ガンを持って死ぬ」の発想
- □ 事故<u>で</u>亡くなる　→ *be* killed **in** an accident：「事故の形で死ぬ」の発想
- □ 風邪<u>で</u>休んでいる［寝込んでいる］　→ *be* absent [**in** bed] **with** a cold
- □ スキャンダル<u>で</u>［をめぐって］辞職する　→ resign **over** the scandal
- □ 美しさ<u>で</u>知られている　→ known **for** its beauty：「ミュージシャン<u>で</u>知られている」なら "known **as** a musician"
- □ 無知<u>で</u>失敗する　→ fail **due to** [**because of, through**] ignorance
- □ ミス<u>で</u>　→ **by** mistake

5. 数量や単位

- □ 3 日<u>で</u>完成させる　→ finish **in** [**within**] three days
- □ ダース単位<u>で</u>売る　→ sell things **by** the dozen

6. 範囲

- □ クラス<u>で</u>一番背の高い生徒　→ the tallest student **in** the class

7. 状態

- □ 優等<u>で</u>卒業する　→ graduate **with** honors
- □ 温度は 27 度<u>で</u>ある　→ The temperature stands **at** 27℃.
- □ スミスという偽名<u>で</u>　→ **under** the name of Smith
- □ 抜き足差し足<u>で</u>　→ **on** tiptoe：「つま先に乗って」の発想
- □ 大声<u>で</u>話す　→ speak **in** a loud voice
- □ マイクという名<u>で</u>通っている　→ go **by** the name of Mike
- □ 苦痛<u>で</u>叫ぶ　→ cry **in** [**with**] pain

　次は助詞「に」に関する問題です。日本語につられないように注意してやりましょう。

（　　）に当てはまる前置詞を入れてください。

1. この番号に電話してください。

   Please call me (　　　　　) this number.

2. その町は大阪の南にある。

   The town lies (　　　　　) the south of Osaka.

3. 壁にはしごを立てかけた。

   I put up a ladder (　　　　　) the wall.

4. その老人は石につまずいた。

   The old man stumbled (　　　　　) a stone.

5. 子供たちは四方に走った。

   The children ran (　　　　　) all directions.

6. 所有者はその絵に高い値をつけた。

   The owner set[put] a high price (　　　　　) the painting.

7. 会議の後で，部長は従業員を仕事につかせた。

   The manager put employees (　　　　　) work after the meeting.

日本語の助詞と
英語の前置詞の多義性に
要注意！

1. 正答：**at / on / to**

at は「場所を正確に示す」という基本的なイメージから、「**ある場所や物事を目指して、一定期間活動し→そのプロセスの中で個々の数値や状態を示す**」という全体的なプロセスを持ちます。この問題では、**at** によって電話番号という、「正確な場所」を特定することになります。

2. 正答：**to / in / on**

to は「〜の方へ向かう」という基本イメージから、「**〜へ向かって進んで活動し、→接触して、直面して、→結果に至る、関係を示す**」という全体的なプロセス持ちます。そこから「方向、一致、結果、所属、比較（対応）」などの用法が生まれてきます。この問題では、**to** を使えば町が「大阪の南の方角」にあることを示し、**in** を使えば町が「大阪南部という囲われた地域の中にある」、on だと町が「大阪南部に接している」というニュアンスを持ちます。

3. 正答：**on > against**

この問題の **on** は「壁という表面に接触し支えられている」というニュアンスになります。

また、**against** は「敵対して、反対して」という基本イメージから、「**触れて、こすれて、→逆流の中を進んで、→反対される、守る**」という全体的なプロセス持ちます。そこから「敵対、競争、反感、影響、保護、背景、比較」などの意味へと発展します。この問題の **against** は壁にもたらせて「支える」という意味になります。

4. 正答：**on > over**

この問題の **on** は「接触」の on で「石にインパクトを持って接触する、表面にぶつかる」というニュアンスを持つのに対し、一方の **over** は「（ぶつかって）石の上をなんとか乗り越える」というニュアンスがあります。さらに **stumble on ...** は「〜に偶然出くわす」、**stumble over a word** なら「言葉にまごつく」、という意味へと発展します。

5. 正答：in

この問題の「全体」と「全体の中の一部」の両方の意味を併せ持つ in が当てはまります。方角を，『全体とその一部を示す広がり』と考えると in がピッタリの表現となります。

....

6. 正答：on　※ at は不可

問題の **on** は人を乗せるように「高い値段を車の上に乗せる」と考えよう。

....

7. 正答：to

to には結果に至るプロセスがあり，「（上司が）仕事の方へ指示や注意を呼び掛けることによって，（部下が）仕事を開始させる（結果に至る）」とイメージするとわかりやすくなります。また，**put her baby to sleep** も同様に，「（母親が）あやすなどして，赤ちゃんを寝つかせる（結果に至る）」というイメージになります。

....

　皆さん，いかがでしたか？　以下の 7 つの用法の例文で，日本語の「に」に対応する代表的な前置詞の用法をマスターし，発信力を高めましょう。

「に」の必須用法をチェック！

---

1. 時

□ 3 時<u>に</u>　→ **at** three
□ 1945 年<u>に</u>　→ **in** 1945
□ 土曜<u>に</u>　→ **on** Saturday

2. 存在・帰着の場所

□ 日本<u>に</u>　→ **in** Japan
□ 駅<u>に</u>着く　→ arrive **at** [get **to**] the station

---

3. 対象

- □ 人に玉を投げつける　→ throw a ball **at** the person
- □ 人に玉を投げてやる　→ throw a ball **to** the person
- □ 酒に税金を課す　→ impose a tax **on** alcoholic beverages
- □ 子供に影響を与える　→ have an influence [effect/impact] **on** the children
- □ 子供におもちゃを買う　→ buy a toy **for** the child
- □ 彼らに共感する　→ sympathize **with** them
- □ 壁に耳を当てる　→ place *one's* ear **against** the wall
- □ 壁にもたれる　→ lean **against** the wall
- □ 子供に厳しい　→ strict **with** children
- □ 核心に触れる　→ get **to[at]** the heart of the matter
- □ 彼に失望する　→ *be* disappointed **at [with in]** him
- □ 彼女に相談する　→ turn **to** her for advice ／ consult **with** her
- □ 規則に従う　→ abide **by** [stick **to**] the rule
- □ みんなに知られている　→ known **to** everyone
- □ 旅行にカメラを持っていく　→ carry a camera **on** a trip

4. 与えて

- □ 演技に感動する　→ *be* impressed **by [with]** the performance
- □ リウマチに苦しむ　→ *be* afflicted **with** rheumatism
- □ 景気低迷に苦しめられる　→ *be* plagued **by** economic stagnation

5. 変化の結果

- □ 怪物に変身する　→ turn **into** a monster

6. 原因・理由

- □ ひどい咳に苦しむ　→ suffer **from** a serious cough
- □ 知らせに驚く　→ *be* surprised **at** the news

7. 目的

- □ 見物に　→ **for** sightseeing

　次は助詞「の」に関する問題です。日本語につられないように注意してやりましょう。

「の」に関する前置詞のクイズにチャレンジ！

（　　　）に当てはまる前置詞を入れてください。

1. 彼女は社長の秘書である。

   She is (a) secretary (　　　　) the president.

2. 彼は東北大の教授である。

   He is a professor (　　　　) Tohoku University.

3. 彼女の指の指輪は金製である。

   The ring (　　　　) her finger is gold.

4. 脚のけいれんを起こした。

   I've got a cramp (　　　　) my leg.

5. そのあごひげの医者の名前は吉田です。

   The doctor (　　　　) a beard is named Yoshida.

6. 寝たきりの親の世話をするのは大変だ。

   It's hard to care (　　　　) a bed-ridden parent.

7. 夏目漱石の小説を5冊持っている。

   I have five novels (　　　　) Natsume Soseki.

8. 地球温暖化の問題は深刻である。

   The problem (　　　　) global warming is very serious.

9. その神社はこの通りのどこかにある。

   The shrine is somewhere (　　　　) the street.

1. 正答：**to** ※ **of** は不可

to は **of** と違って遠近感のある「〜に向かって結びつく」と「関わりがある」という意味があり，ここでは「〜の下で働く」意味になります。この **to** は社長に向かって付き添い，社長に関わった仕事をすると覚えましょう。

of の「**所有**」や「**特徴**」の意味を持つので，（×）**a secretary of the president** の用法は誤りとなりますが，社長という「人」ではなく，会社などの「組織」になれば OK で（○）**a secretary of the company**（会社秘書）と言うことができます。この場合も **to** も当てはまりますが，**of** の方が圧倒的に多く使われます。

2. 正答：**at** [**of, in**]

at は「特定の定まった場所，常に活動する場所」，**of** は「所属」，**in** は「〜の中で」の意味で使われます。

3. 正答：**on**

指輪をつける指に対しては，「表面に触れて，面に支えられて」という意味の **on** が使われます。また，**a blister on his foot**（足のまめ），**a bump on his head**（頭のたんこぶ）と体の表面にできたものにも **on** を使います。

4. 正答：**in** ＞ **on**

crump（けいれん），**lump**（しこり）など体の「内部」で起こる症状には **in** が使われますが，「影響を受ける場所」を意味する **on** も使われます。

5. 正答：**with**

with には「所有物，特徴，性質を持つ」という意味があり，ここではあごひげの特徴を持つ意味で使われています。

6. 正答：**for**

for には「人や物事の手助けをする」という意味があります。類似表現になる **take care of** = **look after** も覚えておこう！

7. 正答：by　※世界級の有名人になると of が圧倒的に使われる

　本・映画・音楽などの「作品」などに「人の名前」を目的語にして by を用いると「～作の」という意味になります。しかし，世界級の有名人になると，by ではなく the paintings of Van Gogh（バン・ゴッホの絵）とあるように，of が圧倒的に多く使われるようになります。国内級の有名人には大体 by が使われます。

8. 正答：of / with

　この問題の of は特定の事象を一般化する「同格」の意味で，the problem of global warming（温暖化という問題）は，『温暖化そのものを問題と考える』というニュアンスを持ちます。これに対して，with の意味は「関連」で，the problem with global warming（温暖化に関連する問題）と，事象を関連させて『温暖化も問題だが，さらに他にも関連する問題がある』というニュアンスがあります。それぞれ異なる意味になるので，注意が必要です。

9. 正答：along / on

　along は「ライン上を末端まで移動する」という基本イメージから，「ライン上を移動したり，長いものに沿ってラインを形成して→はるばるある場所まで辿り着く」という全体的なプロセスを持ちます。

　この問題の along は「ずっと続く長い道に沿ってあり，距離感がある」というニュアンスを持つのに対し，on では単に「道に接する」という場所を示すだけで，along と違って距離感はありません。

　皆さん，いかがでしたか？　以下の 7 つの用法の例文で，日本語の「の」に対応する代表的な前置詞の用法をマスターし，発信力を高めましょう。

「の」の必須用法をチェック！

1. 存在・所属・所有

- □ 空**の**星　→　stars **in** the sky
- □ 委員会**の**メンバー　→　a member **of [on]** the committee
- □ 東京大学**の**生徒　→　students **at** Tokyo University
- □ 駐米大使　→　an ambassador **to** the U.S.
- □ US テーブル**の**脚　→　the legs **of** the table
- □ 脚**の**筋肉　→　muscles **in [of]** my legs
- □ 規則**の**例外　→　exceptions **to** the rule：規則に「対して［引っ付いて］」と発想
- □ 湖畔**の**家　→　a house **on [by]** the lake
- □ ドア**の**鍵　→　the key **to** the door：ドアの一部ではなく「ドアに引っ付く［はめられる］もの」と発想

2. 動作主：一般から国内の有名人は by で，世界の有名人は of

- □ 夏目漱石**の**小説　→　novels **by** Natsume Soseki
- □ ピカソ**の**絵　→　paintings **of** Picasso

3. 動作の対象

- □ 事件**の**正確な記録　→　an accurate description **of** the case
- □ 姫路城**の**印象　→　impressions **of** Himeji Castle
- □ 事故**の**報告　→　reports **on [about, of]** the accident

4. 時

- □ 今日**の**フレーズ　→　phrases **of** the day

5. 数量

- □ 一杯**の**ビール　→　a glass **of** beer
- □ 多く**の**食べ物　→　plenty **of** food

6. 同格

- □ 高齢化**の**問題　→　the problem **of** aging

7. 特徴

- □ 高い鼻**の**女性　→　woman **with** a long nose

次は助詞「を」に関する問題です。日本語につられないように注意しましょう。

「を」に関する前置詞のクイズにチャレンジ！

（　　）に当てはまる前置詞を入れてください。

1. 本の 50 ページを開いてください。

   Open the book (　　　　) page 50.

2. 日本の伝統を捨ててはいけない。

   Don't break (　　　　) Japanese tradition.

3. 彼女はその物乞いを哀れんでいる。

   She has pity (　　　　) the beggar.

4. その子は母親の腕をつかんだ。

   The child caught his mother (　　　　) the arm.

5. 話すときは私の目を見てよ。

   Look me (　　　　) the eye when you are talking to me.

6. ボスはきみを高く評価している。

   The boss thinks highly (　　　　) you.

7. 彼女は彼との婚約を破棄した。

   She broke (　　　　) her engagement to him.

1. 正答：**to** > **on** > **at**

to はアメリカ英語で多く使われ「～ページまでめくって行く」という意味を持ち，**at** はイギリス英語で多く使われ「～ページの正確な位置」を示します。さらに **on** であれば，「～という特定のページに」というニュアンスがあります。

2. 正答：**with**

with のない **break Japanese tradition** は「伝統を破壊する」という意味になってしまいます。**break with** の **with** は「所有・関係・状態」などを意味しますが，「今まで保有し背負ってきた長い伝統のしらがみや関わりをやめる」とイメージするとわかりやすくなります。

3. 正答：**on** > **for**

have pity on ... は「気の毒に思い施しをする」とあるように，**on** は対象者にまで「影響」を及ぼします。一方の **have pity for ...** は「気の毒に思うだけ（で施しはせず）」とあるように，**for** は対象者に「感情を向ける」のみになります。

4. 正答：**by**

by は人の体や物を「手でつかむ」ときに使われます。体の部位によって前置詞は異なり，「彼の顔をなぐる」なら **hit him in the face** となります。

5. 正答：**in** ※ **on** は不可

例文は，恐れずに，真実を話すときに使われるものですが，目などの前置詞は **face** と同様に「全体と全体の中の一部」を意味する **in** が使われます。また，「彼女のほっぺたにキスをする」なら **kiss her on the cheek** と「表面に触れる」という意味の **on** が使われます。

6. 正答：**of**

of は「特徴・性質・状況」などの意味がありますが，**think highly of ...** の意味は of を介在して「人の持つ「特徴・性質」が非常に素晴らしく尊敬する」という意味になります。他に「～を重視する」の表現には **place [put, lay] emphasis**

on ...《on は「影響」の意味》, **attach importance to ...**《to は「方向」の意味》などがあり前置詞が変わってきます。

....

7. 正答：**up / off**

off は「〜から離れて」という基本イメージから，「**出発して，〜から離れて，取り除かれ，→下がって，減って，調子が変になり，→休む，中止する**」という全体的なプロセスを持ちます。そこから，「出発して，休んで，減って，はずれて，中止して，消えて，すっかり」などの意味へと派生します。**off** の場合は「婚約関係から離れる」と考えましょう。一方の **up** では「上へ」という基本イメージから，「**下方から上方へ，北へ，離れて，→どんどん近づき，増えて，→止まる，分かれる，尽きる**」という全体的なプロセスを持ちます。そこから「出現して，高まって，尽きて，停止して，完全に」などの意味へと派生します。**up** の場合は「婚約関係が尽きてなくなる」と考えます。

....

皆さん，いかがでしたか？　以下の例文で，日本語の「を」に対応する代表的な前置詞の用法をマスターし，発信力を高めましょう。

「を」の必須用法をチェック！

□ トラックに荷物**を**積む　→ load baggage **on** a truck
□ ナイフの柄**を**握る　→ seize the knife **by** the handle
□ 名前［顔］**を**知っている　→ know the person **by** name[sight]
□ 国**を**支配する　→ rule **over** the country
□ 社長**を**操つる　→ have control **over** the president
□ 彼の頭**を**たたく　→ hit him **on** the head
□ 電車**を**降りる　→ get **off** the train
□ 川**を**泳ぐ　→ swim **in** the river
□ 橋**を**渡る　→ get **across** the bridge

次は助詞「から」に関する問題です。日本語につられないように注意してやりましょう。

（　　）に当てはまる前置詞を入れてください。

1. 彼は階段**から**ころげ落ちた。

   He fell (　　　　　) the stairs.

2. 子供たちは裏口**から**入った。

   The children entered the house (　　　　　) the back door.

3. 平常価格**から**30％割り引きました。

   We have taken 30% (　　　　　) the usual price.

4. 彼は重責**から**解放された。

   He was relieved (　　　　　) a heavy responsibility.

5. その計画は資金不足**から**失敗した。

   The project failed (　　　　　) lack of funds.

6. 彼女は信念**から**その仕事を引き受けた。

   She took on the job (　　　　　) principle.

7. 窓**から**手を出さないで。

   Don't stick your hand (　　　　　) the window.

「から」も from だけではなく
さまざまな前置詞があります

解答&解説

1. 正答：down ※ off, from は用法的に可

down は「下へ，下方へ」という基本的なイメージから，「**下方へ，南へ，離れて，→ずっと進んで，伝わり，→減る，倒れる，停止する，→片付ける，書き留める，予定されて**」という全体的なプロセスを持ちます。そこから，「下がって，意気消沈，南へ，至るまで，書き留めて，予定されて，頭金として，不足して，押さえつけて，減じて，完全に，本気で」などの意味へと派生します。

「から」につられて **off** や **from** を入れたくなりますが，**fall off** や **from** の場合は階段などからパッと落ちてしまうので，階段をゴロゴロと転がる場合には **down** がピッタリです。

2. 正答：by / through

by は「道や入り口やドアなどを通過して場所に到着する」というニュアンスで，一方の **through** は「入り口や通路などの端から端まで通って」というニュアンスになります。

3. 正答：off ※ from は不可

この問題の **off** は「ある金額を値引きする」という意味になります。

4. 正答：of

of の持つ「特徴・性質・状況」「所有」「所属」「構成部分」「内容物」といった意味から，動詞の力によって「分離させる」という表現方法になります。例を挙げると，**rob [deprive, clear, cure, divest, bereave, strip, rid, purge, empty]** *A* **of** *B*（AからBを奪う［取り除く］）など，**strip him of the title**（彼からタイトルを剥奪する《「所有」の of》）や **purge the country of immigrants**（国から移民を排除する《「所属」の of》）のように，A《所有者》からB《属性》を「分離させる」という発想になります。

5. 正答：for, due to ＞ through

for と **through** いずれも「原因」の意味ですが，前者の **for** にはさらに「結果」の意味もあるので，『資金不足が失敗の原因結果』というニュアンスを持つのに対し，

後者の **through** は使用頻度が少ないものの『資金不足の状態に陥り四苦八苦する プロセスを経て失敗』というニュアンスがあります。

....

6. 正答：**on**

on には「自らの体の一部を地面で支える」という意味のように，『自分の (principle) 信念を支えにして』と考えるようにしましょう。

....

7. 正答：**out of，out** ※ **from** は不可。**through** は用法的に可

out of は「〜から，〜に由来する」という基本イメージから，「**〜の由来から出発して，構成し，→やがて中心から離れて，→含まれない，機能しない，不足する**」という全体的なプロセスを持ちます。この問題の **out of** は「中心部や端から離れて」という意味で「窓から離れて」というような意味になります。

....

皆さん，いかがでしたか？　以下の４つの用法の例文で，日本語の「から」に対応する代表的な前置詞の用法をマスターし，発信力を高めましょう。

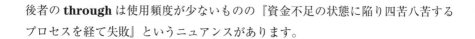

「から」の必須用法をチェック！

---

1. 起点・始点

☐ 友人**から**情報を得る　→ get the information **from [through]** friend of mine
☐ 太陽は東**から**昇る　→ The sun rises **in** the east：「東の方から」昇ると発想
☐ 情報源**から**情報を得る　→ get information **at** its source
☐ 切手が封筒**から**外れる　→ The stamp came **off** the envelop.
☐ この靴は 10 ドル**から**各種ある　→ These shoes start **from** $10.

2. 原料・材料

☐ 経験**から**学ぶ　→ learn **from** experience
☐ ワインはぶどう**から**作られる　→ The wine is made **from** grapes.：原料の性質が変わる「**原料・由来**」の **from**

□ 像は石**から**作られる　→　The statue is made **of** stone.：原料の性質がそのままの「**性質**」の **of**

□ みかん汁と砂糖と水**から**できている　→　made **of** orange juice, sugar, and water：原料が構成物になる「**構成部分**」の **of**

□ おもちゃはプラスチックでできている　→　The toy is made **out of** plastic.：原料の性質がそのままの「**原料・材料**」の **out of**

□ 卵でできたケーキ　→　cake made **with [of]** eggs：「**材料の一部**」の **with**

3. 原因・理由

□ 寒い**から**震える　→　shiver **from [with, in]** cold

□ 人材不足**から**失敗する　→　**for** lack of labor

□ 好奇心**から**　→　**out of** curiosity

□ 罪悪感**から**　→　**out of [from]** a sense of guilt

□ 哀れみの気持ち**から**　→　**out of** pity："out of" の方が "from" より「動機」の気持ちが強い

4. 観点・根拠

□ 経験**から**話す　→　speak **from** experience

□ 空模様**から**判断して　→　judging **from** the look of the sky

□ 若いということ**から**　→　**on** the grounds of youth

その他，「〜が」「〜次第」「のために」「〜にしては」「〜により」「〜まで」「〜までに」「〜より」に相当する重要な前置詞をまとめておきます。

〜が

□ お金**が**ない　→　*be* short **of** money

□ パワー**が**欠けている　→　*be* lacking **in** power

□ 理性**が**欠けている　→　*be* devoid **[destitute] of** reason
《形容詞によって前置詞が変わる点に注意！》

〜次第（〜するとすぐ）

□ 要求があり**次第**　→　**on** demand, **upon** request《「〜に依存して」の延長》

～のために

- [ ] 自己防衛の**ために**戦う　→　fight **in [for]** self-defense《自己防衛が目的というより「自己防衛する中で」と発想しよう》

～のわりに

- [ ] 歳**のわりに**若く見える　→　look young **for** *one's* age

～により（よって）

- [ ] 意見は人**により**違う　→　Opinions differ **from** person **to** person.
- [ ] 給料は技能**によって**異なる　→　Salary varies **with[according to]** skill.

～まで

- [ ] 10**まで**数える　→　count **to** ten
- [ ] 最後の一滴**まで**飲み干す　→　drink **to** the last drop
- [ ] 彼が来る**まで**待つ　→　wait **until** he comes

～までに

- [ ] 来週**までに**仕上げる　→　finish it **by** next week

～より

- [ ] 何**よりも**家庭を優先する　→　put *one's* family **before** anything else
- [ ] 自分**より**３つ年上　→　three years senior **to** me

　さて皆さんいかがでしたか？　日本語の「助詞」も英語の「前置詞」も奥が深いでしょう。それではこの他にも重要な「前置詞」の用法を補足しておきましょう。

基礎力 UP 編 20

「日本事象」英語発信力強化法はこれだ！

前置詞別「重要例文」をマスター！

　それでは最後に前置詞別に重要な前置詞の例文を挙げますので，音読してマスターしましょう。

on の重要例文

- □ I'm **on the team**. （私はチームのメンバーだ）
- □ It's **on me**. （私のおごりだ）
- □ I'm **on it**. （私もそれをやる）
- □ I **borrowed money on my house** as a security. （私は家を担保にお金を借りた）
- □ Green is **easy on the eye**. （緑は目にやさしい）

off の重要例文

- □ My apartment is just **off the main road**. （私のアパートは表通りから少し外れたところにあります）
- □ The weather forecast for today **was off**. （今日は天気予報が外れた）
- □ Local radio goes **off the air** at midnight. （地方ラジオは深夜で放送が終わる）
- □ His remarks are **off the point**. （彼の発言はずれている）

at の重要例文

- □ I'll be **at your service**. （何でもいたします）

in の重要例文

- □ **What's in it for me**? （私に何の得があるの？）
- □ Are you **in line**? （並んでいらっしゃるのですか）

with の重要例文

- □ The president **is preoccupied with** competing with rivals. （社長はライバルとの競争で頭がいっぱいだ）
- □ Salary **varies with skill**. （給料は技能によって異なる）

□ Don't **leave** him **with** the key.（彼に鍵を預けるな）

of の重要例文

□ The doctor **cured** him **of** his illness.（医者は彼の病気を治した）

□ The boss **relieved** him **of** his duties.（上司は彼の職務を免除した）

□ The company **is short of** funds.（その会社は資金不足である）

□ The dish **smells of** garlic.（その料理はニンニクのにおいがする）

over の重要例文

□ Let's discuss the matter **over lunch**.（昼食を食べながらそのことを話し合おう）

around の重要例文

□ Karaoke **has been around** for more than twenty years.（カラオケが生まれてから 20 年以上がたちます）

□ I'll **be around** when you need me.（その辺にいますから御用のときはどうぞ）

through の重要例文

□ I'm **hallway through** Chapter 4.（第 4 章の半分を終えたところです）

□ Could you **let me through**?（通していただけませんか）

up の重要例文

□ Power failed **from the ninth floor up**.（9 階から上が停電になった）

between の重要例文

□ I'm **between jobs**.（現在，失業中です）

against の重要例文

□ Your age is not **against you**.（年齢はきみにとって不利ではない）

□ This house **is insured against fire**.（この家は火災保険に入っている）

by の重要例文

□ She always **works by the rules**.（彼女はいつも規則に従って働く）

beyond の重要例文

☐ The problem child is **beyond help**. （その問題児は救いようがない）

☐ That is far **beyond our reach**. （それは我々には高嶺の花だ）

☐ The patient is **beyond recovery**. （その患者は回復の見込みがない）

for の重要例文

☐ **It's warm for March**. （3月のわりには暖かい）

☐ Guests **were dressed for the occasion**. （ゲストたちはその場にふさわしい服装をしていた）

☐ He **made an appointment for seven o'clock**. （彼は7時に会う約束をした）

☐ She **has a check for $100**. （彼女は100ドルの小切手を持っている）

to の重要例文

☐ They **danced to the music**. （彼らは音楽に合わせて踊った）

☐ There are **exceptions to the rule**. （規則の例外がある）

☐ The yen stood at about **90 yen to the dollar**. （円は1ドル90円だった）

about の重要例文

☐ **A woman about my height** caught my eye. （私とほぼ同じ身長の女性に目を奪われた）

> 以上で前置詞のレッスンはすべて終了です。
> あとは繰り返して練習してマスターしましょう。
> Let's enjoy the process!

「日本事象」英語発信力強化法はこれだ！
その他のスピーキング力UP文法テクニック！

英文法に関して，この他の注意点には次のものがあります。

> 英語は「**比較の概念**」に関して厳密であるが，
> 日本語はそうではない場合が多い。

例えば，日米の物価について話し合っているときに，Commodity prices are high in Japan. （日本の物価は高い）と言うと，「アメリカの物価は（総じて）安い」という意味合いになります。「アメリカに比べて安い」と言いたいときは，**Commodity prices are <u>higher</u> in Japan (than in the US).** のように「**比較級**」をつけて言わなければなりませんが，大抵の日本人英語学習者は，スピーキングでもライティングでもこの比較級をつけるのを忘れてしまいます。とにかく2つのものを比較しながら述べているときは，日本語の発想につられず，「比較級」をつけるように心がけましょう。

> 英語は接続詞（**connective**）の使い方が非常に「**論理的**」であるが，
> 日本語では「**潤滑油的役割**」を果たす場合が多い。

英語を話すときは，日本語の「接続語」につられないようにしましょう。日本語の「〜ですから，だから，〜ですが，〜ならば」などは必ずしも因果関係や逆説や仮定を表すのではなく，「**強調**」や，会話の語気を緩和する「**潤滑油**」的な役割をしている場合が多いので，英語を発信するときには日本語の感覚につられないように十分注意する必要があります。

例えば，「傘を返します**から**貸してください」を，Please lend me your umbrella because I will bring it back to you. とすると変な英語になってしまうでしょう。それは借りたものを返すのは当たり前で，傘を借りる理由にならないからです。**I promise to bring it back to you.** とか **I will definitely bring it back to you.** のように because を省いて強調しなくてはなりません。

また，英語に自信のない人が英語圏に行くのを迷っているのに対して，「アメリ

カへ行ったら何とかなるさ」を，If you go to America, it's going to be fine [you will survive]. とやっても論理的ではなく，「どうしてそんなことがわかる」と言われてしまいますね。英語の発想で言うと，**Go to America and worry later.** となります。

英語は「**受動態（the passive voice）**」よりも「**能動態（the active voice）**」を用いる傾向が強いが，日本語は「**受動態**」を用いる傾向が強い。

　日本語の「だれにも見つかるなよ」「寒さに負けるなよ」が，英語ではそれぞれ let を用いて，**Don't let anybody see you.**，**Don't let the winter cold beat you.** ／ **Brave the winter cold.** のように「能動態」を用います。また，日本語の「給料を上げてもらったよ」は，英語では I got a raise. と「能動態」で表現するのが普通です。「山が見える」にもしても，The mountain can be seen. ではなく，I can see the mountain. となります。英語の受動態は，行為の主体がわかりにくいか言いたくないときに用い，日本語のようにやみくもに用いないことに要注意です。

英語は「**否定形（negative forms）**」よりも
「**肯定形（affirmative forms）**」を用いる比率が日本語より多い。

　例えば日本語の「～しないように」は，in order to や so as to の「否定形」を使って in order [so as] not to hit the car とするより，**avoid** を用いて **in order to avoid hitting the car** とか **in order to avoid the collision** のように「肯定形」としたほうが英語らしくなります。英語は相対的にダイレクトでダイナミックな（action-oriented）言語文化を持っているのです。

　さて皆さんいかがでしたか？　このように英文法の知識を深め，さまざまなパターンを駆使することによって，日本文化発信力を数段 UP することができます。
　それでは皆さん，明日に向かって英悟の道を，

Let's enjoy the process!（陽は必ず昇る）

「日本事象」
英訳トレーニングに
チャレンジ！

Photos in this chapter: Licensed under Public Domain via Wikimedia Commons

実践トレーニング編 1
「日本事象」英訳トレーニングにチャレンジ①

名詞前後の修飾表現のバランスを考えて
日本事象を説明してみよう！

　ここでは日本事象を説明するテクニックを会得していただきましょう。まず，核となる「カテゴリ」を決め，それを前と後からバランスをとりながら，修飾語を加えて，特徴（形状・材料，目的など）を説明し，全体の意味を明確にします。修飾パターンには，形容詞，現在分詞，過去分詞，ハイフン表現などを名詞の前に配置する「前置修飾パターン」と，前置詞句，現在分詞，過去分詞，関係詞節を名詞の後に配置する「後置修飾パターン」があります。

　「前置修飾」の一般的な順序は以下のようになっています。

◎前置修飾パターン例

意見　→　大小 → 新旧 → 形状 → 色 → 起源　→　材料 ＋ 名詞
beautiful small old square white Japanese paper boxes
（美しい小さな四角の白い日本製の紙の箱）

　こんなに多くの修飾語を名詞の前に一度に置くことは普通ありませんが，目安として上の順序を確認しておいてください。もちろん例外もあり，修飾される名詞と結び付きの強い修飾語は名詞の直前に配置することになっています。

　前置修飾は，「箸置き」a chopstick rest，「お好み焼き」a Japanese-style pancake，「神棚」a household Shinto altar（家にある神道の祭壇）など，どれも比較的短く表現したいときに使います。

　次に名詞の後ろに，関係詞や分詞，前置詞句，不定詞を置く，「**後置修飾**」を見てみましょう。

◎後置修飾パターン例

「小豆がトッピングされているケーキ」の表現には，以下の3通りの修飾の仕方
があります。

1. a cake that is topped with azuki beans
   名詞 ＋ 関係詞

2. a cake topped with azuki beans
   名詞 ＋ 過去分詞

3. a cake with azuki beans on
   名詞 ＋ 前置詞句

　前置修飾と後置修飾のバランスをいかに取るかは，通訳者や翻訳者の腕の見せど
ころとなります。では，以下の問題にチャレンジしながら，修飾表現をバランスよ
く配置させた説明の仕方を会得していただきましょう。

ここがポイント！

修飾表現の前後のバランスに要注意！

修飾表現＋ カテゴリ ＋修飾表現

ＸＸＸ ＋ 名詞 ＋ ＹＹＹ

例題 1　「狛犬」を，修飾表現のバランスに気をつけながら，英語で説明し
てみましょう。

◎ STEP 1　カテゴリを決める

狛犬は神社（時に寺院）の入り口で鎮座する石の犬の像ですから，カテゴリは，「犬（**dogs**）」ですね。

◎ STEP 2　修飾語①「特徴（材料・形状）」を述べる

次に，上で決めたカテゴリに，前後からバランスよく修飾語をつけて説明していきます。まず**特徴（材料・形状）**の説明です。狛犬は，「**石でできており**」（**made of stone**）【**後置修飾**】，必ず左右一対（**a pair of**）で置かれている【**前置修飾**】ので，

---

a pair of | dogs | **made of stone**

と説明できます。また，より正確には，狛犬は「**石に彫られた一対の犬**」なので，a pair of dogs **carved out of stone** となりますが，これはワンランク UP の表現です。

◎ STEP 3　修飾語②「目的」を述べる

次に狛犬を置く「目的」は「**魔除け**」です。ここでの魔除けとは「**災い（不幸や邪悪な力）から神社（寺院）を守る（protect a shrine [temple] from [against] evil）**」ことなので，不定詞を使う場合は，後ろから修飾し，

---

a pair of | dogs | made of stone **to protect a shrine [temple] from [against] evil**

となります。この「悪霊」は evil が最もよく使われますが，その他に，強調したければ **the evil** や **evil spirits** で言い換えることもできます。また from の代わりに **against** を使うと，悪霊に「**対抗する**」意味合いが強まります。guard を使って，**to guard against evil** ということも可能です。「**悪霊を追い払うため**」**to drive**

away evil も定番の表現ですので，言えるようにしておきましょう。

「狛犬」の説明バリエーションはこれだ！

a pair of [dogs] made of stone
- to protect a shrine from [against]
- to guard against
- to drive away

目的

- (the) evil
- evil spirits

上に紹介したのは，通訳ガイドが現地で説明する，**話し言葉的な表現**でしたが，パンフレットで使われるような格調高い**書き言葉**で言い換えてみましょう。素材の部分を **stone-carved**（《形》石で彫られた）とし，目的の部分を，**guardian**（《形》守護する）を使い，**stone-carved guardian dogs** と引き締まった格調高いバージョンができました。さらに，置かれる場所を追加し完成です。

ワンランク UP！

「狛犬」の格調高い説明はこれだ！

a pair of stone-carved guardian [dogs] at shrines and temples

ちなみに，「狛犬」を説明する際に，**一回目**はこの長い**説明訳**を，**二回目以降**は，**Shinto (or temple) guardian dogs** と**短い表現**を使うと，説明がスムーズに運び，完璧です。長い説明文と簡略版の双方を使えるようにしておきましょう。

例題2	「お守り」を，修飾表現のバランスに気をつけながら，英語で説明してみましょう。

解答&解説

◎ STEP 1　カテゴリ　《前置修飾＋名詞》

「お守り」とは，「災難を逃れるため身につける」もので，ずばりカテゴリは **charm** です。charm とは「首からぶら下げたり，ブレスレットとして身につけ，幸運を呼ぶもの」なので，ぴったりですが，charm は多義語で，まず「魅力」という意味を思い浮かべるため，クリアにするために good-luck を前につけます。

◎ STEP 2　修飾語　特徴（材料・形状）《後置修飾》

お守りは，小さな布袋の中に小さな紙や木，布が入っていますので，

made of a piece of paper, wood, or cloth in a small pouch

となります。今回は後ろから，修飾表現を置きます。

◎ STEP 3　修飾語　特徴（目的）《後置修飾》

お守りの目的は，邪気を寄せ付けないこと（病気，事故・災難などから人々を守ること）なので，to ward off evils [to protect people from illness, accidents and disasters] を，一番最後につけます。

「お守り」の説明バリエーションはこれだ！

a ①**good-luck [lucky]** **charm** ②*made of a piece of paper, wood, or cloth in a small cloth pouch* ③**to ward off evils** [③**to protect people from illness, accidents and disasters**]

短いバージョンは，**lucky charm** または **good-luck charm** となります。ちなみに，英語ネイティブなら，**talisman**（魔力があり幸運を運ぶ指輪や石をさす）や **amulet**（邪気や病気などの災いから守る飾りや小さな宝石をさし，日本語の「魔除け」に近い）などといっても OK です。ワンランク UP 表現として，具体的な目的として，学業成就（**academic success**），交通安全（**traffic safety**），商売繁盛（**business prosperity**），病気平癒（**recovery from illness**），安産祈願（**safe child-birth**）などを紹介すると喜ばれるでしょう。

それでは，日本事象英訳トレーニングにチャレンジしていただきましょう。

日本事象英訳トレーニング①

問題　以下の日本事象を英訳してください。
1. カツ丼　　　　2. 柏餅　　　3. ざるそば

解答&解説

それぞれ下線の語が，核となる「カテゴリ」を表しています。前後の修飾のバランスに気をつけながら，解答を見てください。

1.	カツ丼	a bowl of <u>rice</u> topped with deep-fried pork cutlets

カツ丼は「丼物」の一種で，丼物とは，丼にライスが入っているものですから，カテゴリは rice です。トッピングが，deep-fried pork cutlets（揚げたポークカツ）ですから，topped with ...（〜を上に載せた）を使って上のように言うことができます。この topped with を使って，ちらし寿司や鉄火丼を英訳してみましょう。

□	ちらし寿司	vinegared <u>rice</u> **topped [mixed] with** fish, vegetables, and various other ingredients

□	鉄火丼	a bowl of <u>rice</u> **topped with** thinly sliced tuna

▼第2章「日本事象」英訳トレーニングにチャレンジ！

| 2. | 柏餅 | an **oak leaf-wrapped** <u>rice cake</u> **containing sweet bean paste** |

柏餅とは，**柏の葉で包まれている**（**oak leaf-wrapped**）**餅**（**rice cake**）で，中に **sweet bean paste**（餡子）が入っているので，containing を使って上のように表現します。このようにハイフンをうまく使うと，引き締まった表現となります。また，前後の修飾を逆さにして，a sweet bean paste-containing <u>rice cake</u> *wrapped in an oak leaf* のように説明することもできます。

このような過去分詞の後置修飾をもう少し練習してみましょう。「年越しそば」と「吟醸酒」の英訳はどうなりますか？

| ☐ | 年越しそば | buckwheat <u>noodles</u> **eaten on New Year's Eve** |

カテゴリである麺（**noodles**）の後ろに，**大晦日に食べられる**（**eaten on New Year's Eve**）を置き，前には，素材である **buckwheat**（蕎麦）を置きます。

| ☐ | 吟醸酒 | quality <u>sake</u> **brewed from the finest rice** |

カテゴリの **sake**（酒）の後ろには「材料と作り方」**brewed from the finest rice**（**最高級の米から醸造された**）を，前には「**良質の**（**quality**）」という特徴を置きます。

| 3. | ざるそば | **cold buckwheat** <u>noodles</u> **with a dipping sauce** |

ざるそばのカテゴリは麺（**noodles**）で，つゆが一緒に出されますので，後ろに，with a dipping sauce と前置詞句を置きます。また，前には，「材料」の蕎麦と，冷たい（cold）状態で出されるという「特徴」を述べます。

このように，前置詞句を後置するパターンを「おひたし」と「鍋焼きうどん」を例に練習してみましょう。

| ☐ | おひたし | boiled <u>greens</u> **with soy sauce dressing** |

おひたしは，**葉野菜**（**greens**）がカテゴリです。**茹でられた**（**boiled**）という「調理方法」を前に置き，**醤油ドレッシング付**（**with soy sauce dressing**）という「味付け」を前置詞句で後ろに置いています。

□　**鍋焼きうどん**　pot-boiled <u>noodles</u> **with various ingredients**

　カテゴリは**麺**（**noodles**）で，**鍋で茹でられた**（**pot-boiled**）という「調理方法」を前に置き，「材料」を **with various ingredients**（さまざまな食材が入った）という前置詞句を後ろに置いて表現しています。

　いかがでしたか？　カテゴリの前後に，バランスよく修飾語句を置くテクニックに慣れてきましたか？　残りの問題に進む前に，よく使う修飾表現をまとめてご紹介しましょう。

　前からの修飾は，形状・性質を表す場合が多く，ハイフンを有効に使って引き締めることができます。例えば次のようなものです。

□ **garlic-flavored** soup（ガーリック味のスープ）
□ **hand-rolled vinegared** rice（手巻き寿司）

　後から修飾する場合は，関係代名詞，不定詞，分詞などを用いて付け足して行きます。例えば，分詞では次のようなものがあります。

A **stuffed with** *B*............（B が詰まった A）
A **mixed with** *B*..............（B が混ざった A）
A **flavored with** *B*..........（B の風味をつけた A）
A **seasoned with** *B*........（B で味付けをした A）
A **wrapped in [with]** *B*...（B で巻いた A）
A **containing** *B*..............（B を中に含んだ A）
A **featuring** *B*.................（B を特集にした A）
A **characterized by** *B*....（B を特徴とする A）
A **caused by** *B*................（B によって引き起こされる B）
A **associated with** *B* ／ *A* **related to** *B*......（B に関連した A）
A **described as** *B*...........（B と描かれている A）
A **covering** *B*..................（B をカバーする A）
A **involving** *B*.................（B を巻き込んだ A）

これらの表現を意識して，次の問題にチャレンジください。

日本事象英訳トレーニング②

問題　以下の日本事象を英訳してください。
4. 炊き込みご飯　　　5. ちまき　　　6. きんとん

解答＆解説

| 4. | 炊き込みご飯 | **seasoned boiled <u>rice</u> mixed with minced vegetables** |

　seasoned（味付けした），boiled（炊いた）が前から，カテゴリの rice を修飾します。*A* **mixed with** *B* のパターンで引き締められています。**minced vegetables**（みじん切りの野菜）の他，**shredded cabbage**（千切りのキャベツ），**sliced onions**（スライス状の玉ねぎ），**finely chopped sardine**（細かく刻んだしゃけ）など代表的な切り方も言えるようにしておきましょう。

| 5. | ちまき | **a rice <u>dumpling</u> wrapped in [with] a bamboo leaf** |

　カテゴリは，**dumpling**（団子）で，「材料」**rice** を前に，**wrapped in [with] a bamboo leaf**（竹の皮で包まれた）という特徴を後ろに置いています。

| 6. | きんとん | **mashed <u>sweet potato</u> mixed with sweetened chestnuts** |

　カテゴリは，**sweet potato**（さつまいも）で，前に **mashed**（つぶした）という調理法を，後ろに「甘く味付けした栗と混ざった（**mixed with sweetened chestnuts**）」という特徴を述べています。

日本事象英訳トレーニング③

問題　以下の日本事象を英訳してください。

7．手巻き寿司　　　8．おむすび

解答&解説

7.	手巻き寿司	**hand-rolled vinegared** <u>rice</u> **wrapped with a sheet of laver into a cone**

　カテゴリは rice で，前には「調理法」をハイフン表現 **hand-rolled**（手巻きの），後ろには「形状」を **wrapped with a sheet of laver into a cone**（1枚の海苔で包んで，円錐形になった）と述べて完成しています。

8.	おむすび	**a triangular-shaped rice** <u>ball</u>**, usually wrapped with a sheet of laver**

　カテゴリは**球体**（**ball**），前には「形状」**triangular-shaped**（三角形の）をハイフンで，後ろには，**シート状の海苔で包まれた**（**wrapped with a sheet of laver**）を，またいつもそうとは限らないので"usually"を付けています。より正確な説明をするために，このような usually, mainly（主に），especially（特に）などをつけて修飾するテクニックを覚えておくとよいでしょう。

　最後に，食べ物以外のものについても練習してみましょう。

日本事象英訳トレーニング④

問題　以下の日本事象を英訳してください。

9．地蔵　　　10．帰省ラッシュ

| 9. | 地蔵 | **a Buddhist** guardian deity **of children and travelers** |

　カテゴリは **guardian deity**（守護神）で，前に **Buddhist**（仏教の）と述べ，後ろには，「守る対象」を **of children and travelers** と前置詞句で述べています。

| 10. | 帰省ラッシュ | **the annual year-end-and-summer** rush **of people to and from their home** |

　この最後はなかなか難しいでしょう。カテゴリは "rush"。誰の rush かというと当然，people の殺到ですから rush of people となります。故郷へ帰る際と，故郷からから帰ってくる際の両方に行われるため，to and from their home と前置詞を2つ付けています。また前には，「時期」毎年，年末と夏（お盆）に起こりますので，annual year-end-and summer とハイフンで引き締めて修飾しています。

　いかがでしたか？　カテゴリを見極め，修飾語句を前後のバランスをいかにとって表現するのかを考えてみるのが，なかなか面白いでしょう？　答えは一つではありませんので，いろいろと自分でも組み合わせを試してみてください。

コラム：観光案内トラブルシューティング　①温泉編

　外国人観光客を案内する時に避けて通れないのが，無理なリクエストやトラブルが発生した時の対応です。こういったスキルを鍛えることは，通訳案内士やボランティア通訳者にとって非常に重要です。いくつかのシーン別のハプニングへの対応を見ていきましょう。今回はいろいろとトラブルが起こりやすい温泉編にチャレンジしていただきましょう。

Q：温泉へお連れしたお客様から，大浴場に入ろうとしたら，タトゥーをしているから入れてもらえなかったと，クレームがありました。がっかりしているお客様を前に，ガイドとしてどのように対応したらよいでしょうか？

I would say, "In almost all Japanese hot spring facilities, people with tattoos, including foreigners, are not allowed to enter the **large public bath**. I'll ask the hotel clerks if **stickers** to cover tattoos are available in this Ryokan. If they are available, you can take **a communal bath**, and if they are not, I'll ask the hotel clerk if **a family bath** is available for you."
（私はこう言います。「ほとんどの日本の温泉施設で，タトゥーがある人はたとえ外国人であろうとも，**大浴場**に入ることができません。係員にタトゥを隠す**シール**を旅館内で販売しているか聞いています。もし手に入るようでしたら，**大浴場**にお入りいただくことができますし，販売していない場合は，**家族風呂**があるか聞いてみます）

温泉地でよく聞かれる質問とは？

　関連質問としては，**Why are people with tattoos not allowed to take a communal bath in Japan?**（どうして日本ではタトゥーをしていると大浴場には入れないのですか）と聞かれた場合，

"It's because tattoos are associated with gangsters, or *yakuzas* in Japan."（日本ではタトゥーは暴力団，ヤクザと結び付けて考えられているため）といえます。

その他，温泉の入り方についてよく聞かれる質問ですが，**Is it OK to wear a bathing suit when I enter the public hot spring?**（温泉に入るのに水着を着て入ってもよいですか）と聞かれたら，どう答えますか？

"Basically, you are not allowed to wear a bathing suit when you enter the public hot spring in Japan. But there are some exceptions. For those who feel uncomfortable about being naked in public hot springs, there are some hot springs where you can enter a bathtub in a bathing suit. I'll show you a list of those hot springs."（基本的には，日本の温泉に入る際には水着の着用は禁止されています。しかし例外もあり，裸で温泉に入るのが嫌な方のために，水着着用 OK の温泉リストをご紹介いたします）のように答えるとよいでしょう。

　また，**What am I supposed to do before soaking into the hot spring?**（温泉に入る前に何をしたらよいのですか）もよく聞かれる質問です。これに対しては，

"First wash yourself thoroughly with soap and gradually get your body ready for the hot water to prevent strain on your heart. Next, soak up to your waist. When your upper body has warmed up, soak right up to your shoulders."（まず，石鹸で体をよく洗い，心臓に負担をかけないように，お湯に身体を慣らします。次に腰まで浸かり，上半身が温まったら，肩まで浸かってください）のように答えます。

　ちなみに，「温泉での注意点」を聞かれたら，

"Please refrain from washing your body in the bathtub and dipping your towel in the bathwater."（浴槽の中で体を洗わないでください。また浴槽の湯にタオルをつけないでください）と答えてください。また，温泉にこれから入る観光客へは，

"You should drink water to avoid dehydration."（脱水症を避けるために水分を摂ってください）と，**"Please refrain from taking a bath when you are heavily drunk."**（泥酔された方のご入浴はお控えください）という健康面のアドバイスをしましょう。

　また，**I have no idea which is the men's and the women's section.**（男湯と女湯の区別がわかりません）という質問へは，

"The color of the short curtain hung outside each bath distinguishes the men's section from the women's section. Generally, the blue curtain is for men's baths and the red curtain is for women's baths."
（男湯と女湯はのれんの色で区別されています。通常，青色が男湯で赤色が女湯です）と答え，さらに

"Please be careful that they are switched, depending on the time of the day. There are some facilities where these two rooms are switched, depending on the day of the week."（時間帯によって，男湯と女湯が入れ替わりますから注意してください。曜日によって入れ替わるところもあります）のように答えましょう。

実践トレーニング編 2
「日本事象」英訳トレーニングにチャレンジ②

詳しいロングバージョンとショートバージョンをマスター!

　実践編 1 で習得した日本事象英訳の技術にさらに磨きをかけていきましょう。ここでは，日本文化語彙を初めて聞く人にもわかるように，長めの英文で丁寧に説明する場合と，2 回目の人に短縮版で説明する場合の，2 パターンで表現できるようにトレーニングしていきましょう!

日本事象
英訳トレーニング ① 「鏡餅」の英訳にチャレンジ!

　「鏡餅」とは「円形で大小 2 個を重ねた餅で，正月に神棚に置いて年神［歳神］様に供えるもの」で，説明的に正確に英訳すると，**"round (mirror-shaped) rice cakes piled one on another in order of size, which are offered to the Shinto deity of the new year on the household altar at the New Year"** となりますが，かなりの英語力がいります。日本語にある「鏡」を強調したい場合は round mirror-shaped となりますが，ない方がわかりやすく無駄がなくなります。in order of ... は「〜の順に」という意味で，in order of priority [importance] は「重要度の順に」となります。また，the New Year の前に，「長い期間」を表す "in" ではなく，「短い期間」を表す "at" をつけると正月の数日間というニュアンスが出てきます。しかしこれは長くて詳しすぎるのでもう少し detail を省いて，1 回目のロングと 2 回目のショートのバージョンは次のようになります。

1 回目	**round rice cakes offered to the Shinto deity at the New Year** （新年に神道の神様へ捧げる丸い餅）
2 回目以降	**a New Year rice cake offering** （新年の餅の捧げもの）

 細かい情報を切り捨てて重要な情報をセレクトする!

<table>
<tr><td>日本事象
英訳トレーニング</td><td>② 「手水舎^{ちょうずや}」の英訳にチャレンジ！</td></tr>
</table>

② 「手水舎」の英訳にチャレンジ！

　例によって1回目は，下記の1回目の英語のように説明的にロングバージョンにします。このときの注意点は，手水舎は建物であり，屋根はありますが壁がないので building ではなく **structure**（建造物，建築物）となることです。そして最も説明が詳しいものは，a small Shinto structure with a water-filled stone basin and wooden dippers for visitors to purify themselves by washing their hands and rinsing their mouth ですが，長すぎて覚えられないので，1つ目の解答例のようにします。

　この他，a purification trough や a Shinto water ablution pavilion for ceremonial purification という英語もありますが，前者は「容器」だけになってしまい間違いで，後者の "**pavilion**" はイベント用のかなり大きなイメージなので，a small pavilion ならまだ言えます。また，ablution が ceremonial の意味を含んでいて，重複して長いわりに何を洗うかわからないのでやめます。そして2回目からは，"chozuya" と言いながら **a purification structure** と簡単に表現します。

1回目	**a small structure for Shinto purification by washing hands and rinsing their mouth** （両手を洗い口をすすぐことによって身を清めるための神道の小さな建造物）
2回目以降	**a [Shinto] purification structure** （〔神道の〕身を清めるための建造物）

 類語の使い分けに要注意！

　この英訳の注意点は，まず **Shinto** 特有であること，次に **sacred** なものであること，rope だけだとねじれた感じがしないので rope festoon がベターです。以上から1回目はやや詳しめの **a sacred Shinto straw rope festoon** がベターで，2回目以降は "*shimenawa*" or a sacred Shinto rope で言い表します。そして聞き手が覚えた頃を見計らって，*shimenawa* だけでコミュニケーションを取るようにしていきます。

1回目	**a sacred Shinto straw rope festoon**（神聖な神道の縄飾り）
2回目以降	**a sacred Shinto rope**（神聖な神道の縄聖な神道の縄）

> **TIPS** 日本特有の文化の英語説明に要注意！

　よく **keep** や **castle tower** や **donjon** などが訳語として用いられますが，いきなり keep と言っても動詞の keep と混同してしまう可能性があるので，コミュニケーション的には，文脈の不確かな1回目は，a main keep と言うようにしましょう。また頻度的には，

松本城

main keep よりも castle tower は数倍，donjon は数十倍多く用いられますが，それらは西洋の城の棟を連想させてしまいやすいので，日本の天守閣のイメージを的確に表す a main keep がベターです。ちなみに，日本の「**城**」と英語の "**castle**" にも意味上のギャップがあって要注意です。「城」は堀を含んだ広大な敷地全体を指しますが，"castle" は城の建物そのものだけを表します。

1回目	**a main keep**（天守閣）
2回目以降	**a keep**（天守閣）

> **TIPS** 日本語と英語のシンボルの違いに要注意！

日本事象
英訳トレーニング ⑤「池泉回遊式庭園」の英訳にチャレンジ!

　これに対して様々な英訳がなされていて，はじめて説明する場合と2回目からとで異なってきます。この日本語の場合，「池の周りを1周しながら庭園を鑑賞する仕組み」なので，1回目は長くても a garden with a path around a pond や，a style of garden featuring a path around a pond のように言うのがベターです。この他，a strolling garden with a pond や a strolling-type garden のように表している辞書もありますが，with a pond では1周回る感じが出ないので，それは2回目からのバージョンに用います。

1 回目	**a garden with a path around a pond** (池の周囲に小道がある庭園)
2 回目以降	**a strolling garden** (散策する庭園)

 英和辞典の英訳に要注意!

日本事象
英訳トレーニング ⑥「鴬張り」の英訳にチャレンジ!

　よく a nightingale floor [corridor]，a squeaking floor，a singing floorboard などに訳されていますが，1回目はわかりにくいので，最初の英訳のようにかなりわかりやすく英語で説明します。そして2回目からは，*"uguisu bari"* と言ったり，直訳調に a nightingale floor として

日本文化事象を覚えてもらうようにするのが異文化間コミュニケーションです。

1 回目	**a wooden floor that sings like a nightingale to people's footsteps and serve as a security device** (歩く者がいるとナイチンゲールが鳴くような音を発し，警報装置の役割をする木製の床)
2 回目以降	**a nightingale floor** (ナイチンゲールの床)

 2回目の説明からは日本文化を覚えてもらおう!

　よく a monochrome painting や a black-and-white painting と訳している辞書があり，それらの頻度が圧倒的に高いのですが，それだと西洋のモノクロの絵画のイメージになってしまうのでまずく，また単に an ink painting としているのも，カラーのものをたくさん含んでしまい誤解を招きます。そこで an ink brush painting がベストで，次にいいのが a Chinese ink painting です。

ベスト	**a monochromatic ink brush painting** (モノクロ毛筆画)
２番目にいいもの	**a Chinese ink painting** (墨 [Chinese ink] で描いた絵)

 日本と西洋で変わってくる語彙の持つイメージに要注意！

　「破魔矢」とは「厄除けの矢」で，特に正月の縁起物で，それを英語で説明すると，１回目のロングバージョンは，**a sacred arrow to drive away evil spirits, which is sold at Shinto shrines especially during the new year holidays as a good luck charm** となりますが，長すぎるので especially 以下を省くこともできます。また２回目からは，情報全体の一番重要な部分だけをとらえて，**a good luck arrow** や **an exorcizing arrow** となりますが，前者の方がわかりやすいでしょう。よく和英辞書にある a sacred arrow はわかりにくいと言えます。

１回目	**a sacred arrow to drive away evil spirits, which is sold at Shinto shrines especially during the new year holidays as a good luck charm** (神社で縁起物として特に新年に売られる悪霊を追い払うための聖なる矢)
２回目以降	**a good luck arrow** ／ **an exorcizing arrow** (縁起物の矢／悪霊を追い払う矢)

 日本事象を英訳するときは最も重要なポイントを選択する！

日本事象 英訳トレーニング ⑨「位牌」の英訳にチャレンジ！

「位牌」とは「死者の俗名や戒名，誕生日と死亡日を刻んだ黒の木の板」のことで，それを詳しく英語で説明すると，**"a black wooden tablet with the posthumous Buddhist name of the deceased inscribed in gold on the front, and the secular names, date and day of death on the back, which is kept in the Buddhist altar in the Japanese house"**（表には故人の戒名が金色で，裏には生前の名，没した日が刻まれた，黒色の木製の札板で，日本家屋の仏壇に置かれる）となりますが，長すぎるので detail を省いて重要な部分を取って，それぞれ1回目のロングと2回目のショートのバージョンは次のようになります。

1 回目	**a wooden tablet with the posthumous Buddhist name of the deceased inscribed on it** （故人の戒名が刻まれた木製の札板）
2 回目以降	**a Buddhist memorial tablet** （仏教の故人追悼の札板）

> **TIPS** 日本事象を英訳するときはdetailを省く！

日本事象 英訳トレーニング ⑩「合掌造り」の英訳にチャレンジ！

「合掌造り」とは「急な勾配の藁ぶきの屋根を持った伝統的な日本の民家の造り」のことで，それを詳しく英語で説明すると，**a traditional Japanese style of architecture with a thatched roof supported on steep-angled principal rafters** となります。和英辞典では thatched （藁ぶきの）や

白川郷の合掌造り

rafter （垂木＝a beam forming part of the internal frame of a roof）を省いているものもありますが，これは富山県の五箇山や岐阜県の白川郷に見られる，養蚕や豪雪対策のための伝統的な家屋の建築様式のことなので，入れると明確になります。例によって1回目のロングと2回目のショートのバージョンを作ると次のようになります。

1回目	a traditional Japanese architecture with a steep thatched roof （急こう配の茅葺屋根の伝統的な日本の建築）
2回目以降	a steep-thatched-roofed house → a *gassho* style （急こう配の茅葺屋根の家　→　合掌造り）

 日本事象英作の時はグーグル画像検索で確認せよ！

日本事象英訳トレーニング ⑪「鬼瓦」の英訳にチャレンジ！

　よく a gargoyle roof tile と訳されているのを見かけますが，**gargoyle** は「教会などで雨水を屋根から排水する，石でできた醜悪な生き物のフィギュア」なので，equivalent（相当物）がなく，誤解を招くので省きます。

　また，**ridge-end**（屋根の棟の端）を用いて，a ridge-end tile というのがありますが，これだけではわかりにくいので，1回目に説明するときは a ridge-end tile with the figure of a devil [called "onigawara" ／ a ridge-end tile with a demon face] と言い，2回目以降は省略して，聞き手が覚えていそうであれば *onigawara*，無理そうならば a ridge-end tile と「鬼瓦」を聞き手が覚えてくれるまで説明します。

1回目	a ridge-end tile with the figure of a devil [called "*onigawara*"] ／ a ridge-end tile with a demon face （[「鬼瓦」と呼ばれる] 屋根の棟の端の鬼の面をかたどった瓦）
2回目以降	a ridge-end tile ／ *Onigawara* （屋根の棟の端の瓦）

 西洋にある英語の語彙で説明すると誤解招くので要注意！

日本事象英訳トレーニング ⑫「柏手」の英訳にチャレンジ！

　「柏手」とは「神道の神社や家にある神棚の前で手を打ち鳴らして神様を呼び出して拝むこと」で，英訳すると "**a clap of the hands to summon and pray for gods in front of a Shinto shrine or home altar**"（神社や神棚の前で神様を呼び起こし祈るための柏手）となります。和英辞典では，pray for gods や

home altar を抜かしていますが，正確に日本文化を説明する時はそれらを付け加えます。ただし実際にもう少し短く英語で言う場合は，ロングとショートは次のようになります。

1 回目	**a clap of hands to pray for gods before a Shinto shrine** （神社の前で神様に祈るための拍手）
2 回目以降	**a prayer handclap → a *Kashiwade* handclap** （祈りの拍手）

 日本事象は和英辞書をヒントに正確に英語で表現しよう！

日本事象 英訳トレーニング ⑬ 「花札」の英訳にチャレンジ！

　「花札」とは「1 月から 12 月までの各月の花や草木を表す各 4 枚の 12 種，48 枚の札を用いた花合わゲーム」のことで，「花」と言っていますが実際には**花鳥風月**（**the beauties of nature**）で，「草木，鳥，動物」のカードもあるので，比較的詳しく英訳すると，"**a Japanese flower-matching card game with a deck of 48 cards with 12 suits of flower and plant cards on them, each of which represent a month of the year**"（花を合わせる日本のカードゲームで，12 セットの各月を示す花や植物のカードが描かれた 48 枚のカードが一組になったもの）となりますが長すぎるので，1 回目のロングと 2 回目のショートのバージョンは次のようになります。

1 回目	**a Japanese flower-matching card game with 12 suits of flower and plant cards** （12 セットの花や植物のカードを使った日本の花合わせカードゲーム）
2 回目以降	**a Japanese flower-matching card game → a *hanafuda* game** （日本の花合わせカードゲーム）

 花鳥風月を花と言うように概略的な英訳で妥協する時もある

「門松」は「年神を迎えるために正月に建物の門口に立てる松や竹や梅でできた縁起のいい飾りづけ」のことで，正確に英訳すると，**"auspicious decorations made with pine branches, bamboo sticks, plum trees, which are set up in front of the gate or the**  **door of Japanese buildings to welcome the deity of the new year during the New Year period"**（正月に年神を迎えるために，日本の建物の門や戸の前に設置される松，竹，梅で作られた縁起物）となりますが，詳しすぎて長過ぎるので，1回目のロングと2回目のショートのバージョンは次のようになります。また，和英辞典では in front of a house とありますが，家の前だけではないので要注意です。

1回目	**pine and bamboo decorations in front of Japanese buildings during the New Year period** （正月に日本の建物の前に置く松竹の飾り物）
2回目以降	**New Year bamboo decorations → *Kadomatsu* decorations** （正月の竹の飾り物→門松の飾り物）

 TIPS　**国語辞典や和英辞典の定義につられず状況を判断して英訳しよう！**

「浄瑠璃」とは「人形劇に使われる三味線伴奏で歌われる物語」のことで，英訳すると，**a narrative ballad chanted to the accompaniment of the shamisen, which is used in Japanese puppet theater**（日本の人形劇〔文楽〕で使われる，三味線伴奏に合わせて歌われる物語）となります。ballad は **"a song or poem that tells a story"** です。これを例によって1回目のロングと2回目のショートのバージョンを作ると次のようになります。

1回目	**a shamisen-accompanied ballad for Japanese puppet theater** （文楽のための三味線伴奏つきの物語詩）
2回目以降	**a *Joruri* ballad** （浄瑠璃という物語詩）

TIPS　**KabukiやBunrakuなどEnglishとして通用する日本文化語彙も多い！**

「ちょんまげ」を説明的に英訳すると，**"a men's hairstyle in the Edo period, with the forehead shaved and the remaining hair tied back in a knot, which is nowadays worn by high-ranking sumo wrestlers"**（額を刈り上げ，残りの髪を後ろで結んだ男性の江戸時代の髪型で，今日は相撲の上位力士の結う髪型）と長くなります。また，ちょんまげを１語で"topknot"と言えますが，これは"hair that is tied together on the top of the head"，"a knot of hair arranged on the top of the head"の意味で，ただ頭上で結んでいるだけで，おでこを剃り上げているわけではないので，topknotにJapaneseをつけて説明します。１回目のロングと２回目のショートバージョンを作ると次のようになります。

１回目	**a man's Edo period hairstyle now worn by sumo wrestlers** （男性の江戸時代の髪型で，現在は相撲の力士の髪型）
２回目以降	**a Japanese topknot** （日本のちょんまげ）

TIPS **英語でequivalentがある場合は全く同じものか要注意！**

日本事象
英訳トレーニング ⑰「他力本願（たりきほんがん）」の英訳にチャレンジ！

「他力本願」とは「阿弥陀仏の本願にすがって救済される（極楽浄土する）こと」で，「本願」とは「仏になろうとする願い」のことです。これを英訳すると**"salvation by faith in the benevolence of Amida Buddha"**，**"reaching Buddhahood [becoming a Buddha] through faith in the benevolence of Amida Buddha"**となります。salvationは，"the state of being saved from evil"（悪から救済されている状態）の意味ですが，これはキリスト教の発想です。これ

阿弥陀如来坐像
（高徳院・鎌倉大仏）

に対して，「自力本願」とは「自己の修行の幸徳によって悟りを得て本願する」ことなので，"**attaining the enlightenment to become a Buddha by *one's* own efforts including ascetic training**" となります。辞書にあるような salvation by ascetic training [*one's* own efforts] はよくありません。もう少し detail を省いて，1回目のロングと2回目のショートのバージョンは次のようになります。

1回目	salvation by faith in the benevolence of Amida Buddha (阿弥陀仏陀の慈悲を信仰することによる救済)
2回目以降	salvation by faith （信仰による救済）

 TIPS 和英辞書の英訳をうのみにしないで自分で正しい英訳を考える！

日本事象 英訳トレーニング ⑱「居合道(いあいどう)」の英訳にチャレンジ！

　この問題は日本文化の知識と描写力の両方が問われるもので，難しかった人も多いかと思います。「居合い」とは，刀を素早く（very quickly），一気に（in one movement）に抜いて，敵を切り倒す（cut the opponent down）までの動さを表します。そこで，よく訳されている the art of drawing the Japanese sword と言ってもそのイメージは伝わらないので，1回目は"**the art of drawing a Japanese sword with lightning speed in a crouching position to cut the opponent down**" のようになります。しかし，2回目からは長すぎるので，"**a quick sword-drawing technique, light-speed sword-drawing**" のようにします。

1回目	the art of drawing a Japanese sword with lightning speed in a crouching position to cut the opponent down (敵を切り倒すために，座った状態で素早く刀剣を抜き放つ技術)
2回目以降	a quick sword-drawing technique, light-speed sword-drawing (素早い刀剣抜き術)

TIPS 動作表現の英語をマスターしよう！

　「絵馬」とは，精選日本国語大辞典によると「祈願または報謝のために神社や寺院に奉納する馬の絵を描いた額」とあり，広辞苑と明鏡国語辞典では「祈願や報謝のために社寺に奉納する絵の額で，馬の絵を描いたが後に馬以外の画題も扱われるようになった」とあります。前者につられてか各種和英辞典では次のようになっています。

1.　A votive tablet of a horse presented to a shrine or a temple

2.　A picture tablet of a horse offered to one's guardian deity for the realization of one's wishes

3.　A picture tablet of a horse used as an offering at a shrine

4.　A votive wooden tablet painted with a picture of a horse, presented as a prayer or in gratitude for a prayer answered

　まず，**votive** とは "offered in fulfillment of a vow"，"offered to a god as a sign of thanks"，つまり「祈願成就のしるしとして奉納された」

と意味で，絵馬はほとんどの場合，祈願かなって行う報謝ではなく，祈願のためになされているので妥当ではありません。それから馬の絵が描かれたのは昔のことで，昭和時代になってからは色々な絵が描かれているので，精選日本国語大辞典の定義や英辞典の英訳はアップデートしていません。1.は shrine と temple の両方がある点がよく，2.は，今日，氏神だけに奉納するとは限らないのでダブルに悪いのですが，今日の重要なポイントである「祈願成就」のためにという点がよく，3.は絵馬の重要な目的も書かれておらず，神社のみ，馬の絵のみの3つの問題点があります。4.は目的に関する描写が国語辞典のように正確です。そこでそういったことを考慮して英訳すると，**"a wooden picture tablet offered to a shrine or a temple as a prayer of in gratitude for a prayer answered"**（祈願成就の感謝の祈りとして，寺社へ奉納される絵付の木札）となりますが，長いので1回目のロングと2回目のショートバージョンを作ると次のようになります。

| 1回目 | **a picture tablet offered mainly as a prayer to a shrine or a temple** (主に寺社への祈りとして奉納される木札) |
| 2回目以降 | **a prayer tablet** (祈願札) |

 情報をupdateした辞書を使うか，なければ自分でupdateする!

　「地鎮祭」とは「土木・建築工事を起工する前に工事の無事を祈って土地の神様（霊魂）を怒らせないように鎮める神道の儀式」のことなので，全訳すると，"**the Shinto ground-breaking ceremony of purifying a building site and pacifying the local guardian spirits with the prayer for the safe completion of the building**" となります（**ground-breaking**〔着工式の〕とは **break ground**〔着工する〕からきたハイフン語で必須表現）が，長すぎるので detail を省いて重要な部分をまとめた 1 回目のロングと 2 回目のショートのバージョンは次のようになります。

1 回目	**the Shinto ground-breaking ceremony of purifying a building site** （建設現場を清める神道の起工式）
2 回目以降	**the Shinto ground-breaking ceremony → a *Jichinsai* ceremony** （神道の起工式）

 ハイフン表現を使うと短時間で発信できる！

コラム：観光案内トラブルシューティング　②悪天候編

　観光案内中に天気が悪くなり，予定していた観光スポットへの案内ができなくなることは，よくあるハプニングです。富士山を見るのを楽しみにしていたのに，視界ゼロの大雨であったり，知床散策を主な目的に来られたのに，悪天候で区域が立ち入り禁止，遊覧船も運休！など，案内する方も本当につらいですね。このような場合にどのように対応できるかが，ツアー成功のカギともいえます。現場であたふたとしないためにも，プロアマを問わず，観光地ごとに悪天候の対策を立てておきましょう。では，実際に，通訳案内士国家試験の二次面接でも問われた内容を使ってトレーニングをしてみましょう！

Q：箱根にお客様を案内中ですが，あいにくの雨で，遊覧船やロープウェイが運休しています。がっかりしているお客様を前に，ガイドとしてどのように対応したらよいでしょうか？

I would say, "I'm sorry that due to the bad weather, the **pleasure boat** and ropeway services in Hakone have been cancelled. But Hakone is famous for its excellent museums of Japanese and Western arts, so I'm sure you can enjoy Hakone even in bad weather. For example, Hakone Museum of Art boasts Japanese **earthenware** and **ceramics** from **the prehistoric times** through the Edo period. Lalique museum is dedicated to the artworks of famous French glass designer Rene Lalique from glass jewelry to architectural decorations. Hakone Mononofunosato Art Museum features samurai weapons, **armor and helmets**, as well as *ukiyo-e* woodblock prints and *Noh* masks, of the Muromachi and Edo periods. In this museum you can also try on an armor made in the Edo period. **The list goes on and on!**"

（私はこのように言います。「あいにくの悪天候のため，当地の**遊覧船**やロープウェイは運休しています。しかし，箱根は日本や西洋アートの素晴らしい美術館で有名です。きっと悪天候の日でも箱根をお楽しみいただけると思います。例えば，箱根美術館は，日本の**先史時代**から江戸時代までの**土器**や**陶磁器**を所蔵していますし，箱根ラリック美術館では，有名なフランスのガラスデザイナーであるルネ・ラリックのアートを，ガラス製の宝飾品から建築装飾品にいたるまでご覧いただけます。また，箱根武士の里美術館では，室町時代や江戸時代の浮世絵，能面のほか，武士の武器や**甲冑**をフィーチャーしており，江戸時代の鎧を試着していただくこともできるんですよ。リストはさらに続きます！」）

観光地で悪天候に見舞われた際の対応とは？

通訳案内士試験の二次面接の質疑応答でよく聞かれるのが，「目指す観光地で雨が降った場合の対応」です。箱根の場合は，上記のほか，近代フランスの美しい街並みが体験できる「**箱根★サン゠テグジュペリ 星の王子さまミュージアム**」や，モネ，ルノワール，セザンヌなどの巨匠の絵画が見られる「**ポーラ美術館**」など，対応に困ることはありません。このようにミュージアムが整備されたところでは，代表的な室内で楽しめる施設をリストアップしてご説明し，安心していただきましょう。

雨の日の別の観光地，例えば京都や大阪の場合，どこに行ったらよいか？とお客様から聞かれたら，どう対応しますか？　京都なら手っ取り早いのは，**駅ビル（Kyoto Station Building）**の散策や駅近の京都水族館でゆっくり過ごしていただく，ちょっと足を伸ばして**西陣織会館（Nishijin Textile Center）**で「着物ショー」を見たり，**東映太秦映画村**で「忍者ショー」を見たり，マンガ好きなら，**京都国際マンガミュージアム**で世界のコミックに浸るなどのプランが考えられます。大阪なら**海遊館**やユニバーサル・スタジオ・ジャパン，**大阪歴史博物館**といった**文化施設**のほか，世界の温泉が体験できる**スパワールド（Spa World）**でくつろぐ，大阪ならではのエンターテイメント施設である「**たこ焼きミュージアム**」で，たこ焼きのルーツや歴史を学びつつ，各種たこ焼きの食べ比べをする，といった変わった体験ツアーを提案する，などが考えられます。

一方，自然がメインの観光地で，何もすることがないと外国人観光客から言われた場合は，土産物屋でのショッピングで多めに時間を取ったり，**ご当地の歌や踊りなどのショーを提供できるレストラン**（restaurants that offer entertainment performances such as local songs and dances）に案内したり，それが叶わねば，ガイド自らが**御当地の歌**（local songs）を歌ってみたり，自作の「日本紹介クイズ」を出題してみたり…。**おもてなしの心**（hospitality）を忘れずに，悪天候でも少しでもエンジョイしていただくような行程を考えたいですね。

箱根芦ノ湖と富士山

実践トレーニング編 3
「日本事象」英訳トレーニングにチャレンジ③

和食マナーを説明するための動作表現力をUP!

　世界から注目される和食を楽しみにして来られる訪日客は多いですが，和食のマナーは奥深く，どこまでご紹介してよいのか迷われている方も多いと思います。また，動作表現は，日頃から使っていないと，案外言うのが難しいものです。ここでは，日本の代表的な料理を味わう際に最低限知っておきたいマナーを伝える際の「**必須動作表現**」を，日英クイズにチャレンジしながら，マスターしていただきましょう！

動作表現日英クイズにチャレンジ！

問題1　以下の和食マナーに関する日本文を，英語で言ってみましょう。
「下の箸は動かさず，上の箸を動かして，食べ物をつまみます。」

解答

Pick up the food by moving the upper stick without moving the lower stick.

ここがポイント！

　お箸の使い方を紹介する時には，**上の箸**（**the upper stick**）と**下の箸**（**the lower stick**）に分けて説明していきます。お箸の使い方は，上の文の前段階として，**Hold** the upper stick **with** your **thumb, forefinger and middle finger** just like you hold a pen. **Support** the lower stick **with the base of your thumb and ring finger**.（上の箸を**親指**，**人差し指**，**中指**でペンを持つように持ち，下の箸を**親指の付け根**と**薬指**で支えてください）とまず述べておき，次に問題1の文となります。「**食べ物をつまむ**」は **pick up the food**，「**動かさず**」は **without moving ...** を使うと簡単です。

動作表現日英クイズにチャレンジ！

問題2　以下の和食マナーに関する日本文を，英語で言ってみましょう。
「和食をお箸で食べる時は，食べ物を卓上にこぼさないように，お茶碗や汁椀は手で持ち上げてください。」

解答

When you eat Japanese food with chopsticks, **pick up and hold rice bowls and soup bowls in your hand** to prevent the food from dropping on the table.

ここがポイント！

食事の際に**持ち上げる器**と，**持ち上げてはいけない器**（**The dishes you can or cannot pick up**）があるという，基本的な器のマナーに関する説明ですが，pick up（持ち上げる）と hold ...  in your hand(s)（〔両〕手に持つ）はさまざまな説明で使える必須表現です。「茶碗を持ち上げる」は **pick up rice bowls**，「汁椀を手に持つ」は **hold soup bowls in your hand**，「食べ物を卓上にこぼさないように」は prevent を使って，prevent the food from dropping on the table となります。

ちなみに，器のマナーでは，**おひたし**（**boiled greens in bonito-flavored soy sauce**）のような汁気のあるもの（**juicy dishes**）は，器を口元に近づけていただき（**bring the ware close to your mouth when you eat them**），大きな皿や器は食卓に置いたまま（**keep large plates and bowls on the table**）いただくのが基本です。

 動作表現で基本動詞をマスターすること！

問題3　以下の和食マナーに関する日本文を，英語で言ってみましょう。
「寿司を左側に倒し，箸または親指，人差し指，中指でつかみます。」

解答

Turn the *sushi* to the left, and hold it with your chopsticks, or with your thumb, forefinger and middle finger.

ここがポイント！

　寿司の基本的な食べ方を説明します。「寿司を左側に倒す」は **turn the *sushi* to the left**，「箸で～をつかむ」は **hold ... with your chopsticks** を使います。親指，人差し指，中指（thumb, forefinger and middle finger）などもすらすらと言えるようにしておきましょう。

問題4　以下の和食マナーに関する日本文を，英語で言ってみましょう。
「醤油の中にネタの魚だけをつけます。余分な醤油を切るために寿司を振ってはいけません。」

解答

Dip only the *neta*, or fish topping, in soy sauce. Never shake the *sushi* to remove extra soy sauce.

ここがポイント！

　握り寿司を食べる時の醤油のつけ方のマナーを説明します。**dip A in B**（A を B に漬ける）は必須動作表現で，「ネタを醤油に漬ける」は **dip the fish topping in soy sauce**，「蕎麦を冷たい甘味と塩気のあるつけ汁に漬ける」なら **dip buckwheat noodles in a cold, sweet and salty sauce** となります。「余分なしょうゆを切る」は **remove extra soy sauce** となります。

動作表現日英クイズにチャレンジ！

問題 5 以下の和食マナーに関する日本文を，英語で言ってみましょう。

「生の海鮮が載ったちらし寿司を食べる時，小皿に醤油を入れて，食べる直前にネタをつけて食べます。ネタに醤油を上からかけたりしてはいけません。」

解答

When you eat *chirashi-zushi* with raw seafood on top, **put soy sauce in a small plate**, and dip the *neta* in it just before you eat. Don't **pour soy sauce over the toppings**.

ここがポイント！

　ちらし寿司をいただく時の醤油のつけ方の説明です。ちらし寿司の「ネタ」は the toppings と表現します。**pour A over the toppings**（トッピングの上から A を注ぐ）は重要な動作表現で，「ネタの上から醤油をかける」なら **pour soy sauce over the toppings**，「お好み焼きを作るには，トッピングの上から小麦粉を混ぜ合わせたものをかける」は pour the flour mixture over the toppings to make a Japanese pancake となります。その他，**put A in B**（A を B に入れる）を用いて，「醤油を小皿に入れる」は **put soy sauce in a small plate** となります。**with A on top**（A が上に載った）は必須表現で，「生の海鮮が載った」は，with raw seafood on top となります。

nigiri-zushi

chirashi-zushi

問題 6　以下の和食マナーに関する日本文を，英語で言ってみましょう。
「醤油がこぼれないように，醤油の小皿を持ち上げます。手を受け皿のようにして食べるのはマナー違反です。」

解答

Pick up the small soy sauce plate and hold it in your hand to **keep the soy sauce from spilling over the table**. It's bad manners to use your hand like a saucer.

ここがポイント！

　刺身の食べ方の説明です。「醤油が食卓にこぼれないように」は英訳しにくい表現ですが，keep *A* from ...ing（A が〜するのを防止する）を使って，**to keep the soy sauce from spilling over the table** とします。「A を持ち上げる」は日本語では 1 つの動詞ですが，英語の論理で英訳すると，pick up *A* and hold it in your hand という 2 つの動作動詞を並べて表現します。

問題 7　以下の和食マナーに関する日本文を，英語で言ってみましょう。
「蕎麦湯は蕎麦を茹でた湯です。蕎麦つゆに混ぜて，飲むことができます。」

解答

Soba-yu is **the hot water left after buckwheat noodles have been boiled in it**. You can **mix it with the *soba tsuyu*** and drink it.

ここがポイント！

　「蕎麦湯」の説明文の翻訳です。「**蕎麦を茹でた湯**」 は，英語の論理で表現すると，**the hot water left after buckwheat noodles have been boiled in it**（蕎麦を茹でた後に残された湯）となります。have been boiled と現在完了を使う点と，

in it（it は the hot water をさす）を最後につける点に要注意です。基本動作表現の mix A with B（A を B に混ぜる）を使って，「**蕎麦湯をつゆに混ぜる**」は **mix soba-yu with the** soba tsuyu となります。

動作表現日英クイズにチャレンジ！

問題 8　以下の和食マナーに関する日本文を，英語で言ってみましょう。
「温かい蕎麦をいただく際は，まず，食卓に出されている七味などの薬味を足す前につゆを味わいます。もし薬味が必要であればつゆに加え，好みの味に調整します。」

解答

When you eat hot *soba*, first, **taste the broth** before **adding the condiments such as** *shichimi* (seven-flavored chili pepper) **served on the table**. If you need condiments, add them to the broth to **suit your taste**.

ここがポイント！

　温かい蕎麦のいただき方の説明です。「**つゆを味わう**」は **taste the broth**，「**〜のような薬味を加える**」は **add the condiments such as ...**《基本的には add A to B の形で使いますが，ここでは文脈から to the broth が省略されています》，「**好みの味に調整する**」は **suit your taste**，「**食卓に出されている**」は **served on the table** となります。

a bowl of buckwheat noodles
topped with deep-fried bean curd
（きつね蕎麦）

問題9　以下の和食マナーに関する日本文を，英語で言ってみましょう。

「温かい蕎麦にはスープ用のスプーンがついていませんので，つゆは丼から直接飲んでください。」

解答

Eat the broth straight from the bowl, as a bowl of hot *soba* doesn't **come with a soup spoon**.

ここがポイント！

　温かい蕎麦の食べ方の説明です。*A* **comes with** *B*（AにはBがついてくる）を使って，「スープ用のスプーンがつかない」は **not come with a soup spoon** です。「つゆを飲む」は **eat the broth** と言い，drink は使えないので要注意です。

問題10　以下の和食マナーに関する日本文を，英語で言ってみましょう。

「麺を食べる時は，途中で噛み切ることなく一口で食べられる分だけ箸でつかみます。」

解答

Pick up a mouthful of noodles with your chopsticks without **biting off the noodles halfway**.

ここがポイント！

　麺の食べ方の説明です。a mouthful of（一口の）を使って，「一口で食べられる分を箸でつかむ」は **pick up a mouthful of noodles with your chopsticks**，bite off（噛み切る），halfway（途中で）を使って「途中で麺を噛み切る」は **bite off the noodles halfway** となります。

動作表現日英クイズにチャレンジ！

問題11　以下の和食マナーに関する日本文を，英語で言ってみましょう。
「串から直接焼き鳥を食べる時，串先からはじめ，一つひとつ最後まで食べます。食べては箸で肉を串先へ押してください。」

解答

When you eat skewered grilled chicken directly from the skewer, **start with the top of the skewer** and **eat piece by piece to the end**. **Push the meat toward the skewer's tip with your chopsticks**.

ここがポイント！

　「焼き鳥（**skewered grilled chicken**）」の食べ方の説明です。「串先」は **the top of the skewer** または **the skewer's tip** で表現，「**串先から始める**」なら **start with the top of the skewer** となります。その他，「**一つひとつ最後まで食べる**」**eat piece by piece to the end** や「**肉を箸で〜へ押し出す**」**push the meat toward ... with your chopsticks** などの表現が重要です。

skewered grilled chicken（焼き鳥）

問題12　以下の和食マナーに関する日本文を，英語で言ってみましょう。

「お酒を注いでもらう時，右手で杯を持ち，左手の指を杯の底に添えてください。」

解答

When someone **pours _sake_ in your cup**, be sure to **hold the cup with your right hand** and **put the fingers of your left hand on the bottom**.

ここがポイント！

　日本流の「**お酒を受ける際のマナー**（**manners for receiving _sake_ from someone**）」の説明です。西洋では自分のペースでお酒は飲むのが普通ですが，日本のコミュニケーションのひとつとして，お酌について紹介できるようになっておきましょう。お酌の動作表現では，**pour _sake_ in your cup**（**杯に酒を注ぐ**），**hold the cup with your right hand**（**右手で杯を持つ**），**put the fingers of your left hand on the bottom**（**底に左手の指を添える**）などの表現を覚えておきましょう。ちなみに，お酌する側のマナーとしては，**Hold the _sake_ bottle around the middle with your right hand, and support the bottom with your left hand.**（右手でとっくりの真ん中を持ち，左手でとっくりを下から支えてください）と説明しましょう。

a sake bottle and a sake cup

動作表現日英クイズにチャレンジ！

問題 13　以下の和食マナーに関する日本文を，英語で言ってみましょう。

「ビールを注いでもらう時は両手でグラスを持ちましょう。ビールの泡があふれないように，傾けるのではなく垂直に持ってください。」

解答

When someone **pours beer in your glass**, be sure to hold the glass with both hands. To **prevent beer foam from overflowing**, **hold it vertically without tilting it**.

ここがポイント！

　ビールを注いでもらう時のマナー（**manners for receiving beer from someone**）の説明です。お酒を注ぐ表現ですが，日本酒の場合は **pour *sake* in your (*sake*) cup**，ビールの場合は，**pour beer in your glass** と drinking containers（飲み物の容器）の名前が変化します。「ビールの泡があふれないように（**to prevent beer foam from overflowing**）」や「傾けずに垂直にグラスを持つ（**hold the glass vertically without tilting it**）」など動作表現としてはかなりレベルが高いですが，うまく言えるように練習しましょう。

a glass of beer

外国人観光客を案内する時に食事で特に注意しておかなければならないのが，食物アレルギーやベジタリアンなど食べられないお客様への対応です。場合によっては，身に危険が及ぶこともあるため，案内前にできるだけお客様の食事に関する情報を集め，食事先のリサーチをしておきましょう。では，以下の問題にチャレンジしながら，対応する時のポイントを確認しましょう。

Q：お客様から，寿司を食べたいが，息子が生魚アレルギーで，困っている。よいプランはないか？と尋ねられました。ガイドとしてどのように対応したらよいでしょうか？

I would say to the client, "You should go to *kaiten-zushi*, or revolving sushi bars. Those sushi restaurants offer sushi with no raw fish. For example, there are several kinds of sushi topped with **deep-fried prawns**, **port cutlet**, **pickled eggplant**, and Japanese egg omelet. So your son can also enjoy sushi with no raw fish on top at those restaurants."

（お客様には「回転ずしへ行かれたらよいでしょう。そういった寿司屋は，生魚を使わない寿司も提供します。例えば，**エビフライやトンカツ，茄子の漬物**，卵などが上にのった寿司などがありますので，息子さんにも生魚の載っていない寿司をお楽しみいただけます）

食事でよく聞かれる質問とは？

生魚は食べられないが，寿司の本場に来たからには，寿司屋を覗いてみたいというというお客様は，結構いらっしゃいます。こんな時は，迷わず回転ずしにお連れしましょう。「回転ずし」の英訳としては，**a revolving sushi bar [restaurant]** が最もよく使われますが，他に，**a conveyor-belt sushi bar [restaurant]** や，**a sushi-go-round restaurant** とも説明できます。また，寿司の説明ですが，握りずしの場合は，ネタをAとして，sushi topped with *A* や sushi with *A* on top といいます。巻き寿司は〜 rolls といいます。海外でよく見るのが，エビとアボカドが入った，**California rolls** ですが，よく似たものが国内外では必ず用意されています。

上の質問のほか，アレルギーのお客様への一般的な対応もよく聞かれます。たとえば，**「団体のお客さまの中にアレルギーの人がいますが，ガイドとしてすべきことは何ですか」**と面接試験で聞かれた場合は，**"I would deal with the situation in the following way. First, I'll ask the client about what allergy they suffer from. Then, if the itinerary includes a meal, I'll ask the restaurant if it contains ingredients that may cause allergies. Then if it contains allergen, I'll book a restaurant that offers special menus for people with allergies. I'll also check and see if there are emergency hospitals and clinics near the restaurant just in case."**（次のように対応します。まず，何のアレルギーなのかをお客様に確認します。次に，行程に食事が含まれている場合は，アレルギーを引き起こす食材が含まれているかどうかレストランに尋ねます。次に，アレルゲンが含まれている場合は，アレルギーのある人への特別メニューが提供できるレストランを予約します。万一に備えて，近くの救急病院やクリニックがあるか確認しておきます）のような答えが考えられます。

また，**「寿司がとても気にいったので，寿司作りを体験してみたい」**とお客様より相談された場合は，**"There are some sushi-making lessons near your hotel. It costs somewhere between 6,000 yen and 9,000 yen depending on the ingredients. If you would like to take a sushi lesson, I can help you make a reservation for it."**（ご宿泊ホテルの近くには，寿司作り体験レッスンがございます。料金は6千円から9千円くらいで，ネタにより異なります。参加ご希望の場合は，予約のお手伝いをさせていただきます）など，地域にもよりますが，都会なら体験レッスンを探すことは，そんなに大変ではありません。

その他，夏に訪問されたお客様から**「お節料理（New Year's dishes）が食べたいが，どこで食べられるか？」**という質問が出た場合は，どのように対応しますか？　ここは，和食料理店や居酒屋へお連れし，**昆布巻き（kelp roll）**や**酢の物（vinegared food）**，**煮しめ（vegetables and chicken stewed in a soy-flavored broth）**などお節料理の一部をご賞味いただき，これらが重箱に入っていることを写真を見せながら説明するなどの工夫が必要です。

実践トレーニング編 4
「日本事象」英訳トレーニングにチャレンジ④

外国人から絶対聞かれる
日本に関するQ&Aで表現力UP!

　ここでは，訪日客からよく聞かれる日本の文化・習慣・歴史などに関する質問について，うまく答えられるトレーニングをしましょう。ガイドが現地で説明する場合の口語調の英語（spoken English）と，それをパンフレットなどで紹介する格調高い書き言葉の英語（written English）の2パターンでどのように言い回しや構文などが変わるのかも考えながら，読み進めてると同時に，表現力と，各トピックの背景知識力も UP させていきましょう！

外国人から絶対聞かれる日本に関するQ&A

Rank 1　**Why do so many Japanese wear masks?**
　（日本人はなぜマスクをするのですか）

　これはよく聞かれる重要トピックです。まずは，会話調の spoken English で説明にチャレンジしてみてください。

Spoken English

Firstly, more and more Japanese people suffer from **hay fever** these days. They put on a mask to prevent **pollens** from coming into their nose and mouth. Secondly, Japanese people care much about preventing **infections** by keeping themselves clean. They put on a mask to avoid catching or spreading a cold or other **infectious diseases**. Thirdly, many Japanese women want to save the trouble of wearing makeup. In Japan, it is considered **normal** for adult women to wear makeup. It is convenient for them to avoid wearing makeup by wearing a mask. (93 words)

（まず，日本人に花粉症患者が最近増えてきたからです。花粉が鼻や口に入らないようにマスクを着けるのです。次に，日本人は，自分自身を清潔に保つことで感染を防ぐことにとても気を配るからです。彼らは風邪などの感染症を予防したり，他人に移さないようにマスクをします。3つ目に，多くの日本人女性は，メイクをする手間を省きたいと思っています。日本では，成人女性はメイクをすることが普通であるとみなされています。マスクをすることによってメイクをするのを避けることは彼女たちにとって都合がいいのです。）

words & phrases

☐ **hay fever**（花粉症）　　☐ **pollen**（花粉）　　☐ **infections**（感染）
☐ **infectious diseases**（感染症）

　いかがでしたか？　健康上の理由以外の説明もできたでしょうか。それでは今度は格調高い「書き言葉」で言ってみてください。

格調高い Written English へ
ワンランク UP！

Written English

There are three main reasons for this phenomenon. Firstly, an increasing number of Japanese people suffer from hay fever these days. They put on a mask to avoid **inhaling allergens** such as **pollens and dust**. Secondly, Japanese people are **hygiene-conscious** enough to put on a mask to avoid catching or spreading infectious diseases. Thirdly, many Japanese women want to save the trouble of wearing makeup, which is considered the norm in Japanese society.　(73 words)

（この現象には主に3つの理由があります。まず日本人に花粉症患者が最近増えてきたからです。アレルゲンである花粉やちりを吸い込まないようにマスクを着けるのです。次に日本人は衛生意識が高く，感染症を予防したり，他人に移さないようにマスクをします。3つ目に，多くの日本人女性は，メイクをする手間を省きたいと思っています。日本社会ではメイクをすることが標準的であるとみなされているのです。）

words & phrases

☐ **inhale allergens**（アレルギーの原因となる物質を吸い込む）
☐ **pollen and dust**（花粉やちり）　　☐ **hygiene-conscious**（衛生意識の高い）

　日本人がなぜマスクをするのか英語で説明するときは，歴史的背景について述べるとわかりやすくなります。まず，健康のためが第一なので，花粉症患者が増えたこと，そして感染症にかかったりうつしたりしないようにする，という理由を述べます。もし，1918年〜1920年に蔓延した**スペイン風邪**（**the Spanish influenza**）がきっかけだったという情報を知っていれば，それを付け加えるとパーフェクトです。「話し言葉」では，**to prevent pollens from coming into their nose and mouth** となっており，「書き言葉」では **to avoid inhaling allergens such as pollens and dust** となっています。**coming into their nose and mouth**（**鼻や口から入る**）を **inhale**（**〜を吸い込む**）と一言で表現することで，語数を減らしながらも allergens と dust という新たな情報を加えているのに気付かれましたでしょうか。また，話し言葉では "**care much about preventing infections by keeping themselves clean**"（自分自身を清潔に保つことで感染を防ぐことにとても気を配る）となっていますが，書き言葉では，"**hygiene-conscious enough to**"（〜するほど衛生意識が高い）と引き締まった表現になっています。

　次に，"**save the trouble of wearing makeup**"（メイクをする手間を省く）ことについて説明しています。書き言葉では，**makeup** の後にシンプルに **, which** を使ってつなげ，1文で表しています。話し言葉の最後の "**It is convenient ...**" の文は，**save the trouble** で **convenient** なことはわかるので，省略してもかまいません。

　これらの必須表現は，引き締まった英文が作れるように是非マスターしましょう！

「例」を表す表現をマスターして英語発信力 UP！

A like [such as] *B* ／ *A* including *B* ／ *A*, especially *B*

　「BのようなA」は，*A* like *B*，*A* such as *B* で表現できますが，**street food like *Takoyaki***（たこ焼きのような路上で売られる食べ物），**ingredients such as flour and shredded cabbage**（小麦粉やキャベツの千切りのような材料）のように使います。また，「**BをはじめとするA**」は *A* including *B* で表現できますが，**Japanese culture including the tea ceremony**（茶の湯をはじめとする日本文化）のように使います。この他，*A*, especially *B* は「Aとりわけ B」で，**automobiles, especially passenger cars**（自動車，とりわけ乗用車）のように使うので，それらをどんどん覚えて表現力を UP しましょう。

conscious の色々な用法をマスターして英語発信力 UP！

　conscious はコンセプトが「（秘密などを）分かち合っている；強く意識している」なので，そこから「意識して，気付いて，意識があって，意識的な，〜の意識の強い」などの意味が生まれてきます。そして，*be* **conscious of my presence**（私がいることに気付いている），**become conscious**（正気づく），**a conscious effort**（意識的な努力），**a class-conscious society**（階級意識のある社会），**fashion-conscious**（流行に敏感な）のように幅広く使えます。

「みなされる」を表す表現をマスターして英語発信力 UP！

　「みなされる」を表す表現には，*be* **considered (to be) ...**，*be* **regarded [viewed, deemed] as ...**，*be* **believed to** *do*（〜すると信じられている），*be* **generally believed to** be ...（一般的に〜と信じられている）などがあります。*be* **considered as** a token of gratitude（感謝の印とみなされる），*be* **believed to** be the guardian deities（守護神だと信じられている）のように使えますので，覚えておきましょう。

　日本のマスクの歴史は大正時代にさかのぼります。当初，「工場マスク」という工場内で使われた**粉塵よけマスク（dust masks）**がありました。これは工場用だったため一般には普及しませんでしたが，1918 ～ 1920（大正 7 ～ 9）年に大流行した**スペイン風邪（the Spanish influenza）**のパンデミック（**pandemic** ＝感染症の世界的大流行）がきっかけでマスクが注目され，日本人が感染症予防のためにマスクを使うようになりました。当時のポスターには「**マスクかけぬ命知らず（No mask will cost you your life.**)」という標語とマスクを着けた着物姿の人や家でうがいをしている人が描かれており，**衛生意識が高かった（hygiene-conscious）**ことがわかります。

　その後，インフルエンザなどが流行する度に，また花粉症患者が増加するごとにマスクの生産量は増え，改良が重ねられていきました。1990 年代には**使い捨てのフィルターマスク（disposable filter masks）**が販売されるようになり，年々その機能が向上しました。高機能マスクは，**静電気を帯びた不織布（static electricity-charged nonwoven fabric）**を使用することにより，ウィルスや花粉などが体内に侵入するのを防ぎます。さらに，**ノーズフィッター（nose fitter）**を真ん中で折ったものを鼻の形に合わせて着用します。このようにして，**ウイルス，埃，花粉に対して完全防備（total protection against viruses, dust, and pollens）**が可能となります。

　また，感染症予防以外にもマスク着用の理由があります。マスクは**化粧の手間を省き（save the trouble of wearing makeup），他人とのコミュニケーションを避ける（avoid social interactions）**ことができます。つまり，顔の一部分を隠すことで周囲と自分を遮断することにより，**心理的優位性（psychological advantage）**を持つことができるのです。

　日本人のマスク姿は，**欧米人の目には少し異様に映る（strike Westerners as weird）**ようです。欧米では花粉症のセルフケアとしても日常生活でのマスク使用は極めて少なく，主に**医療用マスク（surgical masks）**や清掃用マスクとして着用する以外には，**重症な感染者（heavily virus-infected patients）**が**飛沫飛散（airborne droplet dispersal）**による他人への**感染防止（infection prevention）**のためだけに着用しているからです。

　元々，日常生活でマスク着用に抵抗がないのは日本をはじめとするアジア諸国（特に東南アジアや東アジアの都市）です。特に，大気汚染が深刻な中国都市部などでは，PM2.5 対応の高機能マスクの人気が高まっています。また，**排ガス（exhaust gas）**対策として，オートバイに乗る際に着用する地域もあります。乾燥地域や公害のある地域は防塵マスク，寒冷地では**防寒マスク（thermal masks）**など，さまざまな機能を持ったマスクが使用されています。

　世界のマスク使用者は，2019 年に発生した**新型コロナウイルス肺炎（COVID-19 ／ the Novel Coronavirus pneumonia）**のパンデミックにより，増加しました。その影響による使い捨てマスクの**品薄（a shortage of supply）**により，何度も洗って使える**布マスク（cloth masks）**が多く使われるようになりました。

外国人から絶対聞かれる日本に関するＱ＆Ａ

Rank 2   **Why are Japanese people less self-assertive?**

（なぜ日本人はあまり自己主張しないのですか）

これもよく話題になる重要トピックです。まずは，会話調の spoken English で説明にチャレンジしてみてください。

Spoken English

Japanese people think that modesty and group harmony are important. So most people don't like **self-assertive** people, saying the proverb, "**The nail that sticks out gets hammered down.**" Most people criticize people who always behave or speak confidently as **self-centered show-offs**. That's why many Japanese try to behave modestly and quietly. (51 words)

（日本人は，控えめであることと集団の調和が重要であると考えています。そのため，ほとんどの人は自己主張が強い人に否定的で，「出る杭は打たれる」ということわざを言います。常に自信満々にふるまったり話したりする人々は，自己中心的な目立ちたがり屋であるとして，ほとんどの人たちが批判します。そういうわけで多くの日本人は，控えめに静かにふるまうようにするのです。）

---

words & phrases

☐ **self-assertive**（自己主張が強い，我［押し］の強い）
☐ **The nail that sticks out gets hammered down.**（出る杭は打たれる）
☐ **self-centered show-offs**（自己中心的な目立ちたがり屋）

いかがでしたか？　人の性格をどう表現するかで適切な表現が思いついたでしょうか。それでは今度は格調高い「書き言葉」で言ってみてください。

格調高い Written English へ
ワンランク UP !

⬇

Since modesty is considered to be a virtue in Japan, **self-assertiveness is** often **frowned upon** by most people. Since Japanese people place high value on group harmony, the following proverb applies to Japanese society: "The nail that sticks out gets hammered down." In Japan, people who always assert themselves strongly and show off their status and knowledge tend to be criticized as **self-centered attention seekers**. That is why many Japanese try to **efface themselves** by making **self-deprecating comments**. (79 words)

（日本では，控えめであることが美徳と考えられているため，自己主張が強いことはしばしば，ほとんどの人に難色を示されてしまいます。日本人は集団の調和を重視するので，「出る杭は打たれる」ということわざが日本社会に当てはまります。日本では，常に自分を強く主張したり，地位や知識をひけらかしたりする人々は，自己中心的な目立ちたがり屋であるとして批判される傾向があります。そういうわけで多くの日本人は，自虐的なコメントをすることによって目立たないようにするのです。）

words & phrases

□ **self-assertiveness**（自己主張が強いこと）   □ *be* **frowned upon**（ひんしゅくを買う）
□ **self-centered attention seekers**（自己中心的な目立ちたがり屋）
□ **efface** *one***self**（目立たないように努める）
□ **self-deprecating comments**（自虐的なコメント）

会話調・文章調のここがポイント！

　日本人の性格を英語で説明するときは，まず，modesty と group harmony が重要であることを述べるとわかりやすくなります。そして，**self-assertive**（自己主張が強い）な人々は "*be* **frowned upon**"（ひんしゅくを買う）ということを述べます。平たく言えば，"don't like ...（～を嫌う）"，"shy away from ...（～するのを嫌がる）"，"**most people are negative about ...**"（ほとんどの人々は～に対して否定的である）と表現することができます。

　次に，「『出る杭は打たれる』ということわざが日本社会に当てはまる」と説明します。「～に当てはまる」は，**apply to ...** で表すことができます。また，**show off ...**（～をひけらかす）は，**a show-off** と名詞の形にすると「目立ちたがり屋」となり，**an attention seeker** と同じような意味になります。**show off** は，"**Really talented people don't show off.**"（能ある鷹は爪を隠す）のように使えます。

最後に，「目立たないようにする」を表すには，堅めの英語では，**efface themselves**（人目につかないようにする）や，**make self-deprecating comments**（自虐的なコメントをする）で表すことができます。もう少し平たく言えば，**behave modestly and quietly**（控えめに静かにふるまう）で表現することができます。これらは英語で日本人の事を説明するための必須表現なので，是非運用できるようにマスターしましょう！

「〜に当てはまる」を表す表現をマスターして英語発信力 UP！

apply to … ／ be true of … ／ can be said about …

　「〜に当てはまる」は，**apply to …** で表現できます。例えば，"This does not **apply to** beginners."（これは初心者には当てはまらない）のように使います。「…に当てはまる」は，他に *be* **true of …** でも表現できます。例えば，"The same **is true of** you."（同じことがあなたにも当てはまる）のように使います。また，**can be said about …** は "**The same thing can be said about women.**"（同じことが女性にも言える）のように使えます。これらの表現をどんどん覚えて表現力を UP しましょう。

self- の色々な用法をマスターして英語発信力 UP！

　self- には「自己，自分を，自動的な」の意味があります。self-（自分の）を含む単語には，**self-assertive**（自己主張の強い）（対義語は **self-effacing** ／ **reserved**），**self-centered**（自己中心の），**selfish**（利己的な），**self-deprecating**（自虐的な），**self-serving**（利己的な）などがあります。また，類語として，**egocentric**（自己中心の）があります。

「探す，探す人」を表す表現をマスターして英語発信力 UP！

　「探す，探す人」を表す表現には，**seek** を含む表現としては，**an attention seeker**（目立ちたがり屋）の他に，**a job seeker**（求職者），**a status seeker**（立身出世主義者）などがあります。この他，**self-seeking**（《名》利己主義；《形》利己主義な）のような表現もあります。また，**an asylum seeker**（亡命者），**a pleasure seeker**（遊び人）のような表現も覚えておきましょう。

　日本人は一般的に，子どもの頃から，集団生活の中で**従順さと協調性（obedience and conformity）**を教育されており，先生や上司の言うことを聞くように教えられています。そのため，**控えめ（modest）**で自分を抑え**（unassertive）**，自己表現が苦手な**（reserved）**人が多いのです。

　控えめでいることを美徳とする日本語のことわざに，「能ある鷹は爪を隠す」がありますが，英語では "**Really talented people don't show off.**" といいます。他にも，"**Who knows most speaks least.**"（最も知るものが最も語らない），"**Still waters run deep.**"（静かな川の水は深く流れる）などがあります。このことから，英語圏においても控えめでいることは必ずしも悪いこととは考えられていないことがわかります。ちなみに，「出る杭は打たれる」という英語のことわざは，"**The nail that sticks out gets hammered down.**" といいます。これに対して，松下幸之助氏の名言に，「出る杭は打たれるが，出すぎた杭は打たれない。」があります。

　日本人の控えめな国民性の**長所（strengths）**は，**粘り強さ（perseverance）**，**勤勉さ（diligence）**です。しかし問題点は，公私両面にわたって自分の気持ちをうまく伝えられず，ストレスから**精神疾患（mental disorder）**に陥りがちであることが挙げられます。こういった中，最近では企業や学校でも，他人への配慮をしつつ，はっきりと自分の要求を伝えるという**「自己主張訓練（assertiveness training）」**が導入されています。

●欧米でのスピーチトレーニング教育

　北米やオーストラリアでは，家庭でも学校でも**自分の意見を述べるように教育されています（trained to express *one's* opinions）**。クラスでは**積極的に質問し（actively ask questions）**，グループワークでは誰でも代表として**うまく発表（make an effective presentation）**ができます。こういった背景にあるのは，子ども達が，小学校低学年の授業の中で，**「ショー・アンド・テル（show and tell）」**という**人前で話すトレーニング（assertiveness training）**を受けているという事実です。この授業では，子ども達がそれぞれ好きな物事についてスピーチをします。また，聞き手もスピーチに対するコメントをします。そのため，大人になっても**堂々と自分の意見を述べる（confidently express *one's* ideas and opinions）**ことができるようになります。

　近年，日本の教育現場でも，**反転授業（flipped classroom ／ flip teaching）**，**ラーニング・バイ・ティーチング（learning by teaching）**，**グループワーク（group work）**など，**アクティブラーニング（active learning）**を取り入れる学校が増えており，生徒が積極的に話す機会が増える傾向にあります。

・**反転授業**…従来型授業と反対に，生徒はビデオ授業で予習し，教室では学び合いを行う。
・**ラーニング・バイ・ティーチング**…生徒は教材を学習し，授業の準備をし，他の生徒に教える。教えることにより知識が定着し，人前で話す訓練にもなる。

外国人から絶対聞かれる日本に関するＱ＆Ａ

Rank 3

Why do Japanese often say *"Sumimasen,"* which literally means *"I'm sorry"*?

（なぜ日本人はすぐに「すみません」と言うのですか）

これもよく話題になる重要トピックです。まずは，会話調の spoken English で説明にチャレンジしてみてください。

Spoken English

Firstly, the word *"Sumimasen"* has several meanings. It means "Thank you so much", "Excuse me", and "I'm sorry". When Japanese say *"Sumimasen"* to **show their thanks**, they mean "I owe you a lot, but I am sorry I can't return your kindness." Secondly, Japanese people try to create harmonious relationships by using **humble expressions** in **the group-oriented society**. (73 words)

（まず，「すみません」という言葉にはいくつかの意味があります。「ありがとうございます」「失礼します」「ごめんなさい」という意味があります。日本人が感謝を伝えるときに「すみません」と言いますが，これは「おかげさまでありがとうございます。でもあなたの親切にお返しができなくてごめんなさい。」という意味なのです。２つ目の理由としては，日本人は集団意識の高い社会で謙虚な表現を使うことによって，調和のとれた関係を作ろうとするのです。）

words & phrases

□ **show** *one's* **thanks**（感謝の気持ちを表す）
□ **humble expressions**（謙虚な表現）
□ **the group-oriented society**（集団意識の高い社会）

いかがでしたか？　なぜ「すみません」で感謝を表すのかをうまく説明できたでしょうか。それでは今度は格調高い「書き言葉」で言ってみてください。

格調高い Written English へ ワンランク UP！

Firstly, this custom **originates from a** strong **sense of obligation** among Japanese people. "*Sumimasen*" is a **polysemic** word with several meanings, "Thank you so much", "Excuse me", and "I apologize". When Japanese people try to **express their gratitude**, they often say "*Sumimasen*", which means "I am so grateful, but I am sorry I can't **reciprocate your kindness**." Secondly, Japanese people believe that **a humble attitude** shown by "*Sumimasen*" will create **congenial relationships** with other people in the group-oriented society. (90 words)

（まず，この習慣は日本人が恩義をとても大切にしていることからきています。「すみません」は多義語で，「ありがとうございます」「失礼します」「申し訳ございません」という意味があります。日本人は感謝を示そうとする時，「すみません」と言いますが，これは「本当にありがとうございます。しかしあなたの親切に対してお返しができなくてごめんなさい。」という意味なのです。2つ目の理由として，日本人は「すみません」で表現される謙虚な態度が集団意識の高い社会で他人との良好な関係を築くと考えています。）

words & phrases

□ **originate from ...**（〜からきている，〜が起源である）
□ **a sense of obligation**（恩義）　　□ **polysemic**（多義の）
□ **express** *one's* **gratitude**（感謝の気持ちを示す）
□ **reciprocate your kindness**（あなたの親切に対しお返しをする）
□ **a humble attitude**（謙虚な態度）
□ **congenial relationships**（良好な関係，気心の知れた間柄）

会話調・文章調のここがポイント！

　日本人が感謝を述べるのになぜ「すみません」と言うのかを英語で説明するときは，まず，日本人が**恩義を大切にしている**（**a strong sense of obligation**）ことを説明するとわかりやすくなります。「書き言葉」では「すみません」は "**a polysemic expression**"（多義表現）であると説明を加えています。

　次に，「感謝する」を表す表現がいくつかあります。**express** *one's* **gratitude**（感謝を伝える），*be* **grateful to ...**《人》**for ~**《事》（〜に…のことで感謝する），**thank ...**《人》（〜に感謝する），**appreciate ...**《事》（〜に対して感謝する）などが使えるようにしておきましょう。

　最後に，「**お返しする**（**give back, return**）」を表すには，堅めの英語では，

"reciprocate"で表すことができます。また、「上手く調和した関係（**harmonious relationships**）」は、書き言葉では、"**congenial**"で表現することができます。これらの必須表現を、是非運用できるようにマスターしましょう！

「感謝」を表す表現をマスターして英語発信力 UP!

**express appreciation for … ／ in appreciation of … ／
as a token of gratitude**

"**express appreciation for …**"は丁寧に感謝の気持ちを伝える表現で、"I would like to **express my sincere appreciation for** your continued support."（変わらぬご愛顧に対し感謝を申し上げます）のように使えます。他に"**in appreciation of …**"（～に対する感謝を込めて）、"**as a token of** *one's* **gratitude**"（感謝の印として）、"**owe …**《人》**many thanks [a lot]**"（～にとても感謝している）も重要表現なので、覚えておきましょう。

obligation の色々な用法をマスターして英語発信力 UP!

obligation はコンセプトが「しばりつける（= to bind）」で、そこから「**義務感（お返しする気持ち）、義務、義理、恩義、おかげ、債務、債券**」などの意味が生まれてきます。そして、**moral obligation**（義理、道義的責任）、**fulfill [meet]** *one's* **obligation**（義務を果たす）、*be* **under an obligation to a person**（人に義理がある、人に恩を受けている）、**confidentiality obligation**（守秘義務）のような表現もあります。

「調和」を表す表現をマスターして英語発信力 UP!

「調和」を表す表現には、**create congenial relationships**（うまく調和した関係を作る）、**in a congenial [friendly, welcoming] atmosphere**（温かい雰囲気で）、**in [out of] harmony with …**（～と調和して［しないで]）などがあります。この他、**a harmonious arrangement of colors**（調和のとれた配色）、**The building harmonizes with its surroundings.**（その建物は周囲と調和している）という表現も覚えておきましょう。

　他人に配慮した**言葉の選択**（**choice of words**）は，日本社会において非常に重要です。そのため，さまざまな「**配慮表現**（**expressions of consideration)**」が存在します。

　「すみません」も配慮表現の１つであり，他には「お疲れ様です（主に同僚や目下の者を気遣う時や，共同作業が終わった時，また仕事中や退勤時の挨拶として）」「ご苦労様（目下の者を気遣う時）」「お世話になっております（電話やメールでの挨拶として）」「お陰様で（相手または漠然としたものに対する感謝）」「考えておきます（即答できない時または断る時）」などがあります。それぞれの使われ方には年代や地域，**社風**（**corporate culture**）などで多少の差があったり，元来の使われ方とは変わっていることもありますが，廃れることなく使われ続けています。

● 「考えておきます」の意味は？
　日本人が「考えておきます」と言う時，**文字どおり**（**literally**）考えておく場合と，**やんわり断る**（**politely decline**）場合があります。これに対して，英語でも後者は **I'll see what can do.** となり，**"I'll think over [reflect on] the matter."**（その件につきましては検討させて頂きます）というと，文字どおり検討するという意味になります。そのため，英文メールでは誤解が生じないように具体的に「○○について検討したいので，○日までにご連絡します。」など書くのが通例です。

● 「すみません」の意味は？
　「すみません」はもともとあまり**品のよくない言葉**（**impolite word**）として存在し，目下の者に対して使われていましたが，戦後になって感謝の意を表すように変化したと言われています。漢字で書くと「済みません」，つまり「このままでは気が済みません」という意味から，謝罪の意味を表す表現として使われるようになりました。ただし，「すみません」は**口語表現**（**colloquial expression**）なので，書き言葉での敬語表現としては「申し訳ございません」が正式です。

●他動詞（transitive verb）ではなく自動詞（intransitive verb）を用いて自責的に表現（self-reproach）した「配慮表現」とは？
　日本人は謝罪する時に，自責的に表現することがよくあります。例えば「ごめんなさい，お茶碗が割れました。」というと，日本語として**違和感があります**（**feel uneasy**）。「ごめんなさい，お茶碗を割ってしまいました。」と言うと「ごめんなさい」という謝罪の意味と，「自分が割った」という行為との結びつきが良くなり，**謙虚な気持ち**（**modest feeling**）を表現できます。

　これとは逆に，お茶を淹れて目上の人に出すとき，「お茶が入りました」と表現することがあります。これは，「お茶を入れました」というと日本語では少し**恩着せがましく**（**patronizing**）聞こえるからです。

　他の例として，子どもが何かよくないことをして謝る時，日本語では「もうしません。（自分がもう悪いことをしない）」と他動詞的に表現するのに対し，英語では，**"It will never happen again."**（このようなことはもう起きない）と，日本語とは正反対に自動詞的に表現することが多いのです。

外国人から絶対聞かれる日本に関するＱ＆Ａ

Rank 4 **Why don't most Japanese generally invite others to their homes?**

（なぜたいていの日本人は一般的に他人を家に招待しないのですか）

これもよく聞かれる重要トピックです。まずは，会話調の spoken English で説明してみましょう。

Spoken English

Japanese tend to **draw a line between** insiders and outsiders. They think that inviting others to their homes is something special. So they think they have to make the rooms clean and tidy before the guests arrive. Wives also have trouble preparing meals for the guests. Another reason is that Japanese houses are generally small and don't have enough space to invite guests. That's why inviting guests to their homes is a big burden on Japanese. (76 words)

（日本人は中の人と外の人を区別する傾向にあります。彼らは他人を家に招くことは特別なことだと考えています。そのため，彼らはお客さんが到着する前に部屋をきれいに片付けておかなければならないと思っています。妻たちもまた，お客さんのために食事の用意をするのに苦労します。もう一つの理由としては，一般的に日本の家は狭く，客を招待できる十分なスペースがありません。だから，客を家に招待することは日本人にとって大きな問題なのです。）

words & phrases

☐ **draw a line between** *A* **and** *B*（ＡとＢを区別する）

いかがでしたか？　心理的な理由と物理的な理由を相手にわかるように簡潔に説明するのはチャレンジングだったのではないでしょうか。それでは今度は格調高い「書き言葉」で言ってみてください。

格調高い Written English へ
ワンランク UP！

There are two major reasons for this tendency. Firstly, Japanese tend to draw a line between insiders and outsiders. Considering inviting others to their homes as something special, they think they have to **tidy up** the rooms, and especially wives have trouble preparing meals for the guests. Secondly, Japanese houses are generally small without enough space to **accommodate** guests. For these reasons, Japanese people are generally reluctant to invite others to their homes. (73 words)

（この傾向には主に２つの理由があります。まず，日本人は中の人と外の人を区別する傾向にあることです。家に他人を招待することは特別なことと考え，彼らは部屋を片付けなければならないと思い，特に妻たちは客に食事を用意するのに苦労します。２番目の理由としては，一般的に日本の家は狭く，客を収容できる十分なスペースがありません。これらの理由により，日本人は一般的に客を家に招待することに消極的なのです。）

words & phrases

□ **tidy up ...**（〜を片付ける）　　□ **accommodate**（〜を収容する）

会話調・文章調のここがポイント！

　日本人があまり人を家に招かないことを英語で説明するときは，心理的な理由と物理的な理由について述べるとわかりやすくなります。まず，**tend to draw a line between insiders and outsiders**（**中の人と外の人を区別する傾向にある**）と表現し，「外の人を招くのにいつもどおりではいけない」という日本人の心理を説明します。「書き言葉」では更に，人を招くことの負担が特に妻にかかっていることも付け加えます。"**the hosts, especially the wives, have trouble preparing meals ...**" と表すことができます。

　次に，「部屋をきれいにする」を書き言葉では，"**tidy up**" を使って表しています。"**tidy up**" は，主に散らかっているものを片付ける意味で使いますが，"**clean up**" は主に磨いてきれいにする意味で使います。どちらもほぼ同義で使われることが多いですが，来客が到着する前ですので，tidy up の方が近いのではないでしょうか。

　最後に，「**多くの客を招待できる十分なスペースがない**」を表すには，accommodate（収容する）を使い，without enough space to accommodate many guests と表現します。

これらは英語で日本の事を説明するための必須表現なので，是非運用できるようにマスターしましょう！

「区別」を表す表現をマスターして英語発信力 UP!

draw a line between *A* and *B* ／ distinguish *A* from *B* [between *A* and *B*]

　「A と B を区別する」は，**draw a line between *A* and *B*** で表現できます。例えば，"**draw a line between** public **and** private"（公私のけじめをつける = don't mix business with pleasure）のように使います。「区別する」は，他に **distinguish between *A* and *B* [*A* from *B*]** でも表現できます。例えば，"**distinguish between** right **and** wrong"（正邪を区別する），"**distinguish between** colors"（色を区別する）のように使います。これらの表現をどんどん覚えて表現力を UP しましょう。

accommodate の色々な用法をマスターして英語発信力 UP!

　accommodate はコンセプトが「〜に合わせる」で，そこから「**収容する，乗せる，泊める，便宜を図る，融通する，適応させる**」などの意味が生まれてきます。そして，**accommodate the needs**（ニーズに合わせる），**accommodate ... with a loan**（〜に融資する），**accommodate guests**（客を収容する），**accommodate the schedule**（予定に合わせる）のように幅広く使えます。また，**an accommodating tour guide**（親切なツアーガイド）のような表現もあります。

◎ 日本の住居に関する背景知識はこれだ！

●日本の典型的な住居 (typical Japanese houses) とは？
日本の家は和風 (**a Japanese style**)，洋風 (**a Western style**)，和洋折衷 (**a combination of Japanese and Western styles**) に分かれます。

●一部屋の平均的な大きさは？
4畳半，6畳，8畳 (**4.5, 6, or 8** *tatami* **mats**) が標準です。

●伝統的な和室 (**traditional Japanese-style rooms**) の特徴とは？

畳 (*tatami* mats)	イグサを編んだシートで覆われたマット (**mats covered with sheets of woven rushes**)。畳は夏は涼しく (**make people feel cool in the summer**)，冬は室内から熱を逃がさない (**help keep the heat in the room**)。畳1畳は，縦約1.8メートル，横90センチ (**about 1.8 meters long and 90 centimeters wide**) の大きさで，部屋のサイズを示す単位 (**a unit of the room size**) にもなっている。
障子 (*shoji*)	薄紙で木格子の枠組みを覆った引き戸 (**a sliding door covered with white thin paper on a wooden lattice frame**)。閉めていても明かりを採り入れる (**let in light**) ことができる。
襖 (*fusuma*)	厚い紙を貼った引き戸 (**a sliding door covered with thick paper**)。部屋と部屋の仕切り (**partitions**) や押入れの扉 (**closet doors**) として使われている。
床の間 (**alcove**)	花や絵，書 (**calligraphy**) の掛け軸 (**a hanging scroll**) が飾られている。

●伝統的な日本の家はなぜ木造か？
　木造の家は風通しや採光がよくて (**provide better ventilation and let in more light**)，日本の気候，特に蒸し暑い夏 (**hot, humid summer**) に最適です。かつては家を建てるための良質の木材 (**quality wood**) が豊富にありました。

●日本のトイレの特徴とは？
　日本のトイレは和式と洋式があります。和式 (**a Japanese-style toilet**) を使うときは覆い (**a hood**) に向かってしゃがんで座ります (**squat down**)。
最近では，日本のトイレはほとんどが洋式 (**Western-style toilets**) で，その多くはウォシュレット (**Washlet**) のような温水洗浄便座 (**an electronic bidet**) です。便座の下から暖かいお湯を噴射し (**spray warm water**)，温風を出して乾かし (**dry with warm air**)，便座を暖める (**warm the toilet seat**) 機能がついています。中には，用を足す時の音が周りに聞こえないように (**to cover up the sound of relieving yourself**)，流水音を人工的に出す (**make artificial flushing sounds**) ものもあります。

外国人から絶対聞かれる日本に関するＱ＆Ａ

Rank 5 **What's the difference between Japanese and Western gardens?**

（日本の庭園と西洋の庭園の違いは？）

二条城の二の丸庭園▶

これもよく話題になる重要トピックです。まずは，会話調の spoken English で説明にチャレンジしてみてください。

Spoken English

Typical Japanese gardens have **curved lines** and **an irregular style** to create a very small landscape of nature. On the other hand, European gardens, especially gardens in France, are designed in **a regular style** by using many **straight lines**.

(39 words)

（典型的な日本庭園は，凝縮した自然の風景を作り出すため，曲線と左右非対称なスタイルで出来ています。それに対して，ヨーロッパの，特にフランスの庭園は，直線を多用し，左右対称にデザインされています。）

words & phrases

□ **curved lines**（曲線）　　□ **an irregular style**（不規則な〔⇒左右非対称の〕スタイル）
□ **a regular style**（規則的な〔⇒左右対称の〕スタイル）　　□ **straight lines**（直線）

いかがでしたか？ 「左右非対称・左右対称」や「凝縮した」をどう表現するかで困った人がいるでしょうか。でも工夫してください。それでは今度は格調高い「書き言葉」で言ってみてください。

格調高い Written English へ
ワンランク UP！

Japanese gardens are characterized by the use of curved lines and an **asymmetrical** style, which are designed to create **a miniaturized landscape** of nature. In contrast, European gardens, especially gardens in France, are designed **geometrically** in a **symmetrical** style with the use of many straight lines. (46 words)

（日本庭園は，曲線と左右非対称なスタイルを使っていることが特徴で，凝縮された自然の風景を作り出すようデザインされています。それに対して，ヨーロッパの，特にフランスの庭園は，直線を多用し，左右対称に幾何学的にデザインされています。）

words & phrases

☐ **asymmetrical**（左右非対称の）　　☐ **a miniaturized landscape**（凝縮した風景）
☐ **geometrically**（幾何学的に）　　☐ **symmetrical**（左右対称の）

会話調・文章調のここがポイント！

　日本の庭園を英語で説明するときは，西洋の庭園と比較するとわかりやすくなります。情報的には，「ヨーロッパの庭園は，**直線**（**straight lines**）と，**左右対称の様式**が特徴であるのに対して，日本の庭園は**曲線**（**curved lines**）や**左右非対称のデザイン**を多用する。」というのを表現する場合，左右対称（非対称）を平たい英語でどう言うのか難しいと思いますが，**regular**，**irregular** の「多義性」を知っている人は口語的に言い表すことができます。「書き言葉」ではそれぞれ，**a symmetrical style**，**an asymmetrical style** となりますが，いずれにしても英語力［語彙力］がいりますね。

　次に，「凝縮した自然の姿」を英語で説明するのがチャレンジングでしょう。書き言葉では，**a miniaturized landscape** of nature と，"**miniaturize（小型化する）**" を使って表していますが，それが出てこなくても，状況を判断し，機転を利かせれば **create a very small ～ of ...** ということができるでしょう。

　最後に，「**特徴**」を表すには，堅めの英語では，**～ is characterized by ....**，**The major characteristic of ～ is ...** や **typically** ～で表現することができます。

　これらは英語で日本の事を説明するための必須表現なので，是非運用できるようにマスターしましょう！

be **characterized by ... ／ feature ／ a(n) paragon [epitome] of ...**

　「Aの特徴はBである」は，*A* **is characterized [marked] by** *B*，*B* **characterizes [features]** *A* で表現できますが，characterize は「典型的な特徴」，feature は「特筆すべき特徴」を表します。また，**an epitome of ...** は「～の典型的な例［縮図］」で，an epitome of life [love]（人生［愛］の縮図），**a paragon of ...** は「素晴らしいものの典型的な例」を表し，a paragon of virtue [beauty]（美徳［美］の典型）のように使います。この他，**a picture of ...** は「～そのもの」で，a picture of health [happiness]（健康［幸せ］そのもの），**a personification of ...** は「～の化身［権化］」で，a personification of evil [justice]（悪［正義］の化身）のように使うので，それらをどんどん覚えて表現力を UP しましょう。

　regular はコンセプトが「定まった」で，そこから「**規則的な，定期的な，正規の，標準の，均衡のとれた**」などの意味が生まれてきます。そして，a regular checkup（定期検査），a regular hangout（いつものたまり場），a regular member（正会員），a regular class（通常クラス），a regular doctor（かかりつけの医者），regular work（定職），regular prices（定価）のように幅広く使えます。

　「縮小」を表す表現には，a **compact** car（小型車），**miniature** potted plants（盆栽），a miniaturized antenna（小型アンテナ）などがあります。この他，模型の縮小の場合は，a **one-twenty-fifth model of** the Golden Pavilion（金閣寺の25分の1模型）のように表現します。また，School is a microcosm of life.（学校は人生の縮図）のように，**a microcosm of ...**（～の縮図）という表現も覚えておきましょう。

　日本庭園（**Japanese Gardens**）は，中国や朝鮮の文化の影響を受けながら（**under the influence of Chinese and Korean culture**），独自のものに発展してきました。その特徴は，**幾何学的で均整の取れた美**（**geometrical, symmetrical beauty**）を追求する西洋の庭園に対して，**左右非対称**（**asymmetrical**）で**素朴な自然美**（**simple, unspoiled natural beauty**）を強調しています。

　また，自然の石や樹木を使って大自然を縮小して表現する**縮景**（**a miniaturized landscape**）を特徴としています。例えば，宇治の平等院の庭園は**浄土式庭園**（**Pure Land style gardens**）と呼ばれ，**浄土**（**the Pure Land**）の世界を表現しています。他にも，**日本三景**（**the three most beautiful scenic spots of Japan**）の1つである天橋立をモチーフとした「桂離宮庭園」（京都），**東海道五十三次**（**the Fifty-Three Stations of the Tokaido**）を模した「水前寺成趣園 (じょうじゅえん)」（熊本）などがあります。

　日本庭園の伝統的なものには，以下の3つの様式があります。
●**池泉庭園**（**water gardens**）
　築山式（**the artificial hill style**）とも呼ばれ，人工的に土砂を用いて築いた山があります。**池**（**ponds**），**小川**（**streams**），**丘**（**hills**），**石**（**stones**），木々，花，**橋**，**小道**（**paths**）を配した庭園で，有名なものに，**苔寺**（**Moss Temple**）として知られる西芳寺庭園（京都）や，水前寺成趣園（熊本）があります。

●**枯山水**（**dry landscape gardens**）
　水を全く使わず（**no use of water**），石，砂利（**gravel and sand**），時には**苔**（**moss**）で，山，島，船，海や川などの**自然風景や禅の精神世界**（**Zen spirit**）を表現した庭園であり，室町時代にはじまりました。枯山水の岩は山や船を，**大きな丸石は滝を表現し**（**a large boulder representing a waterfall**），竜安寺（京都），大徳寺大仙院方丈南庭（京都）の石庭が有名です。

●**露地**（**tea gardens**）
　茶室に付随する庭園（**gardens adjacent to a ceremonial teahouse**）は，露地または茶庭と呼ばれます。茶道の教えに従って，**質素な趣**（**aesthetic simplicity**）を表現します。茶庭には，茶室へ導く**飛び石**（**stepping stones**），**石灯籠**（**stone lanterns**），茶室に向かう前に客が手を清める**石製のつくばい**（**a stone basin**）などが配置されています。また，茶室内に置かれた**茶花**（**arranged flowers for tearooms**）の香りを生かすため，茶庭には花の咲く木や**香りの高い花**（**aromatic flowers**）は用いません。著名な茶庭としては，表千家露地，裏千家露地，武者小路千家露地，大徳寺弧蓬庵露地があります。

外国人から絶対聞かれる日本に関するＱ＆Ａ

 Rank 6 **What is the difference between the Emperor and the Shogun?**

（天皇と将軍の違いは？）

江戸幕府初代将軍・徳川家康 ▶

　これもよく話題になる重要トピックです。まずは，会話調の spoken English で説明にチャレンジしてみてください。

Spoken English

The Emperor is the symbol of Japan, and the Shogun was the most powerful man from the Kamakura period through the Edo period. In those days, the Shogun was appointed by the Emperor as the absolute general of **the military government**. The Shoguns lost power when **the Tokugawa Shogunate** ended in the late 19th century. (56 words)

（天皇は日本の象徴で，将軍は鎌倉時代から江戸時代にかけて最有力者でした。当時，将軍は武家政権の絶対的な総大将として天皇によって任命されました。将軍は，徳川幕府が19世紀末に終わった時に権力を失いました。）

---

words & phrases

□ **the military government**（武家政権）　　□ **the Tokugawa Shogunate**（徳川幕府）

　いかがでしたか？　実際に権力を握っていたのは誰かを正確に理解した上で表現できたでしょうか。それでは今度は格調高い「書き言葉」で言ってみてください。

格調高い Written English へ
ワンランク UP！

The Emperor is defined as the symbol of Japan under **the Constitution of Japan**, while the Shogun was the most **powerful figure** from the Kamakura period through the Edo period. Appointed by the Emperor as an absolute military general of the country, the Shogun was a **commander-in-chief** of the military government who virtually ruled **medieval** Japan. In contrast, the Emperor was a **figurehead** rather than a ruler in those days. The Shoguns lost power with the end of the Tokugawa Shogunate in the late 19th century. (87 words)

（天皇は日本国憲法のもと，日本の象徴と定められていますが，将軍は鎌倉時代から江戸時代にかけて最有力者でした。国家の絶対的な軍事指導者として天皇に任命された将軍は，事実上中世日本を支配していた武家政権の最高司令官でした。対照的に当時，天皇は統治者というよりはむしろ名目上の長でした。将軍は，19 世紀末の徳川幕府の終わりと共に権力を失いました。）

words & phrases

□ **the Constitution of Japan**（日本国憲法）　□ **powerful figure**（有力者）
□ **a commander-in-chief**（最高司令官）　□ **medieval**（中世の）
□ **a figurehead**（名目上の長）

会話調・文章調のここがポイント！

　天皇と将軍について英語で説明するときは，天皇の役割が歴史と共に変わってきていること，そして将軍は現代には存在しないということを説明する必要があります。そのためには，日本の古代から現代までの政治史の流れを理解しておくことが必要です。

　まず，天皇が憲法でどのように定められているかを *be* **defined as ...**（〜と定められている）で表現します。また，「最有力者」を口語では，**the most powerful man** としていますが，書き言葉では，**the most powerful figure** としています。

　次に，戦国時代の将軍の地位を正確に英語で説明するのがチャレンジングでしょう。書き言葉では，将軍に関する情報を会話調より具体的に **a commander-in-chief of the military government who virtually ruled medieval Japan**（事実上中世日本を支配していた武家政権の最高司令官）と表現しています。

最後に，「天皇は名目上の長」を表すには，堅めの英語では，**a figurehead** で表すことができますが，もう少し平たく言えば，**a nominal head** で表現することができます。

これらは英語で日本の歴史や政治を説明するための必須表現なので，是非運用できるようにマスターしましょう！

「定義」を表す表現をマスターして英語発信力 UP！

be **defined as ...** ／ **the definition of ... is** ／ **by definition**

「～と定義される」は，*be* **defined as ...** で表現できます。例えば，"Leadership **is defined as** the action of leading a group of people."（リーダーシップは人々のグループを率いる行為と定義される）のように使います。「…の定義は～です」は，**The definition of ... is** ～ **.** で表現できます。例えば，**"The definition of** medical **is** relating to medicine."（medical の定義は，「医学に関連した」である）のように使います。また，**by definition** は「定義によれば」「定義上は」「当然」で，例えば，"A volunteer **by definition** is not paid."（ボランティアは定義上は無償である）のように使います。これらの表現をどんどん覚えて表現力を UP しましょう。

figure の色々な用法をマスターして英語発信力 UP！

figure は多義語（**a polysemic word**）で，「**形，形状，姿，容姿，（重要な）人物，図，数字**」などの意味があります。そして，**historical figures**（歴史上の人物），**have a good figure**（スタイルがいい），**have a good head for figures**（数字に強い），**as shown in Figure 3**（図3に示すように），**a reflected figure**（反射像）のように幅広く使えます。

「名目上の長」を表す表現をマスターして英語発信力 UP！

「名目上の長」を表す表現には，**a figurehead, a titular head, a nominal head** などがあります。ちなみに，傀儡（かいらい）は **a puppet**（対義語は **a real head**）といいます。また，**摂関政治**（平安時代に藤原氏が天皇の外戚として摂政・関白の要

職に居続け，政権を握っていた政治）は **regency government**，「摂政」は **a regent**，「関白」は **the Chief Adviser to the Emperor** といいます。

◎ 天皇の背景知識はこれだ！

日本の天皇は，**日本国憲法**（**the Constitution of Japan**）第1条（**Article 1**）により，**日本及び日本国民統合の象徴**（**the symbol of the State and of the unity of the People**）であると規定されています。国会の議決する**皇室典範**（**the Imperial Household Law**）に基づき，世襲によって受け継がれます。

天皇には以下のような**公務**（**official duties**）があります。

- 内閣総理大臣と最高裁判所長官を正式に任命する（**officially appointing the Prime Minister and the Chief Judge of the Supreme Court**）
- 憲法改正，法律，政令，条約の公布（**promulgating constitutional amendment, laws, cabinet orders and treaties**）
- 国会の召集（**convoking the Diet**）
- 衆議院の解散（**dissolving the House of Representatives**）
- 国会議員の総選挙の施行の公示（**proclaiming the general election of the Diet members**）
- 外国の大使や公使への応対（**receiving foreign ambassadors and ministers**）
- さまざまな儀式の遂行（**performing ceremonial functions**）

●**天皇のルーツ**（the Origins of the Imperial Lines）

古事記や日本書紀の記録では，初代天皇は BC660 年に**即位した**（**ascended the throne**）神武天皇（**Emperor Jimmu**）とされています。しかし，ほとんどの**歴史家**（**historians**）はこれを**史実**（**a historical fact**）とは思っていません。古代の**天皇陵**（**imperial mausoleums**）を調査することによって分かるかもしれませんが，**宮内庁**（**the Imperial Household Agency**）は一般人あるいは**考古学者**（**archaeologists**）への公開を禁止しています。

●**日本史における天皇の役割**

天皇の統治力はその時代によりかなり違います。古代の天皇については，現在もなお論争が続いています。6世紀に百済から伝来した仏教を巡って**崇仏派と反仏派の戦い**（**a battle between pro- and anti-Buddhist factions**）が起こり，崇仏派の**蘇我氏**（**the Soga clan**）が勝利し，天皇家の**外戚**（**maternal relatives**）として，皇室の力を圧倒するまでになりました。7世紀には，推古天皇の**摂政**（**regent**）として**厩戸皇子**（聖徳太子）（**Prince Umayado ／ Prince Shōtoku**）が仏教を基調とした政治を行いました。

厩戸王の死後，蘇我氏の専横が目に余るようになり，中臣鎌足と中大兄皇子（後の天智天皇）は天皇を中心とした国家を作るため，**乙巳の変**（**the Isshi Incident**）により蘇我氏を滅ぼし，**大化の改新**（**the Taika Reforms**）を行いました。初めて天皇を自称したのは 7 世紀後半の第 40 代天皇・天武天皇です。天武天皇は「倭」の国号を「日本」とし，「大王 (おおきみ)」の称号を「天皇」としました。

　平安時代には，貴族が**実権**（**the real power**）を握る**摂関政治**（**the regency government**）の時代となりました。鎌倉時代から江戸時代（1192 年から 1867 年）までは将軍が実権を握る**武家政治**（**military government**）の時代となりました。そして常に，天皇から**権威**（**authority**）の委譲を受けていました。

　1867 年に，徳川将軍家に不満を持っていた**薩摩藩**（**the Satsuma clan**）や**長州藩**（**the Choshu clan**）が「**尊王攘夷思想**（"**respect the Emperor, expel the barbarian**" **ideology**）」を抱き，将軍政府を倒しました。これは**大政奉還**（**the Return of Political Power to the Emperor**）と呼ばれます。そして，1868 年には**王政復古**（**the Restoration of Imperial Rule**）が宣言されました。

　第二次世界大戦（**World War II ／ the Second World War**）後，1947 年に日本国憲法が施行され，天皇が，日本国と日本国民統合の「象徴」と規定されました。

Rank 7 **What are the differences between *jiki*, *tōki*, and *shikki*?**

（磁器・陶器・漆器の違いは？）

尾形乾山　茶碗▶

　これはよく話題になる重要トピックです。まずは，会話調の spoken English で説明してみましょう。

Spoken English

Jiki is hard shining white ceramics. *Tōki* is **pottery** and doesn't have a **transparent** body. The biggest difference between *jiki* and *tōki* is how transparent they are. *Shikki* is a Japanese **lacquerware**. A mixture of **coloring matter** and lacquer-tree liquid is put on it. The typical *shikki* products are bowls and chopsticks. (52 words)

（磁器は，硬く光沢のある白色の焼き物です。陶器は不透明な焼き物です。磁器と陶器の最大の違いは透明度です。漆器は，日本の塗り物です。着色剤と漆の樹液を混ぜたものが塗ってあります。代表的な漆器製品は椀や箸です。）

---

words & phrases

☐ **pottery**（陶器）　　☐ **transparent**（透明な，透き通って［透けて］見える）
☐ **lacquerware**（漆器，塗り物）　　☐ **coloring matter**（着色剤）

　いかがでしたか？　「透明度」や「塗り物」の説明で困った人がいるでしょうか。それでは今度は格調高い「書き言葉」で言ってみてください。

格調高い Written English へ
ワンランク UP！

Written English

Jiki is **glazed porcelain** with a white **translucent** body. The most **notable examples** are Imari, Kiyomizu, and Seto. *Tōki* is glazed pottery with an **opaque** body. The most notable kinds of *tōki* ware are Hagi, Oribe, and Mashiko. The biggest difference between *jiki* and *tōki* is in the degree of transparence. *Shikki*, which is made of wood, is a Japanese lacquerware to which a mixture of **pigment** and **lacquer-tree sap** is applied. The typical *shikki* products are bowls and chopsticks. The most notable *shikki* are Wajima-nuri and Shunkei-nuri. (88 words)

（磁器は，釉薬をかけた，白っぽく透き通った焼き物です。もっとも有名な例は，伊万里焼，清水焼，瀬戸焼です。陶器は釉薬をかけた不透明な焼き物です。もっとも有名な陶器としては，萩焼，織部焼，益子焼などがあります。磁器と陶器の最大の違いは透明度です。漆器は，木で出来ており，顔料と漆の樹液を混ぜたものを使った日本の塗り物です。代表的な漆器製品は椀や箸です。もっとも有名な漆器には，輪島塗や春慶塗があります。）

words & phrases

□ **glazed**（釉薬をかけた）　□ **porcelain**（磁器）　□ **translucent**（透き通った）
□ **notable examples**（有名な例）　□ **opaque**（不透明な）
□ **pigment**（顔料）　□ **lacquer-tree sap**（漆の樹液）

会話調・文章調のここがポイント！

　磁器・陶器・漆器を英語で説明するときは，まず，陶磁器は焼き物で漆器は塗り物で分類し，更に陶磁器を透明度で分類するとわかりやすくなります。透明度を表す時に，**透き通った**（**translucent**）と，**不透明な**（**opaque**）と表現できますが，**opaque** を知らなくても，**透明な**（**transparent**）に否定の接頭辞 "**non-**" をつけて "**non-transparent**" と言い表すことができます。「書き言葉」の方では，特徴だけでなく具体例も挙げています。また，**釉薬をかけた**（**glazed**）という説明も加えています。ちなみに，陶器と磁器の中間的な炻器（せっき）と呼ばれる焼き物は釉薬をかけたものと**釉薬をかけない**（**unglazed**）ものがあります。

　次に，「顔料と漆の樹液を混ぜたものが塗ってある」を英語で説明するのが難しいかもしれません。これは，"**a mixture of ...**（〜を混ぜたもの）"，"**pigment**（顔料）"，"**lacquer-tree sap**（漆の樹液）"，"**apply** *A* **to** *B*（A を B に塗る）" といった語彙を使って表現できます。"**apply**" は，"**apply moisturizer [ointment]** to your skin [injury]"（肌［傷］に保湿剤［軟膏］を塗る）のように使います。話し言葉では，**pigment** が出てこなくても，**coloring matter**（着色剤）と言い換えることが出来ます。また，"apply *A* to *B*" が出てこなくても，簡単に "put *A* on *B*" ということができるでしょう。

　これらの必須表現を，是非運用できるようにマスターしましょう！

「～で覆われている」を表す表現をマスターして英語発信力 UP！

> *be* **coated [glazed, overlaid] with** ... ／ *be* **covered with** ... ／
> *be* **wrapped in** ...

　「A は B で覆われている」は，*A* is coated [glazed, overlaid] with *B*, *A* is covered with *B* で表現できますが，*be* **coated with** は *be* coated with flour [lacquer, a protective film]（小麦粉［漆，保護膜］で覆われている）のように使います。**glaze** は，釉薬の他に，**glazed doughnuts**（砂糖をかけたドーナツ），**glaze a chicken with soy sauce**（鶏肉に醤油で照りをつける）のように食べ物の表現にもよく使います。

　be **covered with** ...「～で覆われている」は，the floor of a Japanese-style room **covered with** *tatami* mats（畳が敷かれた和室の床）のように使えます。

transparent の色々な用法をマスターして英語発信力 UP！

　transparent は trans（～を超える）＋ par（見える）＋ ent（形容詞化）の 3 つに分解され，そこから「**透明な**」の意味になります。**a transparent plastic bag**（透明なビニール袋），**a transparent smartphone cover**（透明のスマホカバー）の他に，**That's all transparent to me.**（それは私にはすべてお見通しです。），**a transparent lie**（見え透いたうそ），**a transparent explanation**（わかりやすい説明）のように幅広く使えます。

「混合」を表す表現をマスターして英語発信力 UP！

　「混合」を表す表現には，**a mixture of** *A* **and** *B*（A と B の混合），**mix** *A* **with** *B*（A に B を混ぜる），**a combination of** *A* **and** *B*（A と B を組み合わせ

たもの），**combine** *A* **with** *B*（AをBに結び付ける）などがあります。例えば，**with a mixture of** *kanji*, *katakana* **and** *hiragana* characters（漢字，片仮名，平仮名を混ぜ合わせて），**mix** whiskey **with** water（ウイスキーを水で割る）のように使います。また，**combine breakfast and lunch**（朝食と昼食を兼ねる）のような表現も覚えておくと便利です。

◎ 磁器・陶器・漆器の背景知識はこれだ！

陶磁器とは？
　日本の**陶磁器**（**ceramic ware**）は，**釉薬**（**glaze**）の有無と**焼成温度**（**firing temperature**）により，「**陶器**（**pottery**）」，「**炻器**（せっき）（**stoneware**）」，「**磁器**（**porcelain**）」の3種類に分類されます。

●**陶器**（**pottery**）
　釉薬をかけて約1,100℃で焼成されたもの。
＜代表的な陶器＞
・ 益子焼（栃木県）：**土鍋**（**clay pot**）や**土瓶**（**teapot**）で有名。素朴なデザインで**ゴツゴツした土の質感**（**rough texture of soil**）を持つのが特徴です。
・ 萩焼（山口県）：茶碗で有名。生地に細かい**ひび**（**cracks**）が入っており，茶や酒が**陶器にしみ込み**（**permeate into the pottery**），独特の**くすんだ色**（**subdued colors**）が特徴。
・ 唐津焼（佐賀県）：**李氏朝鮮**（**the Joseon dynasty**）から伝わった伝統的技法が特徴。**絵唐津**（**Karatsu ware with iron glaze paintings of trees, flowers and birds**），**朝鮮唐津**（**Korean Karatsu**），**斑唐津**（まだらがらつ）（**Karatsu with spots**）などが有名です。

●**炻器**（せっき）（**stoneware**）
　たいていは釉薬をかけない**素焼き**（**unglazed pottery**）で約1,200℃でじっくり焼成したもの。
＜代表的な炻器＞
・ 常滑焼（愛知県）：知多半島古窯跡群を母体としています。日本六古窯の一つ。**タイル**（**tiles**）や**植木鉢**（**plant pots**）に多く用いられます。
・ 信楽焼（滋賀県）：日本六古窯の一つ。**狸**（**a raccoon dog**）の置物で有名です。
・ 備前焼（岡山県）：**茶器**（**tea utensils**），**酒器**（*sake* **cups**），皿が多く生産されます。**窯変**（**deformation and color variation during firing**）により，一つとして同じ模様がありません。

●**磁器**（**porcelain**）
　釉薬をかけて（**glazed**）約1,300℃で焼成したもの。磁器は，陶器や炻器より**硬度**（**hardness**）が高く，**透光性があり**（**translucent**），叩くと**金属音**（**metallic sound**）がします。

＜代表的な磁器＞

- **九谷焼**（石川県）：赤，紫，緑，黄，紺（dark blue）の5つの基本色で絵が描かれています。
- **瀬戸焼**（愛知県）：東日本で広く流通しています。陶磁器全般を指す「瀬戸物」という名称の由来です。
- **清水焼**（京都府）：**優美な絵（graceful paintings）**が特徴で，清水寺への参道である五条坂界隈に多くの**窯元（potteries）**がありました。
- **有田焼**（佐賀県）：伊万里焼とも呼ばれます。**乳白色の表面（a milky-white surface）**に美しい絵柄が描かれています。

　日本の陶磁器は，**芸術性（artistic quality）**の高い作品が多く，例えば，**華道の花器（a container for flower arrangement）**や茶道の**茶碗（a tea bowl）**，**香道 (the incense ceremony）**の香炉（**hand-held censers**）などがあります。

漆器とは？

　漆器（lacquerware）は，漆の樹液を濃縮した**塗料（concentrated lacquer-tree sap）**に**顔料（pigment）**を混ぜたものを，竹や木や布の素材に塗って作られる工芸品です。特長としては，**防腐性（anti-corrosiveness）**，**防湿性（moisture-proofness）**，**熱絶縁性（thermal insulation）**に優れ，食器や**家庭用品（household products）**，**仏具（altar implements）**などに使われます。

●日本の代表的な漆工芸（lacquerware）技法

- **蒔絵（maki-e）**：**Gold or silver powder is sprinkled over** wet lacquer designs.（漆が乾かないうちに金銀粉を蒔き付けてあります）
- **沈金（chinkin）**：**Gold leaf is rubbed into lines inscribed** on lacquered surfaces.（漆塗りの面に線刻した文様に金箔を擦り込んであります）
- **鎌倉彫（kamakura bori）**：**Carved reliefs are coated with** green or red lacquer.（木彫りに緑や朱の漆が塗られています）
- **螺鈿（raden）**：**Mother-of-pearl pieces are inlaid into** lacquered surfaces.（真珠の貝片が漆面にはめ込まれています）
- **平文（hyomon）**：**Pieces of metal are inlaid into** lacquered surfaces.（金属片が漆面にはめ込まれています）

　漆器は日本では仏教が伝来した6世紀に**唐文化（Tang culture）**の影響を強く受けて飛躍的に漆器作りの技術が向上し，生活用品として使われるようになり，また**美術工芸品（artistic handicrafts）**にもなりました。15～16世紀にヨーロッパに広く紹介されたことから，英語で漆器を japan と呼ぶようになりました。ちなみに，日本最古の漆工芸品は，奈良時代に作られた法隆寺の「玉虫厨子」です。

Rank 8 Why do most Japanese make their cars sparkling clean?

（なぜほとんどの日本人はマイカーをピカピカにするのですか）

　これもよく話題になる重要トピックです。まずは，会話調の spoken English で説明にチャレンジしてみてください。

Spoken English

Firstly, Japanese people believe in **Shintoism** that emphasizes "pure and clean". They believe that gods live in all things, so they try to keep everything clean. Secondly, they consider their cars as their clothes. They think that cars are more than just **a means of transportation**. For these two reasons, most Japanese try very hard to keep up their cars clean. (61 words)

（まず，日本人は「清浄で清潔」を重要視する神道を信じています。彼らは万物に神が宿ると信じており，すべてのものをきれいにしておこうとします。次に，日本人は車を衣服とみなしています。車は単なる交通手段以上のものであると考えています。これら２つの理由により，ほとんどの日本人は車をピカピカにするためとても一所懸命努力するのです。）

words & phrases

□ **Shintoism**（神道）　　□ **a means of transportation**（交通手段）

　いかがでしたか？　「万物に神が宿る」「単なる交通手段以上のもの」の説明はチャレンジングだったのではないでしょうか。それでは今度は格調高い「書き言葉」で言ってみてください。

格調高い Written English へ
ワンランク UP !

There are mainly two reasons for this tendency. Firstly, **under the profound influence of Shintoism**, many Japanese people believe that purity and cleanliness are very important and that spiritual power **resides** in every natural and artificial object. Secondly, they regard their cars as their clothes, more than just **a means of transportation**. Therefore, most Japanese try to keep their cars clean to improve other people's image of themselves. This **mentality** and Shinto belief drive most Japanese to make every effort to keep their cars **squeaky-clean**. (85 words)

（主に２つの理由があります。まず，神道の大きな影響により，多くの日本人は，清浄と清潔を非常に重要であると信じており，またすべての自然物と人工物に霊力が宿ると信じています。次に，日本人は車を単なる交通手段以上の，服のようなものとみなしています。ゆえに，ほとんどの日本人は，他人から見た自分たちのイメージを良くするために，車をきれいに保とうとします。このような考え方と神道の信仰により，ほとんどの日本人は車をピカピカに保つために全力を注ぐことに駆り立てられるのです。）

words & phrases

□ **under the profound influence of Shintoism**（神道の大きな影響によって）
□ **reside**（存在している）　□ **a means of transportation**（交通手段）
□ **mentality**（考え方）　□ **squeaky-clean**（ピカピカの）

会話調・文章調のここがポイント！

　日本人がなぜ清潔好きかの説明を英語でするときは，神道の説明を加えるとわかりやすくなります。まず，「万物に神が宿る」を表現する場合，**Gods live in all things.** と口語的に言い表すことができます。「書き言葉」では **Spiritual power resides in every natural and artificial object.** としています。

　次に，「日本人は車を単なる交通手段以上の，服のようなものとみなしています」を英語で説明してみましょう。「車を衣服とみなす」を **regard** their cars **as** their clothes と表すのは同じですが，書き言葉では，clothes の後に同格のコンマを使って２文を１文に引き締めています。さらに，その理由として **to improve other people's image of them**（他人から見た自分たちのイメージをよくするために）を付け加えています。

最後に，「このような考え方と神道の信仰により，〜全力を注ぐことに駆り立てられるのです。」の表現ですが，書き言葉では，**This mentality and Shinto belief**（このような考え方と神道の信仰）という「**無生物主語**」を使い，**drive 〜 to ...**（〜を駆り立てて…させる）を使って表現することができます。このような無生物主語の文を使うと，ネイティブのようなこなれた英文になります。

これらは英語で日本の事を説明するための必須表現なので，是非運用できるようにマスターしましょう！

▼ 第2章 「日本事象」英訳トレーニングにチャレンジ！

「影響」を表す表現をマスターして英語発信力 UP！

---
have a profound influence [effect] on ... ／ **exert a great influence on [over] ...** ／ **produce a powerful effect on ...** ／ **influenced by ...**

「〜に多大な影響を与える」は，**have a significant [strong, profound, great, considerable**《この順でよく使われる》**] influence on ...** で表現できます。**have a profound influence on** Japanese culture（日本文化に大きな影響を与える）のように使います。また，**produce a powerful effect on ...** は「〜に強い影響を与える」で，**produce a powerful effect on** literary creation in Japan（日本における創作文学に強い影響を与える）のように使います。この他，**be influenced by ...** は「〜により影響を受ける」で，*be* **influenced by** Zen Buddhism（禅の影響を受ける）のように使うので，それらをどんどん覚えて表現力を UP しましょう。

regard の色々な用法をマスターして英語発信力 UP！

regard はコンセプトが「振り返って見守る」で，そこから「**みなす，見る，注意する，心づかい，尊敬**」などの意味が生まれてきます。そして，**regard the situation as serious**（事態を重大視する），**regard him as an enemy**（彼を敵とみなす），**in this regard**（この点については），**with kind regards**（敬具），**without regard for cost**（金に糸目をつけずに）のように幅広く使えます。

　「方法」を表す表現には，**the art of ...**（〜の術），**a method of ...**（〜の方法），**the way of ...**（〜の方法），**as a means of ...**（〜の手段として）などがあり，the birthplace of **the art of** *ninjutsu*（忍術の発祥の地），**a method of** treatment（治療法），**as a means of** creating new jobs（新たな雇用を創出する手段として），**as a means of** attaining spiritual enlightenment（心の悟りを得る手段として），**the way of** samurais（武士の道）のように使います。ぜひ覚えておきましょう。

◎ 神道の「清浄」の背景知識はこれだ！

　神道（**Shinto**）は，自然崇拝（**nature worship**）と英雄崇拝・祖先崇拝（**hero and ancestor worship**）に基づいた日本古来の宗教（**Japan's indigenous religion**）で，開祖（**a founder**），教義（**an official dogma**），経典（**holy scriptures**）を持ちません。そして，日本以外の地に伝播しなかったため，現代の日本人の大半は，日本の習俗（**folkways**），すなわち日常生活に深く根ざした儀式やならわし（**deeply rooted rituals and customs**）とみなしています。

　また極めて受容力に富み（**highly receptive**），すべてをあるがままに受け入れるため，神道は，仏教，儒教いずれに対しても支配的態度を取らず（**seek no dominance over Buddhism or Confucianism**），自然が共存しているように共存しています。神道は人と自然と宇宙の融和（**harmony between human, nature, and the cosmos**）を保つことに根ざしています。この「和」の精神が，聖徳太子によって発布された「十七条の憲法（**the Constitution of 17 Articles**）」の核となっています。

　神道は多神教（**polytheistic**）であり，この世の森羅万象に神が宿る（**deities reside in every part of nature**）と考えています。そして，荘厳な山（**awe-inspiring mountains**），巨大な木や岩などを御神体（**the object of worship**）とし，鳥居（*torii gates*）やしめ縄（**sacred straw ropes**）を飾って神域としてきました。

　神道で最も重要な概念は清浄（**purification**）ですが，これには以下の3つの方法があります。

●祓（はらえ）（**exorcism**）
　不浄（**uncleanliness**）を取り除くために，神官（**Shinto priests**）が執り行います。神官は，御幣（ごへい）（**a wand tipped with strips of paper**）を浄める対象の人の頭上で振ります。そして，祓詞（はらえことば）と呼ばれる浄めの言葉を唱えます（**chant words of purification**）。この儀式の際，供物（くもつ）（**offerings to the kami**）を神に捧げます。地鎮祭（**the groundbreaking ceremony**）などの儀式で行います。

●禊（みそぎ）（**purification rites with water**）
　罪や穢れによる心身の不浄（**both physical and spiritual defilements**）を水で洗い清める神道の沐浴の儀式（**the ritual cleansing of the body with water**）です。**清浄**（しょうじょう）（**purity and cleanliness**）を重視する神道では，水もよく浄めの儀式で使われます。神社に参拝する前に**水で手や口を清める儀式**（**the ritual rinsing of the hands and the mouth**）はその一例です。

●忌（いみ）（**abstention from defilement**）
　穢（けがれ）（**the source of impurities**）を避けることにより，清浄（**purity**）を保つことです。穢れには，死や**出産**（**childbirth**），**月経**（**menstruation**）など血にまつわるものがあります。また，身内が亡くなった場合の忌中期間は 50 日間です。かつては忌に服する間は，他の人との接触を避けて生活しました。

Rank 9 **Why do sumo wrestlers throw salt on the ring before the bout?**

（どうして力士は相撲の取組の前に塩をまくのですか）

　これもよく話題になる重要トピックです。まずは，会話調の spoken English で説明にチャレンジしてみてください。

Spoken English

It has been a Shinto ritual to **drive away evil spirits** on the ring and to pray that wrestlers won't get hurt during the **bout**. In Japan, salt has been used to purify the ring for a long time. (36 words)

（土俵の悪霊（あくりょう）を追い払い，取組の間に力士がけがをしないように祈ることは，神道の儀式として行われてきました。日本では，塩は土俵を浄めるために長く使われてきました。）

---

words & phrases

□ **drive away**（追い払う）　　□ **evil spirits**（悪霊）　　□ **bout**（取組）

　いかがでしたか？　「悪霊を追い払う」や「土俵を浄める」をうまく説明できたでしょうか。それでは今度は格調高い「書き言葉」で言ってみてください。

格調高い Written English へ
ワンランク UP！

Written English

The salt-throwing on the ring has long been practiced as a Shinto **ritual purification** to drive away evil spirits with the prayer for **injury-free** bouts. (25 words)

（土俵での塩まきは，けがのない取組になるようにという祈りを込めて，悪霊を追い払うための神道のお浄めの儀式として長く行われてきました。）

words & phrases

□ **ritual purification**（お浄めの儀式）　　□ **injury-free**（けがのない）

会話調・文章調のここがポイント！

　土俵の塩まきについて英語で説明するときは，まず「相撲」と「神道」の関係とその歴史についての背景知識が要ります。まず，塩が**神道でのお浄めの儀式**（**Shinto ritual purification**）で使われていること，そしてその目的は**悪霊を追い払い**（**drive away evil spirits**），力士がけがをしないように祈ること，この点がおさえられていればわかりやすい説明ができるでしょう。また，「話し言葉」，「書き言葉」のいずれも語彙力が必要です。

　ここでは，ほぼ同じ情報量でありながら，語数をぎゅっと凝縮して引き締めた書き言葉にしています。「取組の間に力士がけがをしないように祈る」を英語で説明するのがチャレンジングでしょう。話し言葉では，**"pray that wrestlers won't get hurt during the bout"** と表現していますが，書き言葉では，**"with the prayer for injury-free bouts"** という副詞句を使って表しています。ここでのポイントは，injury に -free を組み合わせて **"injury-free"**（けがのない）」という１語の形容詞にしているところです。それが出てこない場合，書き言葉では省略形を避けるため **"won't"** を **"will not"** に，また「get + 過去分詞」は口語的なので，**"get hurt"** を **"be hurt [injured]"** にするといいでしょう。

「祈り」を表す表現をマスターして英語発信力 UP ！

pray for ... ／ pray that S' V' ／ offer [say, recite] a prayer ／ wish for ...

　「〜を祈る」は，**pray for** または **pray that S' + V'** で表現できます。**pray for health and happiness for the coming year**（１年の幸福と健康を祈る），**pray for miracle to happen**（奇跡が起こるように祈る），**I pray that you will succeed.**（あなたが成功するよう祈ります）のように使います。また，「祈りを捧げる」は，**offer [say, recite] a prayer** で，**offer a prayer in one minute of silence**（１分間の黙祷を捧げる），**say a prayer for him**（彼のために祈りを捧げる），**recite a Shinto prayer**（祝詞をあげる）のように使います。この他，**wish for ...** は「〜を願う」で，**wish for peace**（平和を願う）のように使うので，

それらをどんどん覚えて表現力を UP しましょう。

-free の色々な用法をマスターして英語発信力 UP ！

-free はコンセプトが「なにものにも束縛されていない」で，そこから「〜なしの」の意味に展開しています。例えば，**smoke-free offices**（禁煙のオフィス），**duty-free goods**（免税品），**additive-free food**（無添加食品），**alcohol-free hand sanitizers**（アルコールフリー手指消毒剤），**hands-free access**（手を使わないアクセス＝両手がふさがった状態で車のトランクやドアを開けること），**a gluten-free diet**（グルテンフリーダイエット）のように幅広く使えます。

「邪気を追い払う」を表す表現をマスターして英語発信力 UP ！

「邪気を追い払う」を表す表現には，**drive away [ward off] evil** などがあります。「厄払いをする」は，使用頻度が高い順に **ward off [drive away, drive out, expel, exorcize, dispel, fend off] evil spirits** となります。この他，「悪霊を寄せつけない働きをする」は，**serve as a barrier against evil spirits** のように表現します。また，**protection from a plague**（疫病除け）のように，**protection from ...**（〜からの保護）という表現も覚えておきましょう。

◎ 相撲の背景知識はこれだ！

相撲の歴史は非常に古く，初めて「力士（ちからひと・すまひひと）」の文字が現れたのは『古事記』（*The Records of Ancient Matters*）（712 年），「相撲」という言葉が初めて使われたのは『日本書紀』（*The Chronicles of Japan*）（720 年）でした。相撲は，奈良時代には五穀豊穣（agricultural fertility）を感謝する「神事相撲（Shinto ritual sumo）」，鎌倉時代の武家社会では，武芸（martial arts），「武家相撲（samurai sumo）」，江戸時代には「芸能（public entertainment）」になり，その後，職業スポーツとして発展し現在の「大相撲（the Grand Sumo Tournament）」となりました。ちなみに，相撲が日本の国技（a Japan's national sport）と呼ばれるようになったのは 1909 年，両国に相撲の常設館が開館され「国技館（the Kokugikan sumo arena）」と命名された時からです。

相撲の取組（sumo matches ／ sumo bouts）は二人の力士間で直径 4.5 m の土俵の上で（on a ring made of clay and rice straw bales 4.5m in diameter），腰にま

わしのみを付け（**wear only a loincloth[belt] around their waist**）行われます。取組中に土俵の外に先に出る（**step out of the ring first**），あるいは足の裏以外の体の一部が先に地面にふれた（**any part of his body except the soles of his feet touches the ground first**）場合に負けとなります。相撲の**決まり手**（**winning techniques**）は四十八手（**日本相撲協会**（**the Japan Sumo Association**）の分類では七十手）あり，代表的な決まり手には，「土俵外に出す」タイプの，**寄り切り**（**forcing out**），**押し出し**（**pushing out**），**つり出し**（**lifting out**），**送り出し**（**pushing out from behind**），「倒す・投げる」タイプでは，**突き倒し**（**thrusting down**），**はたきこみ**（**slapping down**），**上手投げ**（**an arm throw with an outside grip**），**下手投げ**（**an arm throw with an inside grip**），**とったり**（**an arm-twist throw**）などがあります。

　相撲は元来，「**神事**（**a Shinto ritual**）」であるため，「**塩による清め**（**salt purification**）」など古来から守られている，**儀式的要素**（**ritual elements**）が多く見られます。相撲の「**立ち合い**（**initial charge**）」までの儀式的な所作にはそれぞれ意味があり，土俵に上がった力士が他の力士から「**"力水" を受ける**（**receiving "water of strength"**）」のは，神聖な土俵に上がる際の「**清めの儀式**（**ritual purification**）」，取組前の「**四股**（しこ）（**foot stamping**）」は「**土俵内の邪気を払う**（**drive away evil spirits present in the ring**）」ため，蹲踞の姿勢で揉み手をしてから「**拍手を打つ**（**clapping hands**）」のは，「**神様の注意を引く**（**get the attention of the god**）」ためです。

　その後，**両手を広げて掌をかえす**（**spread both hands out and turn their palms up and then down**）仕草は，「**素手で公平に戦うという力士の誓い**（**the wrestler's pledge to fight unarmed fairly**）」を象徴しています。また，外国人からよく質問される，力士が土俵に上がるときに「**塩をまく**（**salt throwing**）」のは，**土俵の地中に潜む邪気を追い払い**（**drive away evil spirits under the ring**），**力士が怪我をしないように**（**prevent wrestlers from getting injuries**），**土俵を清める**（**purify the ring**）儀式であることを説明しましょう。

　力士の番付（**the ranking of sumo wrestlers**）はその強さにより 10 段階に分かれており，上位から**横綱**（**Grand Champion**），**大関**（**Ozeki ／ the second highest rank in sumo**），**関脇**（**Sekiwake ／ the third highest rank in sumo**），**小結**（**Komusubi ／ the fourth highest rank in sumo**），**前頭**（**Maegashira ／ the fifth highest rank in sumo**），**十両**（**Juryo ／ the sixth highest rank in sumo**）までは，「関取」と呼ばれ，本場所や公の場では**髷**（まげ）を**大銀杏**（おおいちょう）**に結う**（**wear their hair in a traditional Japanese male topknot**）ことができ，月給が支給されます。そのうち特に十両を除いたものは「**幕内**（**the senior-grade division in sumo**）」と呼ばれます。十両より下位の幕下，三段目，序二段，**序の口**（**Jonokuchi ／ the lowest division in sumo**）は月給がなく，本場所手当のみとなっています。最高位の**横綱への昇進**（**promotion to Yokozuna**）の条件は，**大関の地位での 2 場所連続優勝**（**winning two consecutive tournaments at the position of Ozeki**），そして，**力量と品格**（**competence and dignity**）です。大関には**降格**（**demotion**）がありますが，一度横綱になった力士は降格することはありません。

　訪日観光客から寄せられる宿泊時のトラブル対応も，プロ・アマを問わずガイドの大切な役目のひとつです。ここでは，宿泊施設に関する想定されるトラブルをあげていますので，うまく対応できるかどうか，トライしてください。

Q：宿泊ホテルへ案内した外国人のご夫婦から，「ダブルの部屋をリクエストしたのにツインの部屋が割り当てられた」とクレームが出ています。どのように対応したらよいでしょうか。

I would politely say, "I'm very sorry. I'll talk to a hotel clerk about the problem and tell them to deal with it as soon as possible. However, it is sometimes difficult to handle the situation like this because generally there are fewer rooms with double beds in Japanese hotels. So if a double room is not available tonight, **I would greatly appreciate it if you could** understand the situation."

(「申し訳ありません。ホテルスタッフにそのことを伝えてすぐに手配するように言います。ただし，解決が困難な場合が時としてございます。というのも，一般的に日本のホテルではダブルのお部屋のご用意は少ないのです。万一ダブルのお部屋がご用意できない場合は，**ご了承くださるようにお願いします**」のように丁寧に答えます)

宿泊先でよく聞かれる質問とは？

　カップル文化が標準の西洋からのお客様にとって，ツインルームというのはどうもしっくりこないものらしく，こういったクレームはよく出ます。謝罪した上で，ホテル側と交渉した結果，どうしてもダブルルームが用意できない場合は，**お詫びとして何らかのホテル関連施設や近隣の文化・娯楽施設の優待券**（**provide compensation complimentary tickets to hotel-related facilities and neighboring cultural or entertainment facilities**）などを融通してもらえないか交渉してみましょう。

その他の宿泊先のクレームとして，和室に通されたお客様から，ベッドがないことに不満を訴えられた場合は，"I'll ask the hotel staff if a Japanese-Western style room is available at the hotel."（ホテルのスタッフに和洋室がご用意できるかどうか聞いてみます）とお答えし，ホテル側と交渉しますが，用意できなかった場合は，"I'm so sorry that there is no Japanese-Western room available."（大変申し訳ございませんが，和洋室の空き室がございません）と謝罪した後，"In a Japanese-style room, a thick mattress and a quilt called futon are spread on the tatami-mat floor by hotel staff called "Nakai-san" after dinner. The tatami mats are kept clean and serve as a heat insulator and retainer, so you can sleep on it cool in summer and warm in winter. It's very comfortable!"（和室では，畳の上に分厚いマットレスと布団と呼ばれるキルトを仲居さんと呼ばれるホテルのスタッフが夕食後に敷きます。畳は清潔に保たれており，断熱性と保温性に優れていますので，夏は涼しく，冬は暖かくお休みいただけます。とても快適ですよ！）と畳の上に敷いた布団で寝るメリットを述べましょう。

また，布団を敷くタイミングについては，トラブルにならないように，あらかじめ，"Hotel staff are supposed to enter the room to lay out futons while you're going out to a large public or a dinner in a hotel restaurant."（お客様が大浴場に行っている間か，館内のレストランで夕食中に，仲居さんが布団を敷くために，客室に入ります）と伝えておきましょう。これは，事前にお客様にお知らせしておくことで，回避できるトラブルですので，ぜひ実行することをお勧めします。

実践トレーニング編 5

「日本事象」英訳トレーニングにチャレンジ⑤

現代用語の英語説明にチャレンジ！

　ここでは，日本の現在を語るキーワードの中で，特に外国人観光客が興味をもちそうなものを 20 厳選し，それらを英文で説明する練習をしましょう！　各項目でキーワードを最初に提示しましたので，それらを見ながら，どのように説明したらよいか考えながら，読み進めてください。ではスタート！

現代用語の英語説明にチャレンジ！

重要度 **1** 位	マイナンバー（**My Number**）

　以下の key words を見て，「マイナンバー」の説明にチャレンジしてみましょう！

「マイナンバー」説明の Key Words

- · **a 12-digit number ／ a three-month residency**
- · **the Social Security and Tax Number System**
- · **control the individual data by number identification**
- · **administrative efficiency and public convenience**
- · **personal information leakage**
- · **pension and healthcare eligibility ／ tax declaration**

　できる人は，上の key words を見て，英語でプレゼンにチャレンジしてみましょう。いきなり英語で説明するのが難しい人は，上の key words を参考にして，まず日本語で説明を考えてみましょう。

① マイナンバーは，日本にいる外国人も含め **3 か月を超える**居住歴のある個人に発行される **12 桁の番号**である。

② この制度（「**社会保障・税番号制度**」とも呼ばれる）は，2015 年 10 月，**数字による識別により個人データを管理する**ために導入された。

③ この制度は**行政の効率**や**国民の利便性**を高め，**脱税**などの罪を防ぐ。

④ しかし，マイナンバー通知カードあるいはマイナンバーカード（請求により発行される）を紛失すると，**個人データが漏れ**，**不法に使用**される可能性がある。

⑤ マイナンバーは**年金**や**医療介護**を受けたり，**税金の申告**をするための**行政上の手続き**に必要である。

　では今度は，上の日本文を見て，英語の通訳やプレゼンにチャレンジしてみましょう！

Sample Answer (Written English)

①*My Number* is **a 12-digit number** issued to individuals with **the records of more than a three-month residency**, including foreign residents in Japan. ② This system, also called the **Social Security and Tax Number System**, was introduced in October, 2015 **to control the individual data by number identification**. ③This system **increases administrative efficiency** and **public convenience** and prevents crimes such as **tax evasion**. ④However, the loss of My Number notification card or My Number card (issued upon request) **causes a leakage of personal information** and its **illegal use**. ⑤*My number* is required in **administrative procedures** for **pension and healthcare eligibility** as well as **tax declaration**.

　上の英文はパンフレットや HP や洋雑誌，洋書などに使われるフォーマルな written English です。これを会話調に平たく言い換えると次のようになります。

Spoken English で言い換えると！

Sample Answer (Spoken English)

①*My Number*, or Individual Number, is a 12-digit number which is issued to people who have lived in Japan for more than three months, including foreign residents in Japan. ②This system was introduced in October, 2015 to control the individual data by number identification. ③This system decreases governments' paperwork and citizens' official procedures, and prevents people from failing to pay a tax. ④However, if you lose your My Number Notification card or My Number card, somebody may reveal your personal information or illegally use it. ⑤You need to show *My Number* to receive a pension and healthcare, and make a tax declaration.

ここがポイント！

さて皆さん，いかがでしたか？　ここでは上の written English と spoken English の違いをみてみましょう。上の２つの英文の違いを表で示します。

文番号	Written English	Spoken English
①	**individuals with the records of** more than **a three-month residency**	**people who have lived in** Japan for more than **three months**
①	a 12-digit **number issued**	a 12-digit **number which is issued**
③	This system **increases administrative efficiency** and **public convenience**	This system **decreases governments' paperwork** and **citizens' official procedures**
④	**the loss of My Number** Notification card or My Number card(issued upon request) **causes a leakage of** personal information and its illegal use	**if you lose your My Number** Notification card or My Number card, **somebody may reveal** your personal information or illegally use it.
⑤	*My Number* **is required in administrative procedures** for pension and healthcare eligibility as well as tax declaration.	**You need to show** *My Number* to receive a pension and healthcare, and make a tax declaration.

まず語彙をみてみましょう。①「3 か月を超える居住歴のある個人」Individuals with more than a three-month residency《Written》に対し people who have lived in Japan for more than three months《Spoken》，A 12-digit number issued《Written》に対し a 12-digit number which was issued《Spoken》，⑤ My Number is required《Written》に対し You need to show My Number《Spoken》となっています。

これらの例では《**Spoken**》では平たい語で主語，動詞を含む節で表現しているのに対し，《**Written**》では名詞句で語数少なく表現しています。《Spoken》ではジェスチャーも交えてスピード感をもって伝えることが多いですが，同じ内容を伝える場合でも《Written》では読み手の労力を少なく，紙面のむだもないように書く必要があります。

次に，その他の違いについてみてみましょう。

③「この制度により行政の効率や国民の利便性を高め，脱税などの罪を防ぐ」の部分の最初の部分は，日常見たり聞いたりする日本語の表現にすると，「行政の無駄をなくし」となるでしょう。「行政の無駄をなくし」→「行政の効率性を高める」と発想を転換し，written English では "**This system increases administrative efficiency**" と **SVO 表現を使い無駄なくダイレクトに表現しています**。spoken English では "This system **decreases governments' paperwork**" となっており，これでも意味は変わりません。ちなみに，会話では意味がわかりにくければ追加の質問もできる場面も多いと思いますが，written English では意味がダイレクトに伝わるように書いておく必要があります。

④「マイナンバー通知カードあるいはマイナンバーカードの紛失により，個人データが漏れ，不法に使用される事態を引き起こすことになる」を《Spoken》では **if you lose your My Number** Notification card or My Number card, **somebody may reveal** your personal information or illegally use them. と if ～，主語＋動詞～で表現しています。《Written》では **the loss of My Number** ～ **causes a leakage of** personal information and its illegal use と無生物主語を使い **SVO** 構文で書いています。このように「～すると，～すれば」を **SVO** 構文で**表現することで因果関係がはっきりしてダイレクトで無駄のない表現**となり，これは特にジェスチャーを交えない書き言葉では重要なテクニックです。

「マイナンバー」の背景知識はこれだ！

　マイナンバーカードは，写真付きで免許証のように本人確認の**身分証明書**（**identification**）として使え，マイナンバーカードがあれば**住民票**（**a certificate of residence**）や**印鑑登録証明書**（**a seal registration certificate**）がコンビニで取得できるなど便利な点があります。

　また，地方自治体の中には，図書館カードや**印鑑登録証**（**a seal registration card**）として，マイナンバーが利用できることを定めている事例もあります。住宅ローンや不動産取引などのオンライン契約，民間企業における社員証・セキュリティ　ゾーンへの入退場管理などに，マイナンバーの利用をしている例もあります。

　しかし，2019年11月現在のマイナンバーカードの**普及率**（**a penetration rate**：人口に対する交付率）は全国平均で約14％と低く，**申請手続き**（**an application procedure**）に時間と手間がかかり，**利便性**（**convenience**）が今のところ低いことなどが普及が広がっていない理由ではないかと言われています。

重要度 **2** 位 ｜ 令和 （**Reiwa**）

以下の key words を見て，「令和」の説明にチャレンジしてみましょう！

「令和」説明の Key Words

· **the Japanese era name**
· **Emperor Akihito's abdication**
· **Prince Naruhito's accession to the throne**
· **beauty and harmony**
· *Man'yoshu*, **the oldest extant anthology of Japanese poetry**
· **a sense of national identity**

できる人は，上の key words を見て，英語でプレゼンにチャレンジしてみましょう。いきなり英語で説明するのが難しい人は，上の key words を参考にして，まず日本語で説明を考えてみましょう。

① 令和は第 126 代天皇徳仁（なるひと）の元号である。
② 明仁（あきひと）**天皇の退位**に伴い**徳仁天皇が即位**し，2019 年 5 月 1 日平成の時代に続き，令和の時代が始まった。
③ 令和は二つの漢字で構成されており，「令」は**美**，「和」は**調和**を意味する。
④ 「令和」は**日本に現存する最古の歌集**『万葉集』に由来する。
⑤ 日本人の多くは和暦よりも西暦の方が便利であると思っているが，まだ多くの人が**日本人としてのアイデンティティ**を与える和暦の維持は重要だと思っている。

では今度は，上の日本文を見て，英語の通訳やプレゼンにチャレンジしてみましょう！

①*Reiwa* is **the Japanese era name** of 126th Emperor Naruhito. ②Following the *Heisei* era, the *Reiwa* era started on May 1 in 2019, with **Emperor Akihito's abdication** and **Prince Naruhito's accession to the throne**. ③*Reiwa* consists of the two Japanese characters, "*Rei*(令)" and "*Wa*(和)", meaning **"beauty"** and **"harmony"** respectively. ④*Reiwa* is derived from ***Man'yoshu*, the oldest extant anthology of Japanese poetry**. ⑤Most Japanese find the Western calendar more convenient than the Japanese calendar, but many people still attach importance to preserving the Japanese era name that gives the Japanese **a sense of national identity**.

　上の英文はパンフレットや HP や洋雑誌，洋書などに使われるフォーマルな written English です。これを会話調に平たく言い換えると次のようになります。

Spoken English で言い換えると！

①*Reiwa* is the Japanese era name of 126th Emperor Naruhito. ②After Emperor Akihito gave up the position of the Emperor, Prince Naruhito **took over the throne** and the *Reiwa* period started on May 1 in 2019 following the *Heisei* period. ③The word, *Reiwa*, is made up of two Japanese characters, "*Rei*" and "*Wa*". "*Rei*" means "beauty" and "*Wa*" means "harmony". ④This word is taken from *Man'yoshu*, the oldest collection of Japanese poems. ⑤Most Japanese find the Western calendar more convenient than the Japanese calendar, but many people still think they have to preserve the Japanese era name that gives the Japanese a sense of national identity.

ここがポイント！

　さて皆さん，いかがでしたか？　ここでは上の written English と spoken English の違いをみてみましょう。上の2つの英文の違いを表で示します。

文番号	Written English	Spoken English
③	*Reiwa* **consists of**	The word, *Reiwa*, **is made up of**
④	*Reiwa* is **derived from** *Man'yoshu*,	This word is **taken from** *Man'yoshu*,
⑤	the oldest extant **anthology of** Japanese **poetry**	the oldest **collection** of Japanese **poems**
⑤	many people still **attach importance to** preserving the Japanese era name	many people still **think they have to** preserve the Japanese era name

語彙をみてみましょう。take や make をはじめとする **general** なワードは意味が広くて文脈依存度が高いので意味がぼやけやすくなりますが，written English は会話と違ってジェスチャーが使えず，読者が発信者に説明ができないことも多く，紙面を節約する必要性（特にジャーナリズムの世界で）からも **specific words が好まれます**。上の例では③ is **made up of**《Spoken》に対し **consist of**《Written》，④ **is taken** from《Spoken》に対し **is derived** from《Written》，⑤ collection《Spoken》に対し **anthology**《Written》，**think they have to** preserve《Spoken》に対し **attach importance to** preserving《Written》となっています。皆さんも，映画の中の会話の表現やライティングの表現を意識して聞いたり読んだりしながら Written・Spoken の表現の違いを意識してみてください。そうすることで，書き言葉で書かなければいけないときに平たい会話調で書く，あるいは逆のこと（意識して行う場合は別）をしないで，場面にあった表現ができるようになるでしょう。

「令和」の背景知識はこれだ！

　今回の平成から令和への**改元**（**a change of the era name**）は，**明仁天皇の退位**（**Emperor Akihito's abdication**）と**徳仁天皇の即位**（**Prince Naruhito's accession to the throne**）に伴うものですが，明治以降，平成まで**天皇の在任期間中の退位**（**Emperor's abdication of his throne**）による改元は**前例がありません**（**an unprecedented case**）でした。皇室のことを定めた**皇室典範**（**the Imperial House Act**）では退位についての規定がなかったので，政府は，**皇室典範特例法**（**Special Laws for the Imperial House Act concerning the Abdication of the Emperor and Other Matters**）を定めて途中退位を可能にしました。

　新元号は次の6項目に留意して検討されました。⑴国民の理想としてふさわしいよい意味を持つこと，⑵漢字2文字であること，⑶書きやすいこと，⑷読みやすいこと，⑸過去に，元号や，**天皇などの崩御後**（**the demise of the Emperor**）の呼び名「**おくり名**（**posthumous name**）」として使われていないこと，⑹一般的に使われていないこと。さらに平成への改元にあたっては，ローマ字で表記する時の**頭文字**（**the first letter**）も重視されたと言われています。ちなみに，政府が示した6つの原案は，「令和（れいわ）」，「英弘（えいこう）」「久化（きゅうか）」「広至（こうし）」「万和（ばんな）」「万保（ばんぽう）」でした。

　和暦と西暦の使用状況は，**公用文**（**public documents**）では和暦使用が基本ですが，西暦併用もあり，現時点では**国の統一基準**（**unified government guidelines**）はありません。一方で，**ビジネス文書**（**business documents**）では西暦が基本であることが多くなっています。

重要度 **3** 位 みどりの窓口 （**Midori-no-Madoguchi**）

以下の key words を見て，「みどりの窓口」の説明にチャレンジしてみましょう！

「みどりの窓口」説明の Key Words

- **a staffed JR ticket office with MARS**
- **JR main stations with a green sign**
- **purchasing all JR tickets**
- **making seat reservations**
- **a Japan Rail Pass**
- **labor costs saving → automatic**

できる人は，上の key words を見て，英語でプレゼンにチャレンジしてみましょう。いきなり英語で説明するのが難しい人は，上の key words を参考にして，まず日本語で説明を考えてみましょう。

---

① "みどりの窓口"は，MARS（Multi Access seat Reservation System）と呼ばれる**オンライン・リアルタイムの座席予約システム**を導入した **JR** の**有人窓口**である。

②③ 緑の看板が目印の **JR 主要駅**にあるこの窓口では，**JR の全切符**，特に**長距離・指定席の切符を購入**することができる。

④ **ジャパンレールパス**を持っている外国人旅行者もここで座席を予約することができる。

⑤ ただし，**人件費**削減のため，一部の営業所は閉鎖されたり，テレビ電話を備えた無人の自動販売機に変更されている。

では今度は，上の日本文を見て，英語の通訳やプレゼンにチャレンジしてみましょう！

①*Midori-no-Madoguchi* is **a staffed JR ticket office** (the Japan Railway Group) with **the online and real-time seat-reservation system** called MARS (Multi Access seat Reservation System). ②③This ticket office is located at **JR main stations** with **a green sign**, where travelers can **purchase all JR tickets**, especially **long-distance and reserved seat tickets**. ④Foreign tourists carrying a **Japan Rail Pass** can also **make seat reservations** here. ⑤However, in order to **decrease labor costs**, some offices have been **closed or replaced** by unstaffed, **automatic new ticket machines** with video phones.

　上の英文はパンフレットや HP や洋雑誌，洋書などに使われるフォーマルな written English です。これを会話調に平たく言い換えると次のようになります。

Spoken English で言い換えると！

| Sample Answer (Spoken English) |

①*Midori-no-Madoguchi* is a staffed JR ticket office. It has the online and real-time seat-reservation system called MARS (Multi Access seat Reservation System). ②This ticket office is located at JR main stations with a green sign. ③Here travelers can buy all JR tickets, especially long-distance and reserved seat tickets. ④Foreign tourists who carry a Japan Rail Pass can also make seat reservations here. ⑤However, some offices have been closed or replaced by automatic new ticket machines with video phones to decrease labor costs.

ここがポイント！

　さて皆さん，いかがでしたか？　ここでも上の written English と spoken English の違いをみてみましょう。上の２つの英文の違いを表で示します。

文番号	Written English	Spoken English
②③	～ stations with a green sign, **where travelers** can **purchase** all JR tickets, especially long-distance and reserved seat tickets.	～ stations with a green sign. **Here travelers** can **buy** all JR tickets, especially long-distance and reserved seat tickets.

　ここでは②③「緑の看板が目印の JR 主要駅にあるこの窓口では，JR の全切符，特に長距離・指定席の切符を購入することができます」の部分をみてみましょう。《Written》では stations with a green sign, where travelers can purchase all JR tickets. と **where を使いながら**一文で書いていますが，《Spoken》では stations with a green sign で**一度文を切っています**。また，《Written》では purchase に対し《Spoken》では buy と **general な語**となっていることにも注目しましょう。

「みどりの窓口」の背景知識はこれだ！

　みどりの窓口で運用されているオンライン・リアルタイムの座席予約システム MARS（Multi Access seat Reservation System，1965 年導入）は，導入当時の**手作業と電話連絡による発券**（issuing tickets through manual procedures and telephone communications）方法を一変させる**画期的なシステム**（an epoch-making system）だと言われました。

　当時の日本国有鉄道（JNR）の**座席指定券の発券システム**（the ticketing system for reserved seats）は，機械を使うことなくすべて人を介して行われ，東海道新幹線や特急列車などの指定券・**寝台券**（berth tickets）は列車ごとの台帳で管理され，**空席照会**（inquiries about vacant seats）や予約に際して窓口から台帳の保有駅や統括する乗車券センターへひとつひとつ電話連絡して処理していました。そのため，指定券の発行に時間を要し，**同一座席の重複販売**（double booking of seats）が発生していました。

　MARS はもともとは鉄道切符の発売のために開発されたシステムですが，現在では乗車券類だけでなく，必要に応じて，**遊園地や展覧会の入場券**（admission tickets for amusement parks and exhibitions）等の販売も行えるように機能が拡張されています。

重要度 **4** 位 ｜ 歴女 （**Rekijyo**）

　以下の key words を見て，「歴女」の説明にチャレンジしてみましょう！

「歴女」説明の Key Words

- **two kanji characters: history and a woman**
- **origin: Japanese history enthusiasts visiting samurai drama spots**
- **today: devour historical mangas**
- **consumption-led economic growth**

　できる人は，上の key words を見て，英語でプレゼンにチャレンジしてみましょう。いきなり英語で説明するのが難しい人は，上の key words を参考にして，まず日本語で説明を考えてみましょう。

---

① 歴女は「歴」，「女」の２つの漢字から構成される。

② それぞれの文字は歴史，女性を意味する。

③ この語は，元々は，日本の歴史にとても関心があり，テレビで放映される時代劇の旧跡をよく訪れる女性のことを意味した。

④ しかし，今日では，歴史漫画に夢中になり，好みの武将の家紋で部屋を飾ったりする女性に対しても使われるようになった。

⑤ 独特の消費行動のために大いに注目されており，日本経済を活性化させる可能性がある。

　では今度は，上の日本文を見て，英語の通訳やプレゼンにチャレンジしてみましょう！

Sample Answer (Written English)

①②*Rekijyo* **consists of the two kanji characters** "*Reki*(歴)" and "*jyo*(女)", which **mean "history" and "a woman"** respectively. ③The word **originally** referred to **a woman who has a keen interest in Japanese history** and often **visits historical spots shown in samurai dramas on TV.** ④But nowadays *Rekijyo* also applies to **a woman who devours historical mangas** and even decorates her room with her favorite warlord's family crest. ⑤*Rekijyos* have been attracting a lot of attention for **their unique consumption behavior, which contributes to the Japanese economy**.

　上の英文はパンフレットや HP や洋雑誌，洋書などに使われるフォーマルな written English です。これを会話調に平たく言い換えると次のようになります。

Spoken English で言い換えると！

Sample Answer (Spoken English)

① *Rekijyo*, is a combination of the two kanji characters "*Reki*(歴)" and "*jyo*(女)". ② "*Reki*" means "history" and "*jyo*" means "a woman". ③The word used to mean a woman who is very interested in Japanese history and often visits historically famous places shown in samurai dramas on TV. ④But today *Rekijyo* also means a woman who is crazy about historical mangas and even decorates her room with her favorite warlord's family symbol. ⑤*Rekijyos* have been attracting a lot of attention for their unique consumption patterns. Their consumption is actually stimulating the Japanese economy.

ここがポイント！

　さて皆さん，いかがでしたか？　ここでは上の written English と spoken English の違いをみてみましょう。

文番号	Written English	Spoken English
①②	*Rekijyo* **consists of** the two *kanji* characters "*Reki*(歴)" and "*jyo*(女)", which mean "history" and "a woman" **respectively**.	*Rekijyo,* **is a combination of** the two *kanji* characters "*Reki*(歴)" and "*jyo*(女)". "*Reki*" means "history" and "*jyo*" means "a woman".
③	The word **originally referred to** a woman who **has a keen interest in Japanese history**	The word **used to mean** a woman who **is very interested in Japanese history**
④	nowadays *Rekijyo* also **applies to** a woman who **devours** historical mangas	today *Rekijyo* also means a woman who **is crazy about** historical mangas

①②「歴女は「歴」，「女」の2つの漢字から構成されており，それぞれの文字は歴史，女性を意味する」の部分について，書き言葉《Written》では1文で書き，respectively と文末につけることで「歴」が history，「女」が a woman を指すことを示しています。一方，平たい会話調《Spoken》では2文に分け，2文目では，"*Reki*" means 〜 and "*jyo*" means ... とすることで，それぞれの漢字の意味を示しています。

③「この語は，元々は，日本の歴史にとても関心があり，〜（中略）〜女性のことを意味した」の部分を《Spoken》では **used to** mean 〜としているのに対し，《Written》では **originally** を使って1語で書いています。a woman 以下の部分を《Spoken》では形容詞 interested を使っていますが，《Written》では名詞句 **a keen interest** を使い，who has a keen interest in と **SVO** で書いています。

④「今日では，歴女は歴史漫画に夢中になり，（〜中略〜）女性に対しても使われるようになった」の部分では，《Spoken》の means に対して，《Written》では applies to 〜を，また《Spoken》では is crazy about という一般的な表現を使っているのに対して，《Written》では devours と引き締まった格調高い動詞を使って書いています。

「歴女」の背景知識はこれだ！

　趣味としての歴史は，男性高齢者がこつこつと探究するイメージがあり，一般的には，**若い女性の興味や関心の対象となる**（a young women's area of interest）分野とは一般的に考えられていなかったものでした。しかし，近年，歴史趣味の世界に関心を持つ女性が増えており，彼女たちは**自由な発想で歴史を楽しんでいる**（enjoy history in unconventional ways）ように見えます。以下のエピソードがあります。

　ある喫茶店が，坂本龍馬，吉田松陰，高杉晋作などの幕末の志士たちを描いたエスプレッソをメニューに加えたところ，「歴女」を中心に人気が出ました。関ヶ原の合戦が行われた岐阜県関ケ原町で開催された甲冑姿の男女による合戦パフォーマンスに歴女たちが集まり（**Rekijos** gathered to the venue for the Sekigahara battle performance by armored men and women.），熱心に観覧していました。バレンタインデーの時に歴女が，**戦国武将が眠る菩提寺を訪ね**（visit the family temple of a military commander during the **Sengoku** Period），チョコレートを供える(make an offering of chocolate)，ということがみられました。

　「歴女」に似た言葉としては，「山ガール」，「相撲女子」，「御朱印ガール」などがあります。山ガール（やまガール：**Yama-girls**）とは，最近増えてきた，**登山を愛好する女性**（the girls who love mountain climbing）に対する愛称で，2009年頃から目立つようになった言葉です。山ガール向けのファッショナブルなアウトドア用衣料やデザイン性も優れた製品が増えてきているそうです。**相撲女子**（スー女）は，相撲好きの女子で，**御朱印ガール**は，神社仏閣で参拝者向けに押印される「御朱印」を収集

することが好きな女子（the girls who love collecting stamps given to visitors at shrines and temples）のことを指します。

　相撲観戦（watching the Grand Sumo Tournament）や御朱印集めのどちらも，従来は**中高年の人の趣味**（a hobby for middle-aged and elderly people）とされてきたものですが，最近は**女性の社会進出**（female empowerment）と漫画やＴＶゲームに出てくる**見目麗しい中性的な武将キャラクター**（good-looking androgynous warlord characters on manga and video games）の影響でより若い年齢層の女性も魅力を感じているようです。

269

重要度 **5** 位 ｜ アラサー（**Ara-sa**）

以下の key words を見て，「アラサー」の説明にチャレンジしてみましょう！

「アラサー」説明の Key Words

· **around 30 : women aged 25 to 34**
· **coined by the Japanese magazine *GISELe* published in 2006**
· **emotionally unstable**
· **marriage and childbirth** · **promotion**
· **concern about their reproductive age** · **peer pressure** · **gender roles**
· ***Ara-fo*** · ***Ara-fif*** · ***Ara-kan***

できる人は，上の key words を見て，英語でプレゼンにチャレンジしてみましょう。いきなり英語で説明するのが難しい人は，上の key words を参考にして，まず日本語で説明を考えてみましょう。

① アラサーは「**around 30**（アラウンド・サーティ）」を短縮したものであり，**25 ～ 34 歳の女性**についていう。
②③ **2006 年出版の雑誌『*GISELe*（ジゼル）』で初めて使われた**この語は，その後，日本のメディアで広く使われるようになった。
④ この年代層の女性は**感情的に不安定**な時期であるといわれる。
⑤ 彼女らは**性に基づく役割**がはっきりと決められている社会からの**同調圧力**を受け，**出産適齢期のことを気にする**ので，**結婚**のこと，**出産**のことそしてキャリアの**昇進**コースから降りることを意識し始める。
⑥ **アラフォー**（アラウンド・フォーティ），**アラフィフ**（アラウンド・フィフティー），**アラ還**（アラウンド還暦〔60 歳〕）とアラサーに似た造語がある。

では今度は，上の日本文を見て，英語の通訳やプレゼンにチャレンジしてみましょう！

Sample Answer (Written English)

①The word *Ara-sa*, a short for **"around 30"**, refers to **women aged 25 to 34.** ②③This word, **coined by the Japanese magazine *GISELe* published in 2006,** has gained currency in the Japanese media. ④⑤A woman in this age group is said to be **emotionally unstable**, as they start thinking about **marriage and childbirth** and getting off the **promotional** track. This is because of their **concern about their reproductive age** under **peer pressure** in society with clearly differentiated **gender roles**. ⑥In addition to *Ara-sa*, similar words have been coined: *Ara-fo*(around 40), *Ara-fif*(around 50), and *Ara-kan*(around *kanreki*, the age of 60).

　上の英文はパンフレットや HP や洋雑誌，洋書などに使われるフォーマルな written English です。これを会話調に平たく言い換えると次のようになります。

Spoken English で言い換えると！

Sample Answer (Spoken English)

①The word *Ara-sa* is short for "around 30", and means women aged 25 to 34. ②This word was created by the Japanese magazine *GISELe* published in 2006. ③Since then, it has been widely used in the Japanese media. ④*Ara-sa* are said to be emotionally unstable, as they start thinking about marriage and child-birth and giving up the chance for promotion.⑤They start worrying about their ability to have a baby and feel under pressure from society that discriminates men's roles from women's roles. ⑥Other than *Ara-sa*, there are *Ara-fo*(around 40), *Ara-fif*(around 50), and *Ara-kan*(around *kanreki* (the age of 60)).

ここがポイント！

　さて皆さん，いかがでしたか？　ここでも上の written English と spoken English の違いをみてみましょう。上の2つの英文の違いを表で示します。

文番号	Written English	Spoken English
①	The word *Ara-sa,* a short form of "around 30", **refers to**	The word *Ara-sa* **is** a short form of "around 30", **and means**
②③	The word, **coined** by 〜 (中略) 〜 *GISELe* published in 2006, **has** been widely used in the Japanese media.	This word **was created** by Japanese magazine *GISELe* published in 2006. Since then, **it has** been widely used in the Japanese media.
⑤	their concern about their **reproductive age under peer pressure in society with** clearly differentiated gender roles.	worrying about their **ability to have a baby** and **feel under pressure from society that discriminates** men's roles from women's roles.

①アラサーは「around 30（アラウンド・サーティ）」を短縮したものであり，25 〜 34 歳の女性についていう」は，《Written》では The word *Ara-sa,* a short form of around 30, refers to と *Ara-sa* と a short form of around 30 を，コンマを使い同格で書いているのに対し，《Spoken》では The word *Ara-sa* is a short form of around 30 で動詞 "is" を使って一文とし，and means とさらに文をつなげています。**同格を使うことで無駄のない文にすることも written English では大切なテクニックです。**

②③「2006 年出版の雑誌『*GISELe*』で初めて使われたこの語は，その後日本のメディアで広く使われるようになった」を見てみましょう。《Written》では The word, coined by 〜 in 2006, has been widely used. と「2006 年出版の雑誌『*GISELe*』で初めて使われた」の部分を**挿入**で入れて，「この語は広く使われるようになった」の部分を主語＋動詞として一文で書いています。《Spoken》では「この語は 2006 年出版の雑誌『*GISELe*』で初めて使われた」(This word was created by Japanese 〜 published in 2006)，「この語は日本のメディアで広く使われるようになった」(Since then, it has spread in the Japanese media.)，と 2 文で書いています。

⑤「社会からの同調圧力を受け，出産適齢期のことを気にする」の部分について《Written》では concern about their **reproductive age** under **peer pressure** in society，《Spoken》では worrying about **their ability to have a baby** and feel under **pressure from society** となっています。《Written》では **reproductive age, peer pressure** と **specific**に表現していることに注目してみてください。「性に基づく役割がはっきりと決められている社会」の部分も《Written》では society with clearly differentiated gender roles に対し《Spoken》では from society that discriminates men' roles from women's roles となっています。《Written》では with clearly differentiated gender roles と **with 名詞句**でつないでいるのに対し《Spoken》では society that discriminates men's roles と **that + V の関係詞節**でつないでいます。

「アラサー」の背景知識はこれだ！

　「アラサー」はマスコミで具体的な年齢を示さず年齢を伝えるために使い始めたのが始まりといわれ、"around the age of 30" を示す和製英語であると言われる。もともとは30歳前後の女性に対して使われていましたが、その後男性に対しても使われるようになりました。この**アラサー世代に特徴的な消費行動**（**consumption behavior marked by the *Ara-sa* generation**）、ライフスタイルや価値観があるとマスコミではよく言われます。

　アラフォーとは、40歳前後（around 40　アラウンドフォーティー）の女性、アラフィフとは、同じく50歳前後（around 50　アラウンドフォーティー）の女性を言います。それぞれアラサーと同じく、特徴的な**消費行動**（**shopping behaviors**）、ライフスタイルや価値観が見られると言われています。

　アラカンはもともと戦前戦後に活躍した時代劇の大スター（**a major player in period dramas(*jidaigeki*) before and after the war**）、嵐寛寿郎（あらしかんじゅうろう）の愛称、近年では「アラ還」はアラウンド還暦（***one's* sixtieth birthday**）の略で、60歳前後の世代を言い、会社員としては**定年**（**the retirement age**）となる時期ですが**再雇用**（**reemployment**）などで引き続き働く60代も多くなっています。

重要度 **6** 位 | 聖地巡礼（Seichijunrei）

以下のキーワードを見て，「聖地巡礼」の説明にチャレンジしてみましょう！

「聖地巡礼」説明の Key Words

- **visiting famous pilgrim sites**
- **a boom in 2016**
- ***Your Name* (the biggest hit)**
- **promoting tourism and the local economy**

できる人は，上の key words を見て，英語でプレゼンにチャレンジしてみましょう。いきなり英語で説明するのが難しい人は，上の key words を参考にして，まず日本語で説明を考えてみましょう。

---

① 聖地巡礼とは，人気映画やアニメで**有名となった聖地を訪れること**である。

② この活動は **2016 年にブーム**となった。

③ この時にはアニメ映画『**君の名は**』の多くのファンが岐阜県飛騨市を訪れた。

④ この映画は日本のアニメ製作者（アニメーター）で映画監督である新海誠監督により作られ 2016 年の**映画の中で一番ヒット**した。

⑤ 聖地巡礼は**観光業の振興と地域経済の活性化**をもたらしている。

では今度は，上の日本文を見て，英語の通訳やプレゼンにチャレンジしてみましょう！

Sample Answer

①*Seichijunrei*(聖地巡礼) means **visiting famous pilgrim sites** shown in popular movies and animes. ②③This activity created **a boom** in Japan **around 2016** when a huge number of fans of the anime titled "*Your Name*" visited Hida City in Gifu Prefecture. ④The movie was **the biggest hit** in 2016, which was created by *Makoto Shinkai*, a Japanese animator and filmmaker. ⑤*Seichijunrei* has been **promoting tourism and the local economy** in Japan.

ここがポイント！

　いかがでしたか？　上の英文はフォーマルな written English ですが，口語調で言ってみましょう。

　①の「崇拝者や熱烈なファン」は《Written》では their admirers or enthusiasts，平たい会話調《Spoken》では fans や people who admire the movies and animes or are very interested in the movies and animes と節でいうことも多いと思います。書き言葉《Written》では their admirers or enthusiasts と **specific に表現**することで短くわかりやすくなります。

　聖地巡礼と聞いて皆さんはどんなことを思い浮かべるでしょうか。**信心深い人**（**religious people**）なら，四国八十八ヶ所**お遍路の旅**（**pilgrimage**），サンティアゴ・デ・コンポステーラの巡礼，小説や映画好きの人なら好きな小説や映画の舞台となった場所を旅行することかもしれません。

　近年，それとは別の「巡礼」が定着しました。若い人を中心に，アニメや漫画などの舞台となった場所や物語・**登場人物にゆかりのある場所**（**a place noted for its connection with the characters of the story**）を「聖地」とし，そこへ行くことです。この現象が広まるにつれ，マスメディアでもひとつの社会現象を描く言葉として「聖地巡礼」が報道でよく使われるようになりました。

　なぜ最近のアニメは聖地巡礼を引き起こすことが多いのでしょうか。アニメの**制作過程**（**the production process**）では，ロケに行き実際の風景や建物の写真をとり，ロケ後にそれをトレースしてアニメの背景を作る手法（**a method of producing background images of an anime by tracing the photos of real scenery and buildings after shooting**）がしばしば採用されていることがその理由のひとつと言われています。この手法で制作されたアニメを見たファンは，容易に具体的な場所を感じることができ，登場人物の気持ちを**追体験**（**vicarious experience**）したくなる人が増えると言われています。最近では**観光業との連携**（**tie-up with the tourism industry**）が顕著となり，アニメツーリズムという言葉も定着してきたといえるでしょう。

重要度 **7** 位 | 新幹線（Shinkansen）

以下のキーワードを見て，「新幹線」の説明にチャレンジしてみましょう！

> ### 「新幹線」説明の Key Words
>
> ・"the Bullet Train"
> ・a maximum speed of 320 km/h
> ・the Tokyo Olympics
> ・nine *Shinkansen*-lines
> ・the fastest (*Nozomi, Sakura*), the second-fastest(*Hikari*), the third-fastest (*Kodama*)
> ・the Linear *Chuo-Shinkansen* to open in 2045

　できる人は，上の key words を見て，英語でプレゼンにチャレンジしてみましょう。いきなり英語で説明するのが難しい人は，上の key words を参考にして，まず日本語で説明を考えてみましょう。

---

① 新幹線は英語で the Bullet Train（「**弾丸列車**」）といわれ，**最大速度時速320km**（時速 199 マイル）の日本の本州，九州，北海道を走る旅客鉄道である。

② **東京オリンピック**の年である 1964 年に建設され，今では東海道新幹線（東京から大阪），山陽新幹線（大阪から福岡）を含む**9つの新幹線**が日本全域を走っている。

③ たとえば東海道新幹線，山陽新幹線には，3 つの種類の新幹線があり，**最速ののぞみ・さくら，次に速いひかり**，そして**最も遅いこだま**がある。

④ リニアモーター上のリニア中央新幹線の建設が進められており，**2045 年の開通**を目指している。

⑤ 開通により大阪から東京まで 67 分で到達する予定である。

　では今度は，上の日本文を見て，英語の通訳やプレゼンにチャレンジしてみましょう！

①*Shinkansen*, which is called "the Bullet Train", refers to a passenger train with **a maximum speed of 320 km/h[199mp/h]** or a high-speed railroad on the islands of *Honshu*, *Kyushu*, and *Hokkaido* in Japan. ②Built in **1964**, the year of **the Tokyo Olympics**, there are now **nine *Shinkansen* lines** throughout Japan, including the *Tokaido Shinkansen*-line (from Tokyo to Osaka) and the Sanyo line (from Osaka to Fukuoka). ③There are three kinds of *Shinkansen*, **the fastest *Nozomi* and *Sakura*, the second-fastest *Hikari*,** and **the third-fastest *Kodama*.** ④⑤**The Linear *Chuo-Shinkansen* on magnetic levitation** is now under development and scheduled to **open in 2045** from Tokyo to Osaka. It is estimated that the Linear travels the distance in 67 minutes.

ここがポイント！

　いかがでしたか？　上の英文はフォーマルな written English ですが，口語調で言ってみましょう。

　①「新幹線は英語で the Bullet Train といわれ，最大速度時速 320km の日本の本州，九州，北海道を走る旅客鉄道である」を会話調に平たく言うと，例えば次のようになります。

　① *Shinkansen* is called "the Bullet Train." It is a passenger train that runs at the speed of up to 320 km/h on the *Honshu*, *Kyushu*, and *Hokkaido* islands in Japan.

　written English と spoken English を比べてみましょう。

Written	Spoken
a **high-speed** railroad	a train that runs **rapidly**
train **with a maximum speed of 320** km/h	train **that runs at the speed of up to** 320 km/h

　書き言葉《**Written**》ではハイフン表現，**specific** な語彙や前置詞を巧みに使うことで無駄のない英文となります。上の例では，平たい会話調《Spoken》では **that 以下が節**であったのが，《Written》では **with を使うことで句**となり，maximum を使うことで up to よりも格調高い言い回しとなっています。

②の最初の部分「東京オリンピックの年である 1964 年に建設され」を《Spoken》
でいうと，*Shinkansen* was built in 1964, when the Tokyo Olympics were held.
となります（一例）。

Written	Spoken
Built in 1964, **the year of the Tokyo Olympics**,	*Shinkansen* **was built** in 1964, **when** the Tokyo Olympics were held.

分詞構文を使うことで同一の主語をいちいち記述せず無駄のない文になっていま
す。「日本全域を走っている」を **all over** Japan とせずに **throughout** Japan と
することで，引き締まった文章となります。 lines throughout Japan including
the *Tokaido Shinkansen*-line and *Sanyo* line と including を 使 い lines that
include と節にしないことで無駄をへらして引き締まった書き言葉の文章となりま
す。

　リニア中央新幹線（**the Linear Chuo Shinkansen Line**）は，東京都から大阪市に至
る新幹線整備のための計画路線です。東海道新幹線の**輸送量**（**traffic volume**）が急伸し
近い将来に輸送力が逼迫すると考えられたことなどが背景にあります。事業主体は JR 東
海，事業費総額 5 兆 5000 億円以上の**類を見ない規模**（**an unprecedented scale**）の
民間事業（**private business**）です。
　超電導リニア（**Superconducting Magnetic Levitation Railway**）方式とは，車両
に搭載した超電導磁石と地上に取り付けられたコイルとの間の磁力によって浮上して走行
する方式です。通常，鉄道は，**車輪とレールの摩擦を使って走行**（**the movement of a
railway relies on the friction between the drive wheels and the rail**）しますが，
超高速になると車輪が空転するため速度を上げるにも限界があり，考えられたのが磁石の
力で浮かせて走行する方法です。超電導リニア方式では磁石の力で 10cm 浮き，時速 500
㎞で走ります。
　今後の工事予定は，品川 - 名古屋間（2027 年の完成を目指して**建設中**（**under
construction**）と名古屋 - 新大阪間（2019 年時未着工ですが，**2045 年の完成が計画さ
れている**（**scheduled to be completed in 2045**）の二区間に分けられています。全線
開業で品川―名古屋間は最速 46 分，品川―大阪間は同 67 分で結ばれる予定です。
　走行中の車窓の眺めは残念ながら期待できそうにないようです。路線は品川 - 名古屋間
286km の約 86％ がトンネルで，地上部も騒音対策のためチューブの中を走行する見込み
です。

重要度 **8** 位 ｜ 働き方改革 （Hatarakikata kaikaku）

以下のキーワードを見て「働き方改革」の説明にチャレンジしてみましょう！

「働き方改革」説明の Key Words

· government initiatives to change people's work attitudes

· improvement of business efficiency and productivity

· shorter working hours, pay equality, telecommuting and work-life balance

· complaints from most workers

できる人は，上の key words を見て，英語でプレゼンにチャレンジしてみましょう。いきなり英語で説明するのが難しい人は，上の key words を参考にして，まず日本語で説明を考えてみましょう。

① 働き方改革（Work Style Reform）は，**人々の仕事に対する態度を**大きく変**えるための政府主導の一括法案**である。

② この政策は**前例のない超高齢社会において業務の効率と生産性**を向上させることを目的としている。

③ 働き方改革法には**労働時間を短くし**，正規および非正規労働者の間の**給与を平等**にし，**テレワークの推進やワークライフバランス**を推進することが含まれている。

④ しかし**日本人の労働者の半分程度は**，この政策によって経営者が残業や給与を削減しようとし，より懸命に働くようさらに圧力をかけると**不満をもらしている**。

では今度は，上の日本文を見て，英語の通訳やプレゼンにチャレンジしてみましょう！

Sample Answer

①*Hatarakikata kaikaku*(働き方改革), translated as the Work Style Reform, is a package of **government initiative to** drastically **change people's attitudes toward work.** ②This policy aims to **improve business efficiency and productivity** in the **unprecedented super-aged society.** ③The Work Style Reform bills include the **shortening of working hours** and **pay equality** between permanent and non-permanent workers, **promotion of telecommuting** and **work-life balance.** ④However, nearly half of Japanese workers **complain** that employers try to **reduce their overtime and salaries** with more pressure on them to work harder.

ここがポイント！

　いかがでしたか？　上の英文はフォーマルな written English ですが，口語調で言ってみましょう。

　②「この政策は前例のない超高齢社会において業務の効率と生産性を向上させることを目的としている」を平たい口語調《Spoken》で言うと，This policy tries to improve business efficiency and productivity in the super-aged society that we've never experienced. となります。

Written	Spoken
This policy **aims to** improve business efficiency and productivity in the **unprecedented** super-aged society.	This policy **tries to** improve business efficiency and productivity in the super-aged society **that we've never experienced.**

　《Spoken》では「前例のない」の部分を **society that we've never experience** と節になっています，《Written》では **unprecedented** ～ society と specific に一語で書いています。

　④の後半部分「残業や給与を削減しようとし，より懸命に働くようさらに圧力をかける」は《Written》で **reduce** their overtime and salaries **with more pressure** on them to work harder となっているのに対し《Spoken》では，**cut** their overtime and salaries and **push** them to work harder となります。

Written	Spoken
reduce their overtime and salaries **with more pressure** on them to work harder	**cut** their overtime and salaries **and push them to work harder**

　written English では **with を使い句で表現**しているのに対し《Spoken》では **and を使い，節による表現**となっています。《Written》では **reduce**，平たい口語調では **cut** となっています。

「働き方改革」の背景知識はこれだ！

　働き方改革は**一億総活躍社会の実現**（**the realization of "the Dynamic Engagement of All Citizens"**）のために計画された労働者の**働き方**（**work styles**）をよりよい方向に改善するための**具体的な方策**（**concrete measures**）で，（1）**長時間労働の是正**（**the shortening of the long working hours**），（2）**非正規雇用の処遇改善**（**improving the working conditions for non-regular workers**），（3）**テレワークの推進**（**promoting telecommuting**），（4）**育児や介護との両立**（**juggling office work, nursing care, and child rearing**）が含まれます。

関連トピック！

　働き方改革に関連した項目として，次のようなものがあります。
・**待機児童問題の解消**（**deal with the problems of children on waiting lists for nursery schools**）
・**ワーキングプア**（**the working poor**）：正規雇用者（正社員）と同じようにフルタイムで働いても貧困から抜け出せない就業者）の処遇改善。
・**ワーケーション**（**workation**）：work（ワーク）と vacation（バケーション）から作られた造語。リゾート地などに行き，**報告書提出**（**submit reports**）などをこなしつつ休暇をとる働き方のスタイルでアメリカなどを中心に広がりつつあり，日本では JAL が 2017 年働き方改革の一環として実施したことが話題となりました。
・**時短ハラスメント**（**employee harassment through working hours reduction**）：労働時間短縮のための**有効策**（**effective countermeasures**）を示さないまま，上司が部下に**業務の切り上げを強要**（**demand the reduction of working hours**）しながら，これまでどおりの成果も要求することがあるといわれています。
　働き方改革の効率に関して日本では**労働生産性**（**labor productivity** 労働力に対してどれだけの価値を生むことができたか）について，**残業**（**overtime work**）しないものは**忠誠心がない**（**lack of loyalty to the company**）という**風土**（**corporate culture**）がある職場や**行き過ぎた顧客第一主義**（**the excessive customer-first principles**）を従業員にも求める職場があるとも言われます。

重要度 **9** 位　女子力（**Joshiryoku**）

以下のキーワードを見て「女子力」の説明にチャレンジしてみましょう！

「女子力」説明の Key Words

- **girlish or feminine qualities**
- **the cartoonist,** *Anno Moyoko*
- **original meaning: household management, a good sense of dressing and makeup**
- **diversified meaning: high job and athletic performances**
- **a catchword in educational settings for female empowerment**

できる人は，上の key words を見て，英語でプレゼンにチャレンジしてみましょう。いきなり英語で説明するのが難しい人は，上の key words を参考にして，まず日本語で説明を考えてみましょう。

---

① 女子力とは**少女あるいは女性の性質**を意味する新たな造語である。

② この語は 2000 年頃，**漫画家安野モヨコ**により雑誌『*VOCE*』で初めて使われと言われ，2009 年以降には日常使用されるようになった。

③④ **もともとは女性の家事のやりくりや服装・化粧のセンスの良さ**における女性の能力を意味したが，時を経て**意味が多様になり高い労働や運動能力**を含むようになった。

⑤ **教育の場面では女生徒が自分の考えを持ち，明確な職業の計画を持つ**ように奨励する**標語**として使われている。

では今度は，上の日本文を見て，英語の通訳やプレゼンにチャレンジしてみましょう！

Sample Answer

①*Joshiryoku* is a newly coined Japanese word that generally means **girlish or feminine qualities**. ②The word was first used in the woman's magazine "*VOCE*" by the **cartoonist,** *Anno Moyoko*, around 2000 and has been commonly used since 2009. ③It **originally meant women's ability in household management and a good sense of dressing and makeup**. ④But over time, **the meaning has broadened** to **include high job and athletic performances**. ⑤ In **educational settings**, the word is used as **a catchword** to encourage female students to **have a mind of their own** and **clear career plans**.

ここがポイント！

　いかがでしたか？　上の英文はフォーマルな written English ですが，口語調で言ってみましょう。

　③の「女性の家事のやりくりや服装・化粧のセンスの良さにおける女性の能力」の部分は，《Written》では women's ability **in** household management and a good sense of dressing and makeup であるのに対し，《Spoken》では woman's ability **to** manage household well, and **to** dress themselves up and put on makeup beautifully となります。

Written	Spoken
women's ability **in household management** and a good sense of **dressing and makeup**	woman's ability **to manage household** well, and **to dress** themselves up and **put on makeup** beautifully

　《Spoken》では ability **to manage**, ability **to dress** と ability を不定詞句による修飾で表現していますが，《Written》では **ability in 名詞句**とすることで無駄のない表現となっています。

　④の「意味が多様になり」の部分は，《Written》で the meaning has **broadened** となっているのに対し，《Spoken》では the meaning has **changed** となります。《Written》では **Specific** な，**-ize, -fy, de-** などの接頭辞・接尾辞のついた表現を使うことで，**specific で引き締まった無駄のない表現**になります。

　女子力という言葉のイメージについて，捉え方は肯定的・否定的とさまざまです。**肯定的な捉え方（positive images）**としては，「女子力」は**ほめ言葉（compliments）**として使われている，**自分を高めたい（a desire to improve oneself）**女性の気持ちを表しているという意見があります。一方，**否定的なイメージ（negative images）**としては「女性はこうあるべきだ」「これは**女性の役割**だ（**clearly differentiated roles**)」としています。「男子力」という言葉は一般的にはなく，偏った**男性目線の考え方（male prejudice）**から生まれた言葉という意見があります。その他には「いいイメージも悪いイメージも持っていない」という意見があります。女子力という言葉の使い方が**時代を反映して（reflect the age）**今後も変わっていく可能性はあります。

　今では「女子力」は男性にも使われるようにもなってきており，**細やかな気遣い（careful consideration for others）**をした男性に対して「女子力が高い」とほめ言葉として使われることもあります。**精神的・経済的に自立している女性（mentally and economically independent women）**について，今では「しっかり自分のことができる女性」として女子力が高い人とも言われることがあります。**美しい言葉づかい（polite use of language）**は，時代に変わらず，**女子力の有無を判断する基準（criteria for joshiryoku）**となっており，女性は美しくという思いも時代を超えてあるため，その人個人のよさを生かしたファッションやメークや振る舞いは女子力のポイントとして残るでしょう。

重要度 **10** 位 ｜ 終活（Shūkatsu）

以下のキーワードを見て「終活」の説明にチャレンジしてみましょう！

「終活」説明の Key Words

- preparations for the end of *one's* life
- minimize the inconvenience to *one's* family
- the weekly *Shukan Asahi*
- preparations for *one's* funerals before death
- specifying *one's* preferred medical treatment
- writing a will

できる人は，上の key words を見て，英語でプレゼンにチャレンジしてみましょう。いきなり英語で説明するのが難しい人は，上の key words を参考にして，まず日本語で説明を考えてみましょう。

---

① 終活とは，自分の最期を見据えて，**自分の人生の最期に備える**ための人々の活動を意味する造語である。

② 今日では**家族に迷惑をできるだけかけないように**と，退職後に終活を始める人もいる。

③ この言葉は，2009 年に**週刊誌「週刊朝日」**に掲載されたのが始まりである。

④ 当初は**生前の葬儀の準備**のみを指す言葉であった。

⑤ しかし，家族の絆の希薄化や孤独死の増加を伴う少子高齢化社会で，その意味合いは広がり，自分が受けたい**医療処置を具体的に述べたり**，自分の遺言や相続人を書くことも含むようになった。

では今度は，上の日本文を見て，英語の通訳やプレゼンにチャレンジしてみましょう！

> ### *Sample Answer*
>
> ①*Shūkatsu*(終活) is a newly coined word that means people's **preparations for the end of their life**. ②Some people nowadays start *Shūkatsu* after retirement to **minimize the inconvenience to their family**. ③The word first appeared in the weekly magazine, ***Shukan Asahi***, in 2009. ④Originally the word only referred to people's **preparations for their funerals before death**. ⑤However, in the super-aged society with weakening family ties and increasing solitary deaths, its meaning has gradually broadened to include **specifying their preferred medical treatment** they want to receive and **writing a will** on the receivers of their inheritance.

ここがポイント！

　いかがでしたか？　上の英文はフォーマルな written English ですが, 口語調で言ってみましょう。

　②「今日では家族に迷惑をできるだけかけないようにと, 退職後に終活を始める人もいる」の文を平たい会話調《Spoken》にすると, Now, some people start *Shūkatsu* after they retire to bother their family as little as possible. となります。《Written》と《Spoken》を比較すると下記になります。

Written	Spoken
to minimize the inconvenience to their family	**not to bother** their family **as little as possible**

　written English では, minimize と **specific な動詞**を使い, 無駄のない表現となっています。

　⑤「家族の絆の希薄化や孤独死の増加を伴う少子高齢化社会」の部分を《Spoken》にすると, super-aged society where people have weaker family ties and more people die alone となり,「具体的に述べたり（specify）」の部分は clearly mention となります。

Written	Spoken
super-aged society **with** weakening family ties and increasing solitary deaths	super-aged society **where people have** weaker family ties and more people die alone
specifying their preferred medical treatment	**clearly mention** they want to receive medical treatment

《Written》では「super-aging society **with** 名詞句」の **with** や **specify** などの動詞をうまく使い，引き締まった英文となっています。

「終活」の背景知識はこれだ！

　「終活」は，自分の人生の終末のために行う事前の諸活動を意味し，具体的には，**残された家族（a bereaved family）**に手間がかからないようにするため，生前のうちに自身の葬儀や墓の準備（**funeral and grave preparations**），自分の家の物品などを整理・処分（**organize and dispose of** *one's* **personal belongings**），遺言書の作成（**will drafting**）などがあります。この「終活」への関心の高まりを背景に，「終活」をテーマにした書籍が数多く出版され，終活に関する講演会や「**終活フェア（Shukatsu Fair）**」が，**葬儀社（undertakers）**，**石材業者（stone traders）**，遺言・遺産相続にかかわる**行政書士（administrative scriveners）**，**介護施設（nursing and care facilities）**などと合同で開催されています。

　このような「終活」ブームの背景には，28.4％（2019年）という高い**高齢化率（the high rate of aging）**に示されるように高齢化が進行し，**配偶者や家族をもたない高齢者が増え（increasing single elderly population）**，**地域社会や家族の絆が弱まり（weakening community and family ties）**，**独居老人の孤立死が増えたこと（increasing solitary death of the elderly）**，東日本大震災でみられたような「**不慮の死**」（**unexpected death**）が訪れうるということが，人々によって広く再認識されたことなどがあると指摘されています。

　家族葬とは，葬儀に招く客を親族や友人などのうち，とりわけ親しい関係のある者に限定し，少人数で行う，従来型の葬儀に比べ**簡素化された葬儀（simplified funerals）**です。近隣に居住する者や勤務先の者は招かないのが一般的で，都市部で増えていると言われています。式の流れは一般的な葬儀とほぼ同じで，少人数のため虚飾のない中落ち着いて**心をこめて故人とのお別れ（a calm sincere farewell to the deceased）**できること，家族葬は小規模であるため，**人件費（personnel costs）**，設備費等の**葬儀費用を抑える（save funeral costs）**ことができるといわれます。

重要度 **11** 位 ｜ 民泊（**Minpaku**）

以下のキーワードを見て「民泊」の説明にチャレンジしてみましょう！

「民泊」説明の Key Words

- **Japanese private lodging regulated by the *Minpaku* Law**
- **the recent increasing demand for *Minpaku***
- **a significant increase in service providers**
- **chance for cultural exchange with foreign tourists**
- **concern about environmental degradation**

できる人は，上の key words を見て，英語でプレゼンにチャレンジしてみましょう。いきなり英語で説明するのが難しい人は，上の key words を参考にして，まず日本語で説明を考えてみましょう。

① 民泊（Japanese private lodging）は 2018 年 6 月 15 日実施された**民泊法により規制された宿泊施設**のことで，個人や出張に利用するための個人宅や空き家やマンションなどの宿泊施設がある。

② **最近外国人旅行者からの需要が増えている**中，**サービス供給者の数が日本国内で著しく増加**している。

③ 民泊は個人の宿泊施設所有者に**外国人旅行者と文化的交流を楽しむ機会**を与え，宿泊客は手ごろな価格で滞在して，ホテルでは楽しめない日本の伝統的な文化を楽しむことができる。

④ しかし，民泊は，低品質な宿泊だけではなく，近隣の住民の間で**環境悪化についての不安**を高めている。

では今度は，上の日本文を見て，英語の通訳やプレゼンにチャレンジしてみましょう！

①*Minpaku*, or a Japanese private lodging service, means **private accommodations regulated by the *Minpaku* Law,** which was enforced on June 15, 2018. It includes rooms of private houses, vacant houses, and condominiums for private or business travelers. ②With the recent increasing demand for *Minpaku* from foreign tourists on the Internet, the number of the **service providers has significantly increased** nationwide. ③*Minpaku* gives the owners **a chance to enjoy cultural exchange with foreign tourists**, allowing the guests to stay at reasonable prices and experience Japanese traditional culture. ④However, in addition to its low-quality lodging, *Minpaku* is causing **concern** among nearby residents **about environmental degradation.**

ここがポイント！

いかがでしたか？　上の英文はフォーマルな written English ですが，口語調で言ってみましょう。

①「民泊（Japanese private lodging）は 2018 年 6 月 15 日実施された民泊法により規制された宿泊施設のことで，個人宅や空き家やマンションなどがある」は平たい口語調《Spoken》では長すぎるので，*Minpaku*, or a Japanese private lodging service, means private accommodations regulated by the *Minpaku* Law. It was enforced ～と 2 文になります。

②「最近外国人旅行者からの需要が増えている中，サービス供給者の数が日本国内で著しく増加している」を平たい会話調《Spoken》では次のようになります。

As demand for *Minpaku* from foreign tourists has recently increased on the Internet, there have been far more service providers all over Japan.　written English と比較してみましょう。

Written	Spoken
With the recent increasing demand for *Minpaku* from foreign tourists	**As demand** for *Minpaku* from foreign tourists **has recently increased**
The number of service providers **has significantly increased nationwide.**	there have been **far more service providers all over Japan.**

《Written》では「最近の外国人旅行者からの**需要が増えている**」を **with** によ
り名詞句で表現し，**nationwide** を使うことで無駄をなくしています。

③「宿泊客は手ごろな価格で滞在して，ホテルでは楽しめない日本の伝統的な
文化を楽しむことができる」の部分は，《Spoken》では the guests can stay at
the Japanese private lodging at reasonable prices and enjoy Japanese
traditional culture that they can't at hotels. となります。《Written》と比較する
と下記になります。

Written	Spoken
Minpaku, **allowing** the guests **to** stay	**the guests can stay** at *Minpaku*

《Written》では③の文では分詞構文を使うことで，無駄のない引き締まった文
章となっています。

日本では「民宿」と呼ばれる昔からの**宿泊施設（lodging）**があり，主に多くの場合**小規模で家族経営（small family-run business）**で，かつ，客室が**和室（Japanese-style rooms）**で布団を使用するなど設備が主に和式である宿泊施設とされていました。しかし，その数は急速に増加する海外からの訪日客が手軽に利用できるほどは十分ではなく，**インバウンドの促進のために改善策（improvement strategies to promote inbound tourism）**が必要になっていました。

そこで，2018年から「住宅宿泊事業法（民泊新法）」がスタートしました。現在では個人が宿泊施設を運営するには，主に営業日数の違いから，法制度上次の3つの選択肢があります。

1. 旅館業法簡易宿所の営業

空き部屋などを日数の制限なく有料で提供する場合，**旅館業法の許可を得る（be licensed under the Hotel Business Act）**必要があり，この許可を得れば，民泊として営業日数の上限の制限なく運営できます。しかし，簡易宿所として許可を得るためには，旅館業法，**建築基準法（the Building Standards Act）**や**消防法（the Fire Service Act）**の規制がありかなりの手間とコストがかかります（**troublesome and costly**）。

2. 特区民泊（国家戦略特別区域外国人滞在施設経営事業）

「国家戦略特別区域（**国家戦略特区 the National Strategic Special Zone**）として限られた区域内で行う民泊。それぞれの自治体が条例を定め，特例として旅館業法の適用除外を受けることができます。特区民泊には滞在日数の上限の制度はありませんが，下限（最低宿泊する日数）に制限があります。以前は少なくとも6泊7日以上の宿泊客しか受け入れませんでしたが緩和され（2泊）3日から（9泊）10日までの範囲内で自治体が定めた期間以上へと日数制限の下限が引き下げられました。

3. 民泊新法（住宅宿泊事業法 the Private Lodging Business Act）

民泊事業者は，都道府県知事に対して届出さえすれば，旅館業法の許可がなくとも民泊を運営することが可能。旅館業法簡易宿所や民泊特区と比較すると**比較的容易な手続き**（**relatively simple procedures**）で開業できますが，一年間の営業日数の上限が180日以内と最終的に定められた結果，参入事業者からは，期待していた思惑と違い使い勝手が悪い制度だとの意見がかなり出ていると言われています。それを反映し，宿泊需要が高い首都圏でもこの新法に基づく民泊は予想されたほど増えていません。

重要度 **12** 位　コミケ（Comike）

以下のキーワードを見て「コミケ」の説明にチャレンジしてみましょう！

コミックマーケット（C90）
東京国際展示場

「コミケ」説明の Key Words

- **Japan's largest indoor public gathering of comic fans**
- **exhibitions and distributions of self-publications**
- **biannual events since 1975**
- **Tokyo Big Site (2013)**
- **mostly female visitors in their 20's**

できる人は，上の key words を見て，英語でプレゼンにチャレンジしてみましょう。いきなり英語で説明するのが難しい人は，上の key words を参考にして，まず日本語で説明を考えてみましょう。

① コミケ（コミック・マーケットの短縮形）は，**日本最大の一般のコミックファンの集まり**である。

② コミケはアニメ，漫画（コミック）とゲームの**自己出版**（同人誌 *doujinshi*）**の展示と配布を特徴**とする。

③ コミケは 1975 年以来，非営利組織のコミックマーケット委員会により運営されており，**1 年に 2 回**（夏と冬）**に開催**されてきた。

④ **2019 年**には，コミケは**東京ビックサイト**（東京国際展示場：Tokyo Big Site〔the International Exhibition Complex in Ariake〕）で 4 日間開催され，73 万人の**訪問者**を魅了した。

では今度は，上の日本文を見て，英語の通訳やプレゼンにチャレンジしてみましょう！

Sample Answer

①*Comike*, short for the Comic Market, is **Japan's largest indoor public gathering of comic fans**. ②It features **exhibitions and distributions of self-publications** (*doujinshis*) of animes, manga [comics] and games. ③Operated by the Comic Market Committee, an NPO (non-profit organization), *Comike* has been held **twice a year** (in summer and winter) **since 1975**. ④**In 2019**, *Comike* was held for four days in **Tokyo Big Site**, the International Exhibition Complex in Ariake, which attracted 730,000 **visitors**.

ここがポイント！

いかがでしたか？　上の英文はフォーマルな written English ですが，口語調で言ってみましょう。

②「コミケはアニメ，漫画［コミック］とゲームの自己出版（同人誌 *doujinshi*）の展示と配布を特徴とする」を平たい口語調《Spoken》でいうと，It features exhibitions and distributions of animes, manga [comics] and games **that you have published**. となり，書き言葉では self-publication となっています。

③「コミケは 1975 年以来，非営利組織のコミックマーケット委員会により運営されており」は《Written》では分詞構文を使い，引き締まった文となっていますが，《Spoken》では以下のように 2 文で表現しています（一例）。

Written	Spoken
Operated by the Comic Market Committee, an NPO (non-profit organization), *Comike* has been held twice a year.	*Comike* **is operated** by the Comic Market Committee, an NPO (non-profit organization). **It** has been held twice a year.

④「2019 年には，コミケは東京ビックサイトで 4 日間開催され，73 万人の訪問者を魅了した」の文も《Spoken》では，In 2019, *Comike* was held for four days in **Tokyo Big Site**, 〜　中　略　〜 , the Japan's largest convention center. It attracted 〜 . と 2 文になりますが，written English では「**, which attracted 730,000 visitors**」と関係代名詞を使い一文で引き締まった文となっています。written English では**主語を統一**することが大切ですが，上の written English は

①から④の文の主語が *Comike* で統一されており明解で引き締まった文章となっています。

「コミケ」の背景知識はこれだ！

コミケ（**Comiket**〔コミケット〕とも言われ表記される）は，世界最大の同人誌即売会（**the world's largest exhibitions and distribution**）で，屋内で行われるイベント（展示会なども含む）としても**最大**規模を誇るもの（**the largest-scale indoor event**）となっています。毎年8月と12月の年2回，東京国際展示場（東京ビッグサイト）で開催され，開催期間は現在では主に3日間。8月の開催は「夏コミ（**the summer comiket**）」，12月の開催は「冬コミ（**the winter comiket**）」と呼ばれます。

コミックマーケットは自作の漫画・アニメ・ゲームおよびそれ以外の作品（手作り雑貨など）を展示・頒布し，それらの作品を通して交流する「祭り」の場となっています。そこでは好きな漫画・アニメ・ゲームなどのキャラクターのコスチュームプレイを楽しむ人も見られ，日本の様々なポップカルチャーの関係者が**一堂に集う場**（**get together in the same venue**）となっています。

コミケはコミックマーケットの略ですが，コミックを売買するマーケットではありません。コミケは個人，企業，スタッフを含むすべての構成員を参加者と呼び，参加者が対等の立場で表現の可能性を拡げる場（**maximize the possibilities of expression based on equal relationships among participants**）としています。

重要度 **13** 位　南海トラフ（**Nankai Trough**）

以下のキーワードを見て「南海トラフ」の説明にチャレンジしてみましょう！

「南海トラフ」説明の Key Words

- **a 700km-long and 4,000m-deep trough**
- **the source of mega-earthquakes**
- **a 100-150 year cycle**
- **74 years from the last mega-earthquake**
- **a 70-80% probability in 30 years and a death of 320,000 people**
- **disaster management plans and evacuation drills**

　できる人は，上の key words を見て，英語でプレゼンにチャレンジしてみましょう。いきなり英語で説明するのが難しい人は，上の key words を参考にして，まず日本語で説明を考えてみましょう。

① 南海トラフは，駿河湾から九州東部沖の海底にある**長さ約 700km，深さ約 4000m の海溝**である。

② 歴史的にみればこのトラフが**超巨大地震の発生源**となっており，**約 100 年から 150 年の周期**で繰り返し超巨大地震が発生してきた。

③ 前回の南海トラフによる超巨大地震から **74 年が経過しており，30 年後には マグニチュード 8 ～ 9 の地震が 70 ～ 80% の確率で発生し，32 万人が死亡**すると予測されている。

④ 日本の政府や自治体では超巨大地震に備えて**防災計画**を策定し，**避難訓練**を実施している。

　では今度は，上の日本文を見て，英語の通訳やプレゼンにチャレンジしてみましょう！

Sample Answer

①The Nankai Trough is **a 700km-long and 4,000m-deep trough** on the sea floor from Suruga Bay to eastern Kyushu offshore. ②Historically, this trough has been **the source of mega-earthquakes**, which have occurred repeatedly in **a 100- to 150-year cycle**. ③**With the passage of 74 years** from the last mega-earthquake caused by the Nankai Trough, it is predicted that **earthquakes of magnitude 8 to 9** will occur **in 30 years** with **a 70-80% probability** and **a death of 320,000 people**. ④The Japanese government and municipalities are making **disaster management plans** and conducting **evacuation drills** in preparation for possible mega-earthquakes.

ここがポイント！

　いかがでしたか？　上の英文はフォーマルな written English ですが，口語調で言ってみましょう。

　①「長さ約700km，深さ約4000m の海溝」を平たい会話調《Spoken》の文にすると The Nankai Trough is 700km long and 4,000m deep となります。上の written English では **a 700km-long** and **4,000m-deep trough** とハイフン表現を使い引き締まった文となっています。

　②「歴史的にみればこのトラフが超巨大地震の発生源となっており，約100年から150年の周期で繰り返し超巨大地震が発生してきた」，《Spoken》では Historically, this trough has caused mega-earthquakes and they have happened **every 100 to 150 years**. となり，《Written》では最後の部分は **in a 100- to 150-year cycle** となっています。

　③「前回の南海トラフによる超巨大地震から74年が経過しており，30年後にはマグニチュード8〜9の地震が70〜80％の確率で発生し，32万人が死亡すると予測されている」は，《Spoken》では Since 74 years have passed since the last mega-earthquake caused by the Nankai Trough, earthquakes of magnitude 8 to 9 have a 70-80% chance of happening in 30 years. There is a 70 to 80 % chance of death of 320,000 people.　となります。　下記で《Written》と《Spoken》を比較してみます。

Written	Spoken
With the passage of 74 years from the last mega-earthquake	**74 years have passed** since the last mega-earthquake
It is predicted that earthquakes of magnitude 8 to 9 will occur in 30 years **with a 70-80 probability** and a death of 320,000 people.	Earthquakes of magnitude 8 to 9 have a 70-80% chance of happening in 30 years. **There is a 70 to 80% chance** of death of 320,000 people.

《Spoken》では節や別の文に分けて書いている部分を《Written》では**前置詞 with** を使って**句**で書いています。

「南海トラフ」の背景知識はこれだ！

　南海トラフはプレート型巨大地震（海溝型地震：a subduction-zone earthquake）の巣と言われ，南海トラフ地震は，概ね**100 ～ 150 年間隔で繰り返し発生**（**occurred repeatedly in a 100- to 150-year cycle**）しています。歴史的にみると，主なものとして，7 世紀の白鳳地震，9 世紀の仁和 (にんな) 地震，11 世紀の永長地震・康和地震，14 世紀の正平地震，15 世紀の明応地震，17 世紀の慶長地震，18 世紀の宝永地震，19 世紀の安政地震，20 世紀の昭和地震と枚挙にいとまがありません。

　過去の文書に**巨大地震についての記述**（**several descriptions of mega-earthquakes**）がいくつかあります。白鳳時代の 684 年 11 月 29 日夜，西日本を巨大地震が発生したとされていますが，この地震について日本書紀には高知県の**海岸沿いの沈降**（**submergent coastlines**）や**浸水**（**inundation, flooding**）の状況や人々が恐怖に凍りついた様子が詳細に記録されています。このような過去の**大地震の経験を検討して，将来の巨大地震に対する準備をすること**（**examine the past experiences of mega-earthquakes and prepare for future mega-earthquakes**）が求められるでしょう。

重要度 **14** 位 ｜ ポケモン GO（Pokémon GO）

以下のキーワードを見て「ポケモン GO」の説明にチャレンジしてみましょう！

「ポケモン GO」説明の Key Words

- **a free application game based on GPS and AR**
- **released on July 6th, 2016**
- **an experience-type game**
- **fight with *Pokémon* characters in the avatar**
- **makes players active but may cause accidents**

できる人は，上の key words を見て，英語でプレゼンにチャレンジしてみましょう。いきなり英語で説明するのが難しい人は，上の key words を参考にして，まず日本語で説明を考えてみましょう。

① ポケモン GO は，スマートフォン向けの **GPS と AR（拡張現実 augmented reality）に基づくフリーアプリケーションゲーム**である。

② **2016 年 7 月 6 日**米国，オーストラリア，ニュージーランドにおいて，初め**てリリースされた。**

③ ポケモン GO は**体験型ゲーム**であり，プレーヤーは GPS センサー・カメラを使って実際の空間を歩き回り，**アバターの形でポケモン（ポケットモンスター）キャラクター**を見つけて，捕まえて，**対戦する。**

④ このゲームは，プレーヤーが家の外へ出てポケモンを探すことにより，**プレーヤーを活動的にする**が，このゲームのおかげで運転中の交通**事故が起こったり，**ポケモンを捕まえるために墓場への侵入が起こるかもしれない。

では今度は，上の日本文を見て，英語の通訳やプレゼンにチャレンジしてみましょう！

①*Pokémon GO* is **a free application game based on GPS and AR**(augmented reality) technologies for smartphones. ②It was first **released on July 6th, 2016** in the U.S., Australia, and New Zealand. ③It is **an experience-type game** in which players find, catch, and **fight with *Pokémon* characters** (pocket monsters) **in the avatar** by walking around in a real space with the smartphone GPS sensors and camera. ④This game **makes players active** by searching for *Pokémon* outside their house, but it may **cause** traffic **accidents** during driving or unintentional intrusions on graveyards to catch *Pokémons*.

ここがポイント！

いかがでしたか？　上の英文はフォーマルな written English ですが，口語調で言ってみましょう。

① *Pokémon GO* is a free application game **based on** GPS and AR technologies for smartphones を《Spoken》にすると based on の部分が using となります。

③「ポケモン GO は体験型ゲームであり，プレーヤーは GPS センサー・カメラを使って実際の空間を歩き回り，アバターの形でポケモン（ポケットモンスター）キャラクターを見つけて，捕まえて，対戦する」について《Written》では an **experience-type** game, in which players find, catch, and fight with *Pokémon* characters in the avatar と効果的にハイフン表現を使っています。一方，《Spoken》では「体験型ゲーム」を a game in which players themselves find, catch and fight with *Pokémon* characters in the avatar と表現します。下記で《Written》と《Spoken》を比較してください。ちなみに，avatar は the graphic representation of the user or user's alter ego と説明できます。

Written	Spoken
It is **an experience-type game** in which players find, catch, and fight with *Pokémon* characters in the avatar.	It is **a game in which players themselves** find, catch and fight with *Pokémon* characters in the avatar.

④の最後の部分「ポケモンを捕まえるために墓場への侵入が起こるかもしれない」の部分を《Spoken》にすると they may carelessly go into graveyards to catch *Pokémons.* となります。

Written	Spoken
, but it may cause traffic accidents during driving or **unintentional intrusions** on graveyards to catch *Pokémons.*	, but they may have traffic accidents during driving or may carelessly **go into** graveyards to catch *Pokémons.*

《Written》では unintentional intrusions と**名詞句**となっていますが，《Spoken》では go into と**平たい語を使い**，**節**で書かれています。

上の《Written》では①～④の主語が *Pokémon GO* であり**主語統一**がされていることにも注目しましょう。

「ポケモンGO」の背景知識はこれだ！

ポケモンGOが登場するとたちまち**一大ブームとなり**（**created a great boom**），2016年の**新語・流行語大賞のトップテンの一つ**（**one of the top 10 buzzwords in Japan**）に選ばれました。その選考過程では，「バーチャルな生物を捕まえて何を面白がっているのか，実際の自然界にはもっともっと未知の生物が存在するのだ」という否定的な意見もありましたが，「ポケモンGOのために**ひきこもりだった子ども**（**withdrawn children**）が毎日外出するようになった」や「**家事に協力的でない夫**（**husbands who are not helpful with housework**）がスマホを片手に進んで**ゴミ出しに行く**（**go to take out garbage**）ようになった，などの肯定的意見がありました。当時，社会への影響として，**近隣への迷惑行為**（**bothering the nearby residents**），交通事故の増加，**観光業・飲食業の活性化**（**revitalize the tourism, food and beverage industries**）などの指摘がありました。

ポケモンGOは，他のゲームに比べ**幅広い年齢層で受け入れられている**（**appeal to various age groups**）との調査があり，**熱狂的なブームは過ぎ去った**（**the craze was over**）ものの，40代から60代の中高年に根強い人気があるとも言われます。スマホで**簡単な操作ができ，ルールもわかりやすい**（**user-friendly with simple rules**）ので中高年でも容易に楽しめるよう設計されていること，外で歩き回る機会が増えるので健康によいこと，**家族や友人の交流機会になること**（**promote health and relationships with friends and family members**），コストが安いことなどが指摘されています。

重要度 **15** 位 ｜ コスプレ （Cosplay）

以下のキーワードを見て「コスプレ」の説明にチャレンジしてみましょう！

「コスプレ」説明の Key Words

- **change from dressing up like favorite comic characters to favorite stars and professionals**
- **originated in the U.S. in 1939**
- **animes stimulated the cosplay craze**
- **the World Cosplay Summit in Nagoya from 2003**

World Cosplay Summit (2008)

　できる人は，上の key words を見て，英語でプレゼンにチャレンジしてみましょう。いきなり英語で説明するのが難しい人は，上の key words を参考にして，まず日本語で説明を考えてみましょう。

---

① コスプレ（「コスチュームプレイ」の略）は，**元々は好きな漫画のキャラクターに扮することを意味したが，今では好きなスターや好きな職業の制服を着ることも意味する。**

② **最初に記録されたコスプレは 1939 年にアメリカで行われ，**男性が SF 小説の登場人物に扮したのが始まりとされている。

③ 1990 年代以降，海外での**日本のアニメや漫画の人気**の高まりを受けて，**コスプレが盛んになってきた。**

④ 2003 年から世界最大のコスプレイベントである「**世界コスプレサミット**」が**名古屋**で開催され，50 か国以上から参加者が集まった。

　では今度は，上の日本文を見て，英語の通訳やプレゼンにチャレンジしてみましょう！

Sample Answer

①*Cosplay*, short for "Costume play", **originally meant** that people **dress up like their favorite comic characters**, but **nowadays** it also means that people habitually **dress up like their favorite stars or wear their favorite professional uniforms**. ②**The first** recorded *cosplay* took place in the U.S. in 1939, where a man dressed up as a character in a science fiction novel. ③The increasing **popularity of Japanese anime** and manga in foreign countries has **stimulated the cosplay craze** since the 1990s. ④Since 2003 **the World Cosplay Summit**, the world's largest cosplay event, has been held **in Nagoya** with participants from more than 50 countries.

ここがポイント！

いかがでしたか？　上の英文はフォーマルな written English ですが，口語調で言ってみましょう。

③「1990 年代以降，海外での日本のアニメや漫画の人気の高まりを受けて，コスプレが盛んになってきた」を平たい会話調《Spoken》でいうと次のようになります。Since the 1990s, Japanese Anime and manga has become more popular in foreign countries. This has made cosplay even more popular since that time. となります。上のフォーマルな書き言葉と比較すると次のようになります。

Written	Spoken
The increasing popularity of Japanese anime and manga in foreign countries has **stimulated** the cosplay **craze** since the 1990s.	Since the 1990s, **Japanese anime and manga** have **become more popular** in foreign countries. **This has made cosplay even more popular**.

《Written》では主語を The increasing popularity，動詞を stimulate として **SVO 構文で書くことで因果関係を示した引き締まった文**となっています。

「コスプレ」の背景知識はこれだ！

　コスプレという言葉は，コスチュームプレイ（Costume play）を短くした世界中で通用する和製英語です。英語の Costume play という言葉は本来，演劇用語で**時代衣装（period costumes）**を着けて演じられる**時代劇や歴史劇（period dramas or historical dramas）**のことを指します。

　コスプレを行う人をコスプレイヤーまたは省略してレイヤーと呼び，さまざまな**特定のジャンルの愛好者や同人サークル（aficionados of a particular genre or a group of people who share interests and activities）**が集まるコミックマーケット，同人誌即売会をはじめとする各種イベント，また，ビジュアル系バンドのライブ会場等で見かけます。

　自宅でコスプレを行うこともあり，これを「**宅コス**」（'**takucos**'）と呼びます。宅コスでは，他人の目を気にせずに，初めて演じるキャラクターのウィッグや衣装のチェック，メイクの研究を気軽にすることができ，SNS 上にアップされている例もあります。

重要度 **16** 位 ｜ ビジットジャパン（**Visit Japan**）

以下のキーワードを見て「ビジットジャパン」の説明にチャレンジしてみましょう！

「クールジャパン」説明の Key Words

- the government inbound tourism initiative in 2003
- public and private tourism promotions
- foreign media cooperation in showcasing Japanese culture and scenic spots
- a campaign for foreigners' educational tourism

できる人は，上の key words を見て，英語でプレゼンにチャレンジしてみましょう。いきなり英語で説明するのが難しい人は，上の key words を参考にして，まず日本語で説明を考えてみましょう。

① *"Visit Japan"* とは，*"the Visit Japan Campaign"* の略で，**2003 年開始された，政府主導の訪日観光客誘致戦略**であり，2010 年までに訪日外国人観光客数を年間 1,000 万人にすることを目的とした。

② このキャンペーンは日本における外国人旅行者数の増加と消費拡大を目的とした**官民共同のプロモーション活動**である。

③ "Visit Japan" の活動内容は，**海外メディアの日本取材協力**（インターネットや各種イベントを通して**日本文化と風光明媚な場所を紹介**），訪日**教育旅行の誘致キャンペーン**などである。

では今度は，上の日本文を見て，英語の通訳やプレゼンにチャレンジしてみましょう！

Sample Answer

①"Visit Japan", short for "the Visit Japan Campaign", is **the inbound tourism initiative taken in 2003 by the government** to attract 10 million international visitors to Japan by 2010. ②It is joint **promotional activities by the public and private sectors** to increase the number of foreign tourists and their consumption in Japan. ③The Visit Japan activities include attempts to gain **cooperation from the foreign media to showcase Japanese culture and scenic through** the Internet or various promotional events as well as **a campaign** to attract **educational tourism from foreign countries** to Japan.

ここがポイント！

いかがでしたか？　上の英文はフォーマルな written English ですが，口語調で言ってみましょう。

③「"Visit Japan" の活動内容は，海外メディアの日本取材協力（インターネットや各種イベントを通して日本文化と風光明媚な場所を紹介），訪日教育旅行の誘致キャンペーンなどである」を《Spoken》で表現すると，The Visit Japan activities includes **getting cooperation from** the foreign media to **show** Japanese culture and scenic spots through the Internet or various promotional events and a campaign to attract foreign tourists to learn about Japan. となります（一例）。上の《Written》では **attempts to gain**, **showcase** といったより **specific な語**を使うことで引き締まった文となっています。

Written	Spoken
The Visit Japan activities include gaining cooperation from the foreign media to showcase Japanese culture and scenic spots through the Internet or various promotional events as well as a campaign to attract educational tourism from foreign countries to Japan.	The Visit Japan activities includes getting cooperation from the foreign media to show Japanese culture and scenic spots through the Internet or various promotional events and a campaign to attract foreign tourists to learn about Japan.

　訪日外国人の数は，2003年約521万人でしたが2013年に約1,036万人（**最初の目標の1,000万人突破（exceeded the initial target of ten millions）**，2016年約2,400万人（当時の目標「2020年までに2,000万人」達成）と増加し，"Visit Japan"のキャンペーンの目標を順調に達成してきました。しかし，2020年は**新型コロナウイルス感染症（new coronavirus infections〔COVID-19〕）**と**東京五輪の延期（postponement of the Tokyo Olympics）**の影響により訪日客数は過去最小となりました。

　ある**アンケート調査（questionnaire）**によれば，日本旅行をしたいと考えたきっかけはアジアでは**日本の自然や日本食への関心が強く（a great interest in Japanese food and beauty of nature）**，欧米豪では**日本の文化・歴史への関心が強い（a keen interest in Japanese culture and history）**，いう結果となっています。訪日時に不便に感じたこととしては，**交通費が高いこと（high transportation costs）**や**地図や表示がわかりにくいこと（difficult to find exact locations on a map or difficult to obtain information they need）**などを挙げている人が多くなっています。

　一方で，観光客の著しい増加は**オーバーツーリズム（overtourism）**の問題（**急激な地価高騰（soaring land prices）**や**混雑・渋滞（congestion）**，**ゴミ散乱（littering）**，環境破壊，騒音などの周辺住民とのトラブルなど）を発生させており，「**観光公害（impacts of tourism　（overtourism の訳とされることもある）**」とも呼ばれています。京都市では宿泊施設の数を制限する方向に方針転換し，鎌倉市では車両通行の妨げになる写真撮影や混雑時の**食べ歩き（eating while walking）**などの迷惑行為の自粛する条例（**the ordinance to control public manners**）を制定しました。地域社会の利益と両立し，**持続可能性のある観光（sustainable tourism）**とするために，今後工夫が求められています。

重要度 **17** 位 ｜ 漫画喫茶（**Manga Kissa**）

以下のキーワードを見て「漫画喫茶」の説明にチャレンジしてみましょう！

「漫画喫茶」説明の Key Words

· **manga, DVDs, Internet-surfing, free drinks, shower**

· **massage-machines, darts, billiards**

· **200 yen (30 minutes), 1500 yen (6 hours), 2400 yen (12 hours)**

· **cheaper than a capsule hotel**

· **convenient accommodations for the working poor**

できる人は，上の key words を見て，英語でプレゼンにチャレンジしてみましょう。いきなり英語で説明するのが難しい人は，上の key words を参考にして，まず日本語で説明を考えてみましょう。

① 漫画喫茶は，人々が**漫画や DVD，インターネットサーフィン，ドリンクバー**を楽しむことができ，**シャワー**を浴び，個人のブースで滞在することもできるカフェである。

② 漫画喫茶の中には**マッサージ機や，ダーツ，ビリヤード，卓球**コーナーを備えているところもある。

③ 通常，料金は最初の **30** 分で **200** 円，**6** 時間の滞在で **1,500** 円，**12** 時間の滞在で **2,400** 円である。

④ **カプセルホテル**で過ごすよりも料金が安いため，漫画喫茶は最終列車に間に合わなかった人々や，月の収入が約 **1000** ドルの**低所得の勤労者にとって便利な宿泊所**となっている。

では今度は，上の日本文を見て，英語の通訳やプレゼンにチャレンジしてみましょう！

Sample Answer

①Manga Café, or *Manga Kissa*(漫画喫茶), is a café where people can **enjoy manga, DVDs, Internet-surfing, free drinks**, and **even take a shower** and stay the night in private booths. ②Some Manga cafés **even** have a **massage-machine and areas for darts, billiards, and table tennis**. ③The rates are usually **200 yen for the first 30 minutes' stay, 1,500 yen for 6 hours' stay, and 2,400 yen for 12 hours'** stay. ④**The lower rates than those for a capsule hotel** overnight stay make Manga Café **a convenient accommodation for** people who have missed the last train or **the working poor** with a monthly income of about $1,000.

ここがポイント！

いかがでしたか？　上の英文はフォーマルな written English ですが，口語調で言ってみましょう。

④「カプセルホテルで過ごすよりも料金が安いため，漫画喫茶は最終列車に間に合わなかった人々や，月の収入が約 1000 ドルの低所得の勤労者にとって便利な宿泊所となっている。」は，《Written》では**無生物主語 the lower rates** than those for a capsule hotel と**動詞 make** を使うことで，**因果関係がわかりやすく引き締まった英文**となっています。一方，《Spoken》では As 節を使って因果関係を以下のように出しています。

Written	Spoken
The lower rates than those for a capsule hotel overnight stay **make Manga Café a convenient accommodation** for people who have missed the last train or the working poor **with** a monthly income of about $1,000.	**As it's cheaper** to stay overnight at Manga Cafés than at capsule hotels, Manga Cafés **is a convenient accommodation** for people **who** have missed the last train or **make** about $1,000 a month.

　最初の**漫画喫茶**（**Manga Café**）は 1970 年代に名古屋に登場したと言われ，その後日本中に広がり，今では 3000 以上の漫画喫茶が営業されています。営業時間の大半は**通常割安で利用でき**，泊りを提供している漫画喫茶もあり，24 時間営業の漫画喫茶には**ネットカフェ難民**（**net café refugees, cyber-homeless people**：24 時間営業のインターネットカフェや漫画喫茶などを家代わりとする人々）がいると言われています。東京における余暇空間である漫画喫茶の設備は，**下位中流階級**（**the lower middle class**）以下の大部分の日本人の習慣やニーズの変化とともに変わってきています。

　店により違いはありますが，漫画喫茶での宿泊は一般的に個室（〔9 ～ 12 時間程度として〕2000-3000 円台程度で，シャワー・タオル（各数百円程度），フリードリンク，割安の朝食もある）で，お金と身分証（会員登録が必要なところが多い）があれば利用できるようになっています。

現代用語の英語説明にチャレンジ！

重要度 **18** 位 | メンヘラ（Menhera）

以下のキーワードを見て「メンヘラ」の説明にチャレンジしてみましょう！

「メンヘラ」説明の Key Words

・ chronic mental and emotional instability
・ an Internet slang first used around 1991
・ causes : a lack of self-confidence and affection
・ dependence on others and obsessive e-mail sending to relieve loneliness

---

できる人は，上の key words を見て，英語でプレゼンにチャレンジしてみましょう。いきなり英語で説明するのが難しい人は，上の key words を参考にして，まず日本語で説明を考えてみましょう。

---

① メンヘラとは，「メンタル」「ヘルス」「er〈人〉」を組み合わせた言葉で，**慢性的に情緒不安定で精神的に不安定な人**のことを指す。

② この言葉は**インターネットスラング**であり，**1991 年頃に 2 ちゃんねる**（匿名で利用できる，否定的なゴシップが多いインターネット上の掲示板）で**初めて使われた。**

③ 根本的な原因として，**自信の欠如，他人からの愛情不足**などがあるかもしれない。

④ 彼らは，**身近な人への過度な依存**，定期的な精神的治療の受診，**強迫的なメール送信**や電話，暴力的な怒りの爆発で**孤独感を埋めようとする**のだ。

では今度は，上の日本文を見て，英語の通訳やプレゼンにチャレンジしてみましょう！

①*Menhera*, a combination of "mental", "health" and "er", refers to people **with chronic mental and emotional instability**. ②This word is **an Internet slang** that **was first used** in the *2 channel* (an anonymous gossip message board on the Internet) **around 1991**. ③Its **root cause** may be **a lack of self-confidence** and **affection from other people**. ④They try to **compensate for their loneliness by heavy dependence on people** close to them, regular reception of psychotherapy, **obsessive e-mail sending** and telephone calls, and a violent display of anger.

ここがポイント！

　いかがでしたか？　上の英文はフォーマルな written English ですが，口語調で言ってみましょう。
　①「慢性的に情緒不安定で精神的に不安定な人」を平たい会話調《Spoken》で言うと次のようになります。

Written	Spoken
people **with chronic mental** and **emotional instability**	people **who are mentally** and **emotionally unstable all the time**

　《Written》では people with chronic mental and emotional instability と **with を使った句**，《Spoken》では people who ～と節になっており，「慢性的に」の部分が《Spoken》では all the time となっていますが，《Written》では chronic と一語で書いています。
　③の「根本的な原因として，自信の欠如，他人からの愛情不足などがあるかもしれない」は，《Spoken》では This may happen when you have no confidence in yourself and nobody likes you. となります。

Written	Spoken
Its **root cause** may be **a lack of** self-confidence and **affection from other people**.	**This may happen when you have** no confidence in yourself and **nobody likes you**.

　上の《Written》では「根本的な原因」を the root cause，「孤独感を埋めようと

する」を compensate for their loneliness と compensate を使い **specific な表現**となっています。

④「彼らは，身近な人への過度な依存，定期的な精神的治療の受診，強迫的なメール送信や電話，暴力的な怒りの爆発で孤独感を埋めようとするのだ」を《Spoken》で言うと次のようになります。

Written	Spoken
They try to **compensate for** their loneliness **by heavy dependence** on people close to them, **regular reception** of psychotherapy, **obsessive e-mail** sending and telephone **calls,** and a violent display of **anger.**	In order to **relieve** their loneliness, **they depend** on people close to them, **receive regular** mental therapy, **e-mail and call** others **all the time** and **get** extremely **angry.**

　上の《Written》では by heavy dependence ～（中略）～ a violent display of anger までを**名詞句で書くこと**で，引き締まった文章となっています。

「メンヘラ」の背景知識はこれだ！

　メンヘラという言葉は，**匿名掲示板**（**an anonymous bulletin board**）の中で生まれた言葉で，使われた当初はメンタルヘルスの問題に悩む当事者たちが自分たち自身を呼び合うための言葉でした。その言葉を共通のキーワードとして，2ちゃんねるや**ネット掲示板**（**an online message board**）などに，当事者が集まる場が生まれ，盛んに意見交換されました。

　メンヘラは，このようにインターネット匿名掲示板の中で生まれ，さまざまな立場の人がいろいろなニュアンスで使用してきた言葉であるため，きわめて**多義的で曖昧な言葉**（**a word with various meanings and ambiguities**）で，その言葉を使う人の立場や文脈によって種々の意味となります。例えば，あるときは，面倒な人というような**否定的な意味**（**negative meanings**）で使われ，また**ネット掲示板で辛さを共有する人たち**（**people who share suffering with other people in the bulletin board**）や，謎めいていると**興味を起こさせる人**（**a person who stimulates other people's interest**）を表すこともあります。

重要度 **19** 位 | 子ども食堂 （**Kodomo-shokudo**）

以下のキーワードを見て「子ども食堂」の説明にチャレンジしてみましょう！

「子ども食堂」説明の Key Words

- Children's cafeteria
- a local dining place to provide free food for children
- started by a Tokyo vegetable shop in 2012
- a social gathering place for dietary education

できる人は，上の key words を見て，英語でプレゼンにチャレンジしてみましょう。いきなり英語で説明するのが難しい人は，上の key words を参考にして，まず日本語で説明を考えてみましょう。

① **子ども食堂**は，低所得者やダブルインカムの子ども，ひとり親の**子どもたちに手作りの料理を無料またはほぼ無料で提供している地域の食堂**である。

② **2012 年に東京で野菜屋の店主**が**サービスを開始**して以来，増加中の栄養不足の子どもや，親が仕事で不在の間に孤独に過ごす子どもを助けるために，全国的に広まった。

③ 現在では，子ども食堂は，健康的な生活を送り，伝統的な食生活を育む**食育を行う交流の場**として知られている。

④ しかし，子ども食堂は，限られた寄付金や補助金，ボランティアスタッフなどのために，予算や人員不足の問題を抱えていることが多くなっている。

では今度は，上の日本文を見て，英語の通訳やプレゼンにチャレンジしてみましょう！

①*"Kodomo-shokudo"*, or **Children's cafeteria**, is **a local dining place** where **hand-made food** is **provided to children** of low-income or single parents **for free** or almost free of charge. ②Since **a vegetable-shop owner in Tokyo started** the service **in 2012**, it has spread nationwide to help a growing number of children suffering from malnutrition or left alone during their parents' absence for work. ③Nowadays, the Children's cafeteria is known as **a social gathering place that provides dietary education** to encourage traditional eating habits for a healthy life. ④ However, the cafeterias have a shortage of budget and staff due to limited donations, subsidies, and volunteer workers.

ここがポイント！

いかがでしたか？　上の英文はフォーマルな written English ですが，口語調で言ってみましょう。

①を平たい会話調《Spoken》でいうと，*"Kodomo-shokudo"*, or Children's cafeteria, is a local dining place. で一度文を区切り，in that place と続けます。written English では文と文の間の因果関係を見つけて簡潔に無駄なく書くことが求められます。《Written》では a local dining place **where** hand-made food is provided と関係詞を使うことで文が引き締められています。「手作りの料理」は《Spoken》では food **made by people** となりますが，《Written》は **hand-made food** とハイフンを使った表現で書いています。

③「健康的な生活を送り，伝統的な食生活を育む食育を行う交流の場」の部分について《Spoken》では a social gathering place that teaches people about healthy diets and encourages them to eat traditional healthy foods to live a healthy life. となり，《Written》と比較すると下記のようになります。

Written	Spoken
a social gathering place that **provides dietary education** to encourage traditional eating habits **for a healthy life**.	a social gathering place that **teaches** people about healthy diets and encourages them to eat traditional healthy foods **to live a healthy life**.

「食育を行う」について《Written》では provide dietary **education**,《Spoken》

では **teach** people about healthy diets となっています。

④「予算や人員不足」の部分について《Written》では **have a shortage of budget and staff**,《Spoken》では **are short of** budget and staff となります。

「子ども食堂」の背景知識はこれだ！

子ども食堂（**Children's cafeteria**）は，子どもの貧困問題を背景に急速に増加し，2016 年に 300 か所ぐらいだったのが，2019 年には 3,700 か所を超えるまでになりました。規模としては，自宅の一部を開放する小規模（**a small-scale cafeteria that makes part of a private house available as a cafeteria**）なものから，地域の施設を利用した大規模なもの（**a large-scale cafeteria using local facilities**）まであります。主催者（**organizers**）は，商店や食堂の店主，主婦，PTA の有志，僧侶などさまざま，ボランティア精神（**a spirit of volunteerism**）によって，それぞれのスタイルで自発的にこども食堂を運営しています。

子ども食堂は，よい食生活（**good eating habits**）だけでなく，交流と発見の場を提供（**provide a space for exchange and new discoveries**）しているといわれます。多くの子ども食堂は，食卓のだんらん（**enjoying conversations**），さまざまな体験（季節のイベントなど）や，子どもとじっくり関わる機会を提供（**provide a chance to interact deeply with children**）しています。また，地域の人たちが子どもと知り合う交流の場であり，悩みごとや困りごとのある子どもが出す，普通は見えにくいかすかな兆候を発見する場（**notice subtle signs of anxiety among children**），子どもと接点をもつ場ともなっています。子ども食堂の発展形として，「おうち食堂（食事支援ボランティアが，〔家事ができなくなっている〕家庭を訪問し，料理する）」という行政が中心の取り組み（**the government-led initiative called "Cafeteria at Home" supported by volunteers who visit a home to cook meals**）もあります。

重要度 **20** 位 | カジノ法（Casino Law）

以下のキーワードを見て「カジノ法」の説明にチャレンジしてみましょう！

「カジノ法」説明の Key Words

- the law to promote IR(Integrated-resorts) for economic growth
- promote tourism and create jobs
- implementation will allow the casino business
- public safety problems and gambling addiction

　できる人は，上の key words を見て，英語でプレゼンにチャレンジしてみましょう。いきなり英語で説明するのが難しい人は，上の key words を参考にして，まず日本語で説明を考えてみましょう。

---

① 「カジノ法」とは，2016 年に制定されたカジノ，ホテル，レストラン，映画館，ピングモールやスポーツ施設がある**統合型リゾート（IR）の推進に関する法律**を指す。

② この法律は主に**観光振興と雇用創出**により地域および国内経済を活性化させることを目的としている。

③ 日本では個人経営のカジノなどの**ギャンブル**事業は刑法で禁止されているが，**2018 年に制定された IR 実施法**で 2020 年代には初の**カジノを含む IR 施設がオープンする予定**である。

④ 国内初の統合型リゾートは 3 か所サイト限定で計画されており，一方で，カジノ事業により**治安の悪化**や**ギャンブル依存症**の増加を招くことを多くの人々が**懸念**している。

　では今度は，上の日本文を見て，英語の通訳やプレゼンにチャレンジしてみましょう！

①**The Casino Law**(カジノ法) refers to the law enacted in 2016 on the **promotion of Integrated-Resorts (IR)** with casinos, hotels, restaurants, movie theaters, shopping malls and sports facilities. ②Its aim is to **boost the regional and national economy** by **promoting the tourism industry** and **creating job opportunities**. ③**The casino business** under private management has been prohibited by criminal laws in Japan, but **the IR implementation law established in 2018** will allow casino resorts to **open in the 2020s.** ④However, many people are **concerned** about a decline in **public safety** and an increase in **gambling addiction** among casino players.

ここがポイント！

　いかがでしたか？　上の英文はフォーマルな written English ですが，口語調で言ってみましょう。

　平たい会話調《Spoken》で①「「カジノ法」とは，2016 年に制定されたカジノ～（中省）～スポーツ施設がある統合型リゾート（IR）の推進に関する法律を指す」を表現すると次のとおりになります（一例）。

Written	Spoken
The Casino Law refers to the law enacted in 2016 **on the promotion of** Integrated-Resorts (IR) **with** casinos, hotels, restaurants, ～ sports facilities.	The Casino Law was made in 2016 **to promote** Integrated-Resorts (IR) **that have** casinos ～ sports facilities.

　written English では **enacted，on，with** を用いて名詞句を作り，それらが the law を修飾しています。

　③「2018 年に制定された IR 実施法で 2020 年代には初のカジノを含む IR 施設がオープンする予定である」は《Spoken》では Because of the IR law made in 2018, casino resorts can be opened in the 2020s となります。上の《Written》では the IR implementation law established in 2018 will **allow** casino resorts **to open** in the 2020s. と *S* **allow** *O* **to** *V* として引き締まった文となっています。

　④「カジノ事業により治安の悪化やギャンブル依存症の増加を招くことを多くの

人は懸念している」について《Spoken》は **worry about declining** public safety and **increasing** gambling addiction となりますが，《Written》では **a decline in** public safety **and an increase in** gambling addiction among casino players と，**前置詞を使いながら名詞句**を作って使用することで文が引き締まっており，*A* in *B* and *C* in *D* と型もそろったパラレルが保たれた表現となっています。

「カジノ法」の背景知識はこれだ！

統合型リゾート（IR）の**候補地**（**candidate sites**）として，現時点では神奈川（横浜），東京，愛知（名古屋，常滑），大阪，和歌山，長崎が名乗りをあげています。当初はこの中から3か所が選定されることになります。

カジノ利用料金は，国内利用者の**入場料**（**entrance fees**）は**全国一律**（**uniform throughout the nation**）6,000円となり，国内利用者の入場回数は1週間3回，28日間で10回までに制限されました。海外からの観光客には制限はありません。また，国内利用者は**マイナンバーカードで本人確認**（**verify personal identification with My Number Card**）をすることが必要となりました。国内利用者の入場料金設定と回数制限が設けられたのは，カジノへの**依存症**（**addiction**）の問題が指摘されているからです。さらにこれらの問題への対策を総合的に推進するため，**ギャンブル等依存症対策基本法**（**the Basic Act on Countermeasures Against Gambling Addiction**）が2018年に成立しました。

日本では賭博は**勤労意欲の喪失**（**a loss of motivation for work**）などの**弊害**（**harmful effects**）をもたらしやすいものであることから刑法により原則禁止となっていますが，例外として**競馬**（**horse racing**〔*keiba*〕），**競艇**（**boat racing**〔*kyōtei*〕），**競輪**（**keirin**〔**bicycle racing**〕），**オートレース**（**autorace**〔**motorcycle racing**〕）のような**公営競技**（**public sports**）や，**宝くじ**（**lotteries**）などに関しては特別法によって公営でのギャンブルが認められています。ただし，それぞれの特別法において事業実施にあたって**収益の公共使用**（**use of proceeds to promote the public interest**），**弊害の除去**（**elimination of the harmful effects**），**公正で安全な運営の確保**（**maintain the fair and safe operation**）のような厳格な制限を行っています。

▼第2章 「日本事象」英訳トレーニングにチャレンジ！

コラム：観光案内トラブルシューティング　⑤祭り編

　夏に訪日されたお客様の中には，日本の夏祭りを観光に入れている場合もあります。ここでは，祭りにアテンドする場合に想定されるシチュエーションへの対応を考えてみましょう。

Q：地元の夏祭りに案内中のお客様から，「自分も盆踊りに参加してみたいが，可能か？」と質問されました。どのように対応したらよいでしょうか？

I would say, "There are two types of Bon Dance. One is that everyone can join in dancing. The other is that only trained dancers for the Bon Dance in the community can join in dancing. Bon Dance in this **venue** is the former type, so you can join in "Bon-odori" dancing. Even if you don't know how to dance, just **mimic** others' dancing. Japanese dancers will be very happy to welcome you in the circle and **share the joy of** traditional dancing with you."

(「盆踊りには2種類あり，ひとつは，誰でも参加できるもの，もうひとつは地域の盆踊りのために訓練を受けた人だけが参加できるものです。この**会場**の盆踊りは前者のタイプですので，盆踊りにご参加いただけます。踊り方がわからなくても，そこで踊っている人の踊りを**真似て**ください。日本の踊り手たちは，貴方が踊りの輪に加わって，日本の伝統的な踊り**の楽しさをともに共有**できることを嬉しく思うでしょう」と答えます)

祭りのよく聞かれる関連質問とは？

　日本全国の盆踊りのうち，大部分は誰でも踊りに参加できる前者のタイプですので，迷わず参加できるようにアドバイスしましょう。まずは，基本的な質問である **What is the purpose of Bon Dance?**（盆踊りの目的とは何ですか）には，**"The original purpose of Bon Dance was to honor the spirits of the ancestors, but today it mostly provides entertainment in summer and strengthens the community bonds."**（もとは，盆踊りは先祖の霊を供養するためでしたが，今日ではたいてい，夏の娯楽であり，地域の

絆を強めています）のような答えが考えられます。

　その他の関連質問として，**What do you keep in mind when you join in the Bon-odori dance?**（盆踊りに参加する時に気を付けておくべきことはなんですか）と聞かれた場合は，"**First, try to join in the outermost circle of people dancing. Dancers in the innermost circle are professionals or experienced dancers. Beginners can follow the example of their dance. Second, join in the circle by asking dancers next to you 'May I join in?', when a piece of dance music has finished and just before the next music starts. Then they are willing to make a space for you to dance.**"（第1に，盆踊りの輪の最も外側から参加しましょう。輪の一番内側で踊っている人たちは，プロの踊り手か熟練者で，初心者が踊るときには，これらの踊り手の踊りをお手本にします。第2に，曲が終わり，次の曲が始まるまでの間に，隣にいる踊り手たちに「参加してもよいでしょうか？」と断ってから輪に入りましょう。これにより，あなたが踊るスペースを快く開けてくれます）のような答えが想定されます。

　また，祭りには神輿がよく登場しますが，これを見た訪日客の中から，「**自分でも担いでみたいけれど可能か？**」というリクエストが出た場合は，どのように対応しますか？　お神輿は，すぐに担げる可能性は低く，お神輿を担いでいる知人にお願いするか，地元の神輿振興会に参加する，担ぎ手募集ポスターを見て応募するなどのルートが考えられます。ですから，

富士山神輿

"**Basically, it's very rare that you can carry a portable shrine because *Mikoshi* (portable shrine) carriers are supposed to be a member of the community or the Mikoshi Association. But I have a friend who is a carrier of *Mikoshi* in this community, so I'll ask him whether you can join them.**"（基本的には神輿を担げることは極めてまれです。というのも，神輿は地域の住民か，神輿会の会員でないといけないからです。しかし，私の友人で，この地域の神輿の担ぎ手になっている人がいますので，参加できるか聞いてみましょう）などの答えが想定されます。

植田 一三（Ichay Ueda）

英語の最高峰資格 8 冠突破・英才教育＆英語教育書ライター養成校「アクエアリーズ」学長。英語の勉強を通して、人間力を鍛え、自己啓発と自己実現を目指す「英悟道」、Let's enjoy the process! (陽は必ず昇る)〕をモットーに、36 年間の指導歴で、英検 1 級合格者を約 2200 名以上、資格 5 冠（英検 1 級・通訳案内士・TOEIC 980 点・国連英検特 A・工業英検 1 級）突破者を約 110 名以上育てる。ノースウェスタン大学院修了後、テキサス大学博士課程に留学し、同大学で異文化間コミュニケーションを指導。著書は英検 1 級・TOEIC 満点・通訳案内士・工業英検 1 級・国連英検特 A 突破対策本をはじめ、英語・中国語・韓国語・日本語学習書と多岐に渡り、多くはアジア 5 か国で翻訳されている。

上田 敏子（うえだ・としこ）

アクエアリーズ副学長。英検 1 級・通訳案内士・工業英検 1 級・国連特 A 級対策講座講師。バーミンガム大学院（翻訳学）修了（優秀賞）。通訳案内士、観光英検 1 級（優秀賞），工業英検 1 級（文部科学大臣賞）、「国連英検特 A」（優秀賞）取得。鋭い異文化洞察と芸術的鑑識眼を備えた英語教育界のワンダーウーマン。日本紹介関係の主な著書に、『英語で説明する日本の文化』シリーズ、『英語でガイドする関西／関東の観光名所 10 選』（語研）、『英語でガイド！外国人がいちばん知りたい和食のお作法』（Ｊリサーチ出版）、『日本人についての質問に論理的に答える発信型英語トレーニング』（ベレ出版）などがある。季刊誌『ゼロからスタート English』にて「ボランティア通訳ガイド入門」を連載中。

© Ichizo Ueda; Toshiko Ueda, 2020, Printed in Japan

英語で説明する「日本」発信力強化法とトレーニング

2020 年 9 月 15 日　初版第 1 刷発行

著 者　植田 一三
　　　　上田 敏子
制 作　ツディブックス株式会社
発行者　田中 稔
発行所　株式会社 語研
　　　　〒 101-0064
　　　　東京都千代田区神田猿楽町 2-7-17
　　　　電　話 03-3291-3986
　　　　ファクス 03-3291-6749
組 版　ツディブックス株式会社
印刷・製本　倉敷印刷株式会社

ISBN978-4-87615-360-2 C0082

書名　エイゴデ セツメイスル ニッポン
　　　ハッシンリョクキョウカホウ ト トレーニング
著者　ウエダ イチゾウ
　　　ウエダ トシコ
著作者および発行者の許可なく転載・複製することを禁じます。

定価はカバーに表示してあります。
乱丁本、落丁本はお取り替えいたします。

本書の感想は
スマホから↓

株式会社 語研
語研ホームページ https://www.goken-net.co.jp/

アクエアリーズ
Aquaries School of Communication

日本唯一の英語最高峰資格８冠突破
英才教育＆英語教育書ライター養成校

英検１級合格者約 2200 名・資格 5 冠（英検１級・通訳案内士・TOEIC 980 点・国連英検特 A 級・工業英検１級）突破者 110 名以上

全国通訳案内士試験「英語」対策講座
（一次・二次対策通学・通信）

英語・邦文問題＆攻略法をマスターし、日本文化英語発信力を UP させるトレーニングによって、一次・二次試験合格力を確実に UP ！

全国通訳案内士試験「中国語」対策講座
（一次・二次対策通学・通信）

中国語・邦文問題＆攻略法をマスターし、日本文化中国語発信力を UP させるトレーニングによって、一次・二次試験合格力を確実に UP ！

京都・奈良・大阪観光ガイド現地トレーニング

観光名所を英語でガイドし、日本文化を英語で発信できるように、ベテランガイドに現地同行研修！

英検１級１次・２次試験突破集中講座
（通学・通信）

英検１級指導研究 34 年の実績！最強のカリキュラム教材＆講師陣で優秀合格者全国 No.1 ！

英検準１級１次・２次突破集中講座
（通学・通信）

最短距離で準１級＆ TOEIC 800 点を GET し、英語のスキル＆キャリアワンランク UP ！

TOEIC900点突破講座
（通学・通信）

TOEIC で 900 点を取るための攻略法トレーニングと英語発信力 UP を同時に行う３か月集中プログラム

《アクエアリーズの全国通訳案内士試験突破対策本》

アクエアリーズスクール
Website

Let's enjoy the process!（陽は必ず昇る）
全講座 Zoom オンライン受講受付中！

Aquaries School of Communication アクエアリーズ

東京・横浜・大阪・京都　大阪市中央区心斎橋筋 1-2-25 上田ビル
奈良・姫路・愛媛　info@aquaries-school.com　TEL0120-858-994

アクエアリーズ　🔍検索